아동독서지도에 필요한

독서태도 검사의 이해와 실제

아동독서지도에 필요한

독서태도 검사의 이해와 실제

Understanding and Practice of Reading Attitude Survey

박주현
이명규
공저

전남대학교출판부

머리말

과거로부터 현재의 지식정보사회에 이르기까지 독서는 지식과 정보를 획득할 수 있는 가장 중요한 수단으로 독서할 수 있는 능력은 학습에 필요한 필수조건이며 지식인과 창조인이 되기 위한 선행능력이다. 또한 선현들의 말씀과 다양한 경험이 축적되어 있는 책을 읽는 활동은 인간으로서 겪을 수 있는 다양한 삶을 생각하고 느끼게 하여 독자가 감성적인 공감과 인간애를 체험하고 사회적으로 상호작용할 수 있도록 해준다.

이처럼 독서가 오늘날에 이르기까지 매우 중요한 사회·교육활동임에도 불구하고 독서하는 시간은 전 세대에 걸쳐 감소하고 있으며, 특히 나이가 들어감에 따라 아동들의 독서시간이 감소하고 있는 것은 큰 문제이다. 이러한 현상을 극복하기 위해서는 단순히 글을 읽을 수 있는 능력을 지도하기보다는 아동들이 책을 즐겁게 읽을 수 있도록 하는 독서에 대한 긍정적인 마음가짐, 즉 긍정적인 독서태도를 기를 수 있도록 지도하고 이를 행동으로 옮길 수 있도록 격려할 필요가 있다.

그러나 독서에 대한 아동들의 마음가짐을 측정하고 이를 교육에 활용할 수 있도록 안내해 주는 참고 도서가 많지 않은 실정이다. 이에 이 책에서는 독서태도의 이론과 선행 독서태도 검사도구를 살펴보고 수차례의 검사를 통해 타당성과 신뢰성이 확보된 독서태도 검사도구를 제시하였다. 그리고 교사나 사서 또는 학부모 등 아동의 독서와 관계된 자가 독서태도 검사도구를 어떻게 활용할 수 있는지에 대한 사례를 제시하여 학교나 도서관 및 가정 현장에서 아동의 독서태도를 측정하고 개선할 수 있는 방안을 모색하는 데에 도움이 되고자 하였다.

이 책은 총 3부 8개의 장으로 구성되었다. 1부에서는 독서태도의 이론과 영향요인 및 선행 독서태도 검사도구를 분석하고 정리한 내용을 담았다. 2부에서는 독서태도 검사자인 사서교사와 초등교사 그리고 피검사자인 초등학생 아동을 대상으로, 독서태도의 행태와 독서태도에 대한 암묵적 지식을 확인하고 이를 독서태도 모델과 검사도구로 개발하는 과정을 담았다. 그리고 3부에서는 독서태도와 독서행동 및 배경환경에 대한 평정기준과 이러한 평정기준을 활용한 사례를 다루었다.

부족한 책이지만 독서지도 실천가과 이론가들이 독서태도를 이해하고 활용하는 데에 도움이 되길 바라며 이 책이 나오기까지 아낌없는 지원을 해준 전남대학교 연구처와 출판부 관계자분들께 감사드린다.

2016년 2월 20일

저자일동

제1부 독서태도의 이해

제2부 독서태도 검사도구의 개발

제3부 독서태도 검사의 실제

제1부 독서태도의 이해

1 독서태도의 정의와 구성요인

가. 태도의 개념

태도(attitude)라는 용어는 라틴어 aptus에서 온 것으로, 준비됨 혹은 적응의 상태를 의미한다. 18세기에는 이런 태도라는 용어가 거의 자세를 의미하는 것으로만 사용되었다(Phil 2001, 3-4). 우리나라와 중국에서는 attitude를 일반적으로 태도로 번역하는데, 이때 사용되는 태도(態度)의 사전적 의미에는 '몸짓'이란 의미가 포함되어 있다. 일본에서는 자세(姿勢)로 번역되기도 하는 데, 이 역시 책을 읽는 자세와 같이 '몸짓'이라는 의미가 포함되어 있다(プログレッシブ和英中辭典, 2015). 이처럼 attitude는 태도나 자세와 같이 주로 '몸짓'을 의미하는 표현이었다. 그러나 오늘날에는 '몸의 동작이나 몸을 가누는 모양새'란 의미 외에도 '어떤 일이나 상황 따위를 대하는 마음가짐. 또는 그 마음가짐이 드러난 자세', '어떤 일이나 상황 따위에 대해 취하는 입장'이라는 보다 폭넓은 의미로 태도가 사용되고 있다(국립국어원 2015). 이러한 사전적 정의를 살펴보면 태도는 '어떤 일'이라는 대상에 대해 겉으로 드러나지 않는 마음가짐뿐만 아니라 겉으로 드러나는 행동을 포괄하는 개념으로 사용되고 있음을 알 수 있다.

Thomas와 Znaniecki은 태도를 "어떤 대상에 대한 개인의 마음의 상태(state of mind)"라고 정의하였다(Phil 2001, 4-5). 이들의 태도에 대한 정의를 보면 태도는 대상과 마음의 상태를 가지고 있다. 그러나 마음의 상태가 무엇인지는 분명하게 드러나지 않는다. 그러나 Thurstone(1931, 261)은 태도를 "어떤 심리적 대상에 대한 호의적 또는 적대적인(against) 감정"라고 정의하여 마음의 상태를 좋거나 싫은 정서로 보다 분명히 나타냈다. Petty와 Cacioppo(1981, 7)는 태도가 '어떤 사람, 대상, 혹은 문제에 대해 지니고 있는 일반적이면서도 지속적인 긍정적 혹은 부정적 느낌'이라는 몇몇 사회심리학자들의 주장을 받아들여 태도를 정서로 설명하였다.

한편, Ajzen과 Fishbein(1980, 13)은 태도를 "어떤 심리적 대상에 대한 어느 사람의 평가"라고 하였고 Beck(1983, 302)은 태도를 "어떤 사람, 대상, 혹은 사물들에 대한 긍정적인 혹은 부정적인 평가"로 정의하였다. 이러한 태도의 정의는 정서적 영역에 더하여 태도를 인지적 영역으로 설명한 것이다. 더 나아가 Eagly와 Chaiken(1993, 1)은 태도를 "특정 대상을 좋아한다거나 싫어한다는 정도로 평가함으로써 드러나는 심리적 경향"으로 정의하여 태도를 정서뿐만 아니라 평가와 심리적 경향성이 포함된 개념으로 설명하였다. 이때 대상(object)은 유발되는 자극으로 사람, 사물, 행동 등이 될 수 있고 평가는 대상에 대한 좋고 싫음의 감정이나 판단을 의미한다. 그리고 심리적 경향성(psychological tendency)은 사람의 내적 혹은 성향(disposition)을 의미한다.

Katz(1960, 168)는 태도를 "어떤 대상에 대해서 호의적 또는 비호의적으로 평가하는 개인의 경향성"으로 정의하였다. 이는 정서적 영역과 정서적인 평가라는 인지적 영역뿐만 아니라 경향성이라는 행동적 영역을 포괄한 정의가 된다. 그러나 경향성이란 어떤 대상에 대하여 반응을 하기 위한 인간의 준비성(readiness) 혹은 반응의 심리적 경향성(tendency)으로 행동(behavior) 자체와 구분되는 행동 경향을 지칭하기 때문에 몸짓으로 드러나는 행동과는 차이점이 있다(차배근 1985).

그리고 Allport(1954)는 태도를 "사람이나 대상에 대해 특정한 방식으로 생각하고 느끼고 행동하는 학습된 성향(learned predisposition)"으로 정의하였는데, 이러한 정의는 태도가 대상에 대한 생각이라는 인지적 측면, 느낌이라는 정서적 측면과 행동이라는 행동적 측면으로 구성되어 있음을 의미한다. 또한 '학습된'은 태도가 경험의 결과로 형성될 수 있음을 의미하고 성향은 대상에 대한 반응을 편파적으로 만든다는 것을 함축한다. 그리고 정서에 대한 평가와 학습된이라는 부분은 인지적인 영역과도 관계된다. 인지적 평가이론에서 정서는 자극에 대한 개인의 인지적 평가 때문에 유발되고 자극 → 인지적 평가 → 정서 유발의 전형적인 절차를 거친다고 하였다(Frijda 1988). 또 '학습된' 이라는 의미는 그것이 경험을 통한 결과로 지각되었다는 것으로 행태심리학이나 스키마 이론 등의 인지심리학에서는 이러한 경험을 중요한 인지적 영역으로 받아들이고 있다(김용래, 김태은 2005). 이는 태도를 정신적 대상과 연합된 감정(affect)이라고 정의한 Greenwald(1989)나 정서나 느낌을 평가의 동의어로 사용한 Fishbein과 Ajzen(1975, 11)의 사례에서도 알 수 있듯이 태도의 정서적 측면과 인지적 측면을 강조하는 연구자들은 모두가 정서의 중요성을 인정하며, 정도의 차이는 있으나 인지 또한 인정한다(Phill 2001, 7).

Mager(1968)는 말하거나 행한 것 같은 행동을 태도로 정의하였는데 이는 태도 연구가 겉으로 드러나는 행동에 관심을 갖고 행동을 예측하기 위한 연구로 발전하면서 태도에 행동을 포괄하는 정의가 부각된 결과로 볼 수 있다. Mager와 Allport의 태도의 정의에는 행동이 태도와 직접적으로 연관되어 있음을 의미한다. 반면 Fishbein와 Ajzen은 태도와 행동이 직접적으로 연관된 증거가 부족하기 때문에 태도와 행동은 직접적으로 연관되어 있지 않다고 주장하였다. 그리고 Ajzen(1989, 241)은 태도를 "어떤 대상, 사람, 사건이나 어떤 다른 식별 가능한 개인 세계(individual's world)의 양상에 선호적으로 혹은 비선호적으로 반응하는 개인적인 성향"으로 정의하여 실제 행동이 아닌 반응하는 개인적인 성향으로 태도를 설명하였다.

지금까지 태도에 대한 여러 정의들을 살펴본 결과 각각의 정의들은 태도에 대해서 강조하고 있는 측면이 달랐으며 그에 따라 태도가 무엇으로 구성되어 있는지에 대한 해석도 다름을 알 수 있다.

사회 심리학 문헌들에 나타난 태도에 대한 정의들은 태도의 어떤 측면을 강조하고 있느냐에 따라 크게 인지(cognition), 정서(affect), 행동(behavior, conation or intention)의 세 가지의 범주로 분류할 수 있다. 그러나 연구에 따라서 이러한 요인들 중 어떤 요인이 태도의 주요 요인이며 태도에 영향을 미치는 영향요인인지를 명확히 해석하기 어려운 경우도 있다. 또한 연구에 제시된 행동이 몸짓과 같이 드러난 행동을 의미하는 것인지 행동하고자 하는 성향이나 경향 혹은 의도를 의미하는 것인지 아니면 이 두 개의 개념을 모두 포괄하고 있는지를 분명히 제시하지 않은 경우도 있었다. 예를 들어 Fishbein과 Ajzen(1975, 11)은 그의 책 『Belief, Attitude, Intention, and Behavior: An Introduction to Theory and Research』에서 정서, 인지, 의도(intention), 행동(behavior)을 구분하여 기술하고 있으나 느낌(feelings)과 평가(evaluations)를 동의어로 사용하였다. 이는 평가를 신념으로 간주할 수도 있고 신념이 인지적인 부분이 된다는 점에서 논란이 있을 수 있으며 해석을 하는 데에 어려움을 준다. 이에 선행 연구자가 기술한 내용을 토대로 선행 연구자의 관점을 추정하여, 태도의 구성요인을 연구자별로 정리한 결과는 <표 1>과 같다.[1]

Thurstone(1931, 261-263)과 Petty와 Cacioppo(1981, 7)는 태도의 영역에서 느낌(feeling)이나 감정(emotion)을 강조하였고 Beck(1983, 302)과 Katz(1960, 168)는 특정 대상과 관련하여 사람들이 갖고 있는 인지적 평가(cognitive eva-

---

1 신념→태도→행동으로 이어지는 개념적 위계구조(vertical structure)를 어떻게 해석할 것인가에 따라 전통적인 태도 구성 요인을 달리 바라 볼 수 있다. 예를 들면, Fishbein과 Ajzen(1975)이 제시한 신념→태도→의도→행동으로 이어지는 인과적 연쇄(causal chain) 모델을 하나의 통합적 시스템으로 이해하면 독서태도의 구성요인이 다요인으로 구성되었다고 이해할 수도 있다.

〈표 1〉 태도 구성요인 이론

연구자 \ 구성요인	인지	정서	행동
Thurstone(1931)		○	
Alexander와 Filler(1976)		○	
Fishbein과 Ajzen(1975)	△	○	
Ajzen과 Fishbein(1980)	○		
Mager(1968)			○
Katz(1960)	○	△	△
Beck(1983)	○	△	
Rosenberg(1960)	○	○	
Petty와 Cacioppo(1981)	△	○	△
Ajzen(1989)	○	○	○
Allport(1954)	○	○	○
Eagly와 Chaiken(1993)	○	○	○
Rosenberg와 Hovland(1960)	○	○	○

○: 주요 구성요인, △: 주요 구성요인보다 비율이나 강도가 낮은 구성요인

luation)의 측면을 강조하였다. 반면에 Mager(1968)는 행동을 강조하였다. Rosenberg(1960)는 태도의 정서적 요인이 변화할 때 관련된 인지에 있어서도 상응하는 변화가 발생함을 발견하였고 이후 태도의 인지적 요인과 정서적 요인이 상호 일치한다고(mutually consistent) 하여 정서와 인지를 함께 강조하였다. Petty와 Cacioppo는 태도를 신념(belief)이나 행동(behavior)과 구별하였지만 누군가의 태도를 변화시키는 것과 관련된 원리가 신념이나 행동에게서도 동일하다고 주장하였다. 이러한 주장은 태도와 인지와 행동이 밀접한 상호관계가 있음을 의미한다. 그리고 Ajzen는 인지, 정서, 행동의지를 강조하였으며 Allport와 Eagly와 Chaiken은 인지, 정서, 행동을 강조하였다.

이와 같이 태도의 영역을 구성하는 요인이 무엇인지는 연구자마다 다르다. 그러나 연구자들의 주장을 종합하면 태도가 하나의 요인으로 구성된다는 단일

요인설과 여러 요인으로 구성된다는 다요인설로 구분할 수 있다. Alexander와 Filler(1976)는 태도가 기본적으로 정의적인 요인과 관련되어 있고 인지적 및 행동적 요인은 정의적 요인에 영향을 주는 요인이라는 정서 중심의 단일 요인 모델(one component model)을 제안하였다. 반면에 Allport와 Eagly와 Chaiken(1993, 1-5)은 태도를 세 가지 하위 구성요인으로 구분하는 사회 심리학 전통에 따라 3요인 모델(three component model)을 제안하였고, 3요인들이 서로 공유하는 부분을 가지고 있지 않은 독립적인 영역을 지니고 있다고 설명하였다. Rosenberg와 Hovland(1960, 1-14) 역시 태도가 인지적 요인, 정의적 또는 감정적 요인, 행동적 요인으로 구성되었다고 보는 태도의 3요인 모델을 지지하였다. Rosenberg와 Hovland가 제시하고 있는 태도의 3요인 모델은 <그림 1>과 같다.

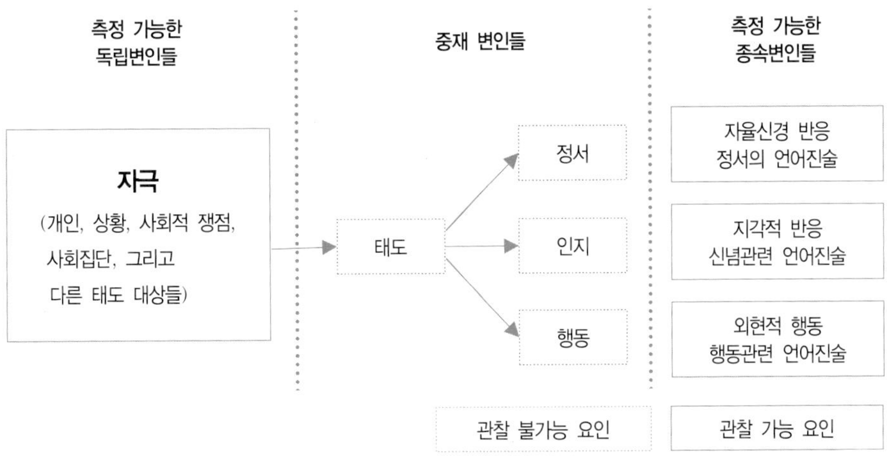

〈그림 1〉 Rosenberg와 Hovland(1960, 3)의 태도의 3요인 모델

이처럼 학자들의 관점에 따라서 태도를 구성하는 요인이 달라졌다. 그러나 인지, 정서, 행동적 요인이 태도를 직접적으로 구성하는 요인이 아니더라도 이들 요인들이 모두 긴밀히 영향을 주고받는 관계라는 설정은 모든 학자에게 동일하게 나타난다. 따라서 태도의 구성요인은 설정의 문제가 되기 때문에 태도

의 구성요인을 다요인으로 설정하여 아동의 독서태도를 다양한 측면에서 살펴볼 필요가 있다.

태도의 사전적 정의에서 태도를 마음가짐과 몸짓으로 구분할 수 있었다. 이는 태도의 행동적 요인의 범주를 설정할 필요가 있음을 보여준다. 행동적 요인은 단순히 태도에 따라 행위하는 것을 말하는데 이때 태도의 구성요인로서의 행동적 요인과 행동을 이끄는 중개 과정으로서의 태도는 다르다. 전자는 태도를 구성하는 세 가지의 요인에 행동이 포함되어 있는 것이고, 후자는 태도를 구성하는 요인이 한 개나 두 개로 구성되어 있고 태도와 행동이 순차적으로 일어나는 과정을 기술한 것이다. 마음가짐으로 표현되는 태도는 눈에 보이지 않는 부분을 설명하고 있는 가상적인 개념이며 이러한 가상적 개념이 드러난 것이 몸짓이나 자세이다. 이에 마음가짐으로 표현되는 태도의 행동적 영역과 몸짓으로 표현되는 독서행동을 구분할 필요가 있다. <그림 1>에서도 태도는 관찰 불가능한 요인으로 간주되고 있다. 이는 태도를 "개인의 행위의 선택에 영향을 미치는 획득된 내부의 상태"로 정의한 Gagné와 Driscoll(1988, 58)과 같이 태도의 행동적 요인이 독자의 내부의 기저에 자리하고 있음을 보여주는 것이다. 따라서 태도의 행동적 요인을 독자의 내부 기저에 자리하고 있는 영역과 겉으로 드러나는 영역으로 구분할 필요가 있다. 특히 이러한 구분은 태도의 척도화(attitude scaling)에 도움이 되며 태도로부터의 행동의 관계를 정리하는 데 도움이 된다(Fishbein, Ajzen 1975, 13-18; Ajzen 1985, 1991).

이에 이 연구에서는 독자의 독서행위를 이해할 수 있는 정보 획득 측면에서 최대한 다양한 태도의 구성요인들을 포괄하여 독서태도를 정의하고 독서와의 관련성 측면을 통해 독서태도의 개념의 범주를 설정하고자 한다. 따라서 태도가 포괄적인 개념으로 정의되도록 다음과 같이 세 가지의 측면을 포함하여 태도를 정의한다. 첫째, 태도는 인지, 정서, 행동적 영역으로 구성된다. 둘째, 태도의 행동적 영역을 행동의지로 한정하여 몸짓으로 드러나는 독서행동과는 구분한다.

셋째, 태도는 학습된 것으로 후천적으로 변화 가능한 개념이다. 이러한 조건을 토대로 태도를 포괄적으로 정의해 보면, 태도를 "특정 대상에 대해 생각하고 느끼고 행동하고자 하는 비교적 일관된 학습된 경향성"으로 정의할 수 있다.

나. 독서태도의 정의

1) 독서태도의 개념에 대한 다양한 관점

태도는 '몸의 동작이나 몸을 가누는 모양새, 어떤 일이나 상황 따위를 대하는 마음가짐 또는 그 마음가짐이 드러난 자세' 등으로 정의되어 있다(국립국어원 2015). 이와 같은 태도의 정의를 차용하여 독서태도를 몸짓이나 자세와 같이 겉으로 드러나는 모양새에 초점을 맞춰 정의할 경우, 이때의 독서태도는 책을 읽을 때 앉거나 누운 몸의 자세, 책을 쥐는 방법, 책과 눈 사이의 거리와 각도 같은 '읽는 자세'를 뜻하는 말로도 사용될 수 있다(이성영 2009, 288).

독서태도를 몸짓이나 자세와 같이 몸을 가누는 모양새에 초점을 맞춘 정의는 독서태도를 몸짓의 관점에 한해서 설명한다. 이러한 관점은 바람직한 독서태도를 가지고 있더라도 신체적 장애로 인해 독서하지 못한다면 책을 즐겨 읽는 독자가 될 수 없다는 점을 설명한다. 결론적으로 독서하기 위해서는 신체적인 능력이 필요하기 때문에 독서태도에도 신체적인 능력이 필요하다는 것이다. 그리고 이러한 관점은 안구 운동과 같은 신체적인 활동이 독서에 영향을 미친다는 사실이 과학적으로 증명되었기 때문에 독해력으로 대표되는 독서능력과 신체적 발달을 향상시키는 독서발달과정에서 바람직한 자세 형성을 추구하는 활동을 중요시한다.

전통적인 관점에서 독서는 인격 수양과 정서 함양을 위한 교육적 방법으로 해석되어 왔기 때문에 책을 읽는 태도 역시 중요하게 인식되어 왔다. 누워서 책을 보거나 책을 눈에 너무 가깝게 보는 것은 신체적인 활동뿐만 아니라 전통적인 관점에서도 부정적으로 인식된다. 이러한 관점은 책과 독서에 대하는 자세로 선현들의 가르침을 받기 위해서는 바른 자세를 유지해야 한다는 전통적인 문화에 기인한 관점이다. 이와 같이 독서하는 바른 자세는 아동독자에게 매우 중요한 교육적이고 문화적인 영역임에 틀림없다. 그러나 이처럼 독서태도를 독서자세로만 한정하는 관점은 책을 읽고 느끼는 쾌감이나 책을 읽고 새롭게 구성된 스키마, 읽은 책을 친구들에게 소개하고 싶은 욕구와 같이 독자 내에 일어나는 많은 중요한 변화를 간과하게 된다.

한편 독서태도의 개념에 대한 논의는 대체로 사회심리학의 관점에 근거하고 있다. Alexander와 Filler(1976)는 독서태도를 "독자로 하여금 독서상황에 접근하게 하거나 피하게 하는 독서와 관련된 감정체제(a system of feeling)"라고 정의하였다. McKenna(1994, 18-19)는 독서태도를 "특성상 대체로 정의적이며 신념은 그것에 인과적으로 영향을 주는 것"이라고 정의하여 느낌 등 정의적 요소를 중심으로 독서태도를 해석하였다. Mathewson(1994, 1131-1134)은 독서태도를 "내용과 목적에 대한 평가, 특정한 읽기에 몰입하려는 것에 대한 느낌, 독서행동을 지속시키기 위한 읽기 준비도"라고 정의하여 인지적 정의적 영역뿐만 아니라 행동적 영역을 포함하여 독서태도를 해석하였다. 이러한 정의들은 독서태도를 사회심리학적 태도의 정의에 기반을 두고 태도의 대상을 독서로 한정하여 정의한 것이다.

그러나 Greenwald(1994, 6)가 태도를 정의할 때, 대상(object) 수준, 범주 수준, 명제 수준과 스키마 수준에 이르는 4가지 수준을 모두 포함시켜 태도 개념을 한정된 수준에서 보다 명확하게 정의해야한다고 한 점에 비추어 보았을 때, McKenna, Mathewson, Alexander와 Filler의 독서태도 정의에는 다양한 상황적 맥락에서의 태도 대상과 태도 대상의 수준을 구분하지 않고 개별적 수준에 대해 추상적으로 기술한 정의가 된다. 예를 들어, 교실에서의 교과서 읽기는 싫어하지만 도서관에서 자유롭게 골라 읽는 책읽기는 좋아할 수 있다. 이는 같은 독서행위라도 이것이 어느 장소에서 어떤 목적으로 독서하는 가에 따라 개인의 독서태도가 달라질 수 있다는 상황적 맥락(명제수준)을 고려한 독서태도의 수준이다. 또 만화책을 읽는 것을 좋아하는 아동이라도 동화책을 읽는 것을 싫어할 수 있고, 전래동화를 좋아하는 아동이라도 위인전은 읽기 싫어할 수 있다.

이것은 독서태도의 대상이 되는 책의 유형이나 주제 등(범주 수준)에 따라 아동의 독서태도가 달라질 수 있는 수준을 반영한 것이다. 가령 어떤 아동이 자신과 같이 초등학교 학생들이 등장인물로 등장하고 학교생활을 중심으로 전개된 동화책을 좋아한다고 하자. 또 이 아동이 고정욱 작가를 좋아한다고 하자. 그렇다고 하더라도 이 아동은 「가방 들어주는 아이」[2]는 좋아할 수 있지만 「민우야, 넌 할 수 있어」[3]는 싫어할 수 있다. 이것은 같은 장르이고 유사한 작품 상황으로 전개된 작품이며 내가 좋아하는 작가의 작품이라 하더라도 개별 작품(개별 대상)에 따라 아동의 독서태도가 달라질 수 있음을 의미한다.

태도에 대한 대상이 '책'일 때 아동들은 그 책이 그림책이거나 만화책 또는 동화책일 때 서로 다른 인지, 정서, 행동의지와 행동 반응을 보인다. 이와 같은 관점은 물리적인 책의 종류에 보다 관심을 가지는 관점이다. 반면에 태도에 대한 대상이 독서라는 독서행동에 초점을 두는 경우는 아동독자의 독서빈도나 독서방법 및 내용 이해 등에 관심을 가지는 관점이다. 그러나 대상에 대한 태도와 행동에 대한 태도가 서로 인지적으로 상호작용을 일으켜 행동 결정에 복합적인 영향을 미치고 있다는 것을 감안할 때(정세구 1995, 24) 책과 독서의 태도를 충분히 고려하여 독서태도의 개념을 구체화할 필요가 있다.

지금까지 살펴본 독서태도의 개념에 관한 관점들은 나름대로의 장단점을 가

---

2 고정욱 작가의 「가방 들어주는 아이」(경기 : 사계절, 2002)는 목발을 짚고 다니는 같은 학급 친구의 가방을 들어주는 아이가 겪는 이야기이다.

3 고정욱 작가의 「민우야, 넌 할 수 있어」(경기 : 사계절, 2005)는 다리가 불편한 장애아 민우가 학급에서 겪는 이야기이다.

지고 있다. 기존의 독서태도에 관한 많은 연구들은 인지, 정서, 행동적 요인에 기반 한 사회심리학적 태도의 관점에서 독서를 대상으로 하는 연구들이었다. 그리고 독서태도가 물리적인 책을 기반으로 하여 형성되는 개념이라고 할 때, 독서의 대상이 되는 책과 책읽기를 독서태도를 설명하는 개념의 범주에 포함시킬 필요가 있다.

2) 책에 대한 태도와 책읽기에 대한 태도

독서태도는 책을 읽는 행위에 대한 태도 이전에 책에 대한 태도에 의해 먼저 형성되고, 책에 대한 태도가 책을 읽는 행위에 대한 태도 이전에 유발된다. 따라서 책에 대한 매력도가 높아야 읽는 행위에 대한 빈번한 행동을 유발시킬 수가 있다. 이는 인터넷 뉴스에서 매력적인 제목이 클릭수가 높은 이유와 같은 것이다. 또한 설득적 메시지와 같은 중심통로를 통해 변화된 태도가 주변통로를 거쳐서 변화된 태도보다 오랫동안 지속되고 행동에 대한 예측력도 크다고 할 때(Petty and Cacioppo 1986), 책의 내용은 독서태도에 있어 중심통로이며 독서태도를 형성하고 독서행동을 예측할 수 있는 중요한 요소가 된다. 이러한 관점을 정리하면 <그림 2>와 같다.

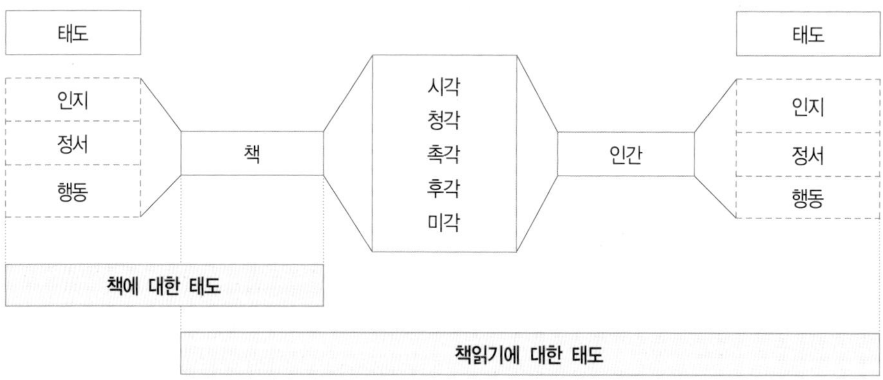

〈그림 2〉 책에 대한 태도와 책읽기에 대한 태도

인간은 특정한 목적적 행위를 제외하고 물리적인 책을 통해 내용을 유추하고 재미있을 것인지 등을 고려하여 책 속 내용을 획득할 것인지를 결정한다. 그리고 책 속 내용에 대한 정보 획득은 다시 인간의 독서에 대한 태도에 영향을 미치게 된다. 따라서 물리적인 책과 그 책의 텍스트는 독서태도에 중요한 요인이 되고 물리적인 책과 책 속 텍스트를 감각기관을 통해 획득하는 행위는 독서에 대한 태도를 확인할 수 있는 사실적 정보가 된다. 이와 같이 책과 텍스트는 읽기에 선행하여 특정성을 갖는다.

그러나 특정한 책을 읽는 행위도 다양한 관점에서 논의될 수 있다. 책의 정보를 시각적 기관을 이용하여 획득하고자 하면 독자의 눈이 사용될 것이며 청각적 기관을 이용하여 획득하고자 하면 독자의 귀가 사용될 것이다. 이때 아동은 일반적으로 누군가가 그 책을 읽어 주는 소리를 듣게 된다. 마찬가지로 책의 촉각, 후각, 미각적 정보를 획득하기 위해 다양한 기관이 사용될 수 있다. 이는 책 읽기가 다양한 차원으로 해석이 가능함을 의미한다.

여기에 더하여 특정한 책을 시각적 정보만으로 한정하여도 특정한 책을 '읽는 자세', '읽는 태도', '읽기에 대한 태도'와 같이 다양한 차원으로 구분할 수 있다(이성영 2009). 읽는 자세는 책을 읽는 모습으로 엎드려서 책을 읽거나, 벽에 기대서 책을 읽는 것과 같이 신체적인 행동이 동반되는 태도이다. 읽는 태도는 밑줄을 그어 가면서 읽거나 중요한 단어가 나왔을 때 암기전략을 사용하는 것과 같이 읽는 방법이나 전략과 관계된 태도이다. 읽기에 대한 태도는 '책 읽는 것을 좋아한다'와 같은 사회심리학적 태도와 관계된 태도이다. 결국 독서는 책과 읽기가 결합된 다양한 양상으로 드러나게 된다. 이는 경험을 통해서도 확인할 수 있다. 독서를 좋아하냐고 물었을 때 아동은 만화책은 좋아하지만 어른들이 읽는 소설책은 싫어한다고 대답할 수 있다. 이와 같은 현상은 독서태도가 갖는 정의적이고 인지적인 영역에 관한 질문이 추상적이기 때문에 그에 따른 응답이 달라질 수 있음을 의미한다(이성영 2009). 그리고 또 하나의 중요한 점은 아동은 독서를 특정한 책(텍스트)과 연계하여 생각한다는 점이다. 따라서 독서태도의 정의에 독서태도의 대상인 텍스트를 포함한 책의 다양한 종류와 독서의 양상을 반영할 필요가 있다.

3) 독서태도의 정의

책과 책읽기는 모두 독서태도의 대상이다. 따라서 이중 어느 한 가지만을 독서태도의 대상으로 정의한 경우는 독서태도에 대한 반응을 정확히 파악할 수 없게 된다. 책을 대상으로만 한 경우에는 행동에 대한 설명이 부족해지고, 읽기를 대상으로 한 경우는 구체적인 책에 대한 설명이 부족해지게 된다. 개별 대상이나 범주는 '책'의 구체적인 분류를 설명할 수 있으며 명제는 '읽기'의 구체적인 양상을 설명할 수 있다. 하지만 이러한 수준에서는 글의 내용에 대한 분류 외에도 책의 내용 표현 방법이나 책의 물리적인 형태에 따라서도 분류될 수 있다. 예를 들어 똑같은 글로 쓰여 있는 책이라도 글만 있는 경우와 그림이 포함된 경우, 또 글자가 매우 작거나 큰 경우와 같이 책의 내용 표현 방법이나 물리적인 형태에 따라 아동의 독서태도는 달라질 수 있다. 그러나 이러한 '책'이라는 대상에 대한 태도만으로 읽기를 설명할 수 없다는 점에서 태도의 대상이 되는 책과 행동과의 상호작용을 일으키는 요인들에 대한 정립이 필요하다(정세구 1995, 24). 이러한 관점에서 변우열(2012, 147)의 독서태도에 대한 정의나 독서교육사전에 기술되어 있는 독서태도의 정의에서는 책(독서자료)이라는 대상과 그 대상을 읽는 행동(독서)이 반영되어 있다. 독서교육사전에서는 독서태도가 "개인이 책이나 독서에 대하여 긍정적 또는 부정적으로 비교적 일관되게 반응하는 학습된 성향"으로 기술되어 있다(한국어문교육연구소 2006, 178-179). 구체적으로 이와 같은 정의는 독서와 독서의 대상이 되는 책을 독서태도의 대상으로 모두 반영하고 있으며 사회심리학적인 정서요인을 구성요인으로 하고 습관화된 행동과 독서태도의 교육적 문화적 변화가능성을 기술하고 있다. 특히 '학습된'은 경험의 결과로 인지적인 영역과도 연관된다. 그러나 이러한 정의에는 대상에 대응하여 발생하는 인지적 영역에 대한 기술이 부족하고 행동을 포괄적으로 기술하였다는 문제가 있다.

독서태도로 설명될 수 있는 독서자세, 사회심리학적 태도 요인, 책, 책읽기라는 4가지 차원의 변인들은 모두 아동의 독서태도를 이해하고 독자상담서비스를 제공하는 데에 있어 매우 중요한 역할을 한다. 그러나 독서자세가 책을 읽는 중에 겉으로 드러난 신체적인 행위에만 초점을 맞추고 있고, 사서교사와 초등교사를 대상으로 한 암묵적 지식 연구에서 책을 읽는 몸짓이나 자세가 독서태도를 잘 설명하지 못하고 있다는 점에서 이 연구에서는 독서 자세를 독서태도의 정의에서 제외한다. 그리고 다양한 측면에서의 진단 정보를 확인하기 위해서 사회심리학적 태도 요인을 모두 독서태도의 정의에 포함한다. 그러나 이 경우에도 태도의 행동적 요인을 구분할 필요가 있다. 태도가 겉으로 드러나는 행동을 이끌지만 태도는 가상적인 개념이기 때문에 태도의 구성요인도 가상적인 범위에 있는 것으로 설정할 필요가 있다. 따라서 태도의 행동적 요인의 범위에서 가상적인 범위에 있는 의지와 겉으로 드러나는 행동은 구별되어야 한다. 이에 태도의 행동적 요인으로는 독서 의지만 남게 된다. 텍스트를 포함한 개별적인 책과 다양한 상황 속에서 아동의 독서태도와 독서행위는 달라짐으로 책과 읽기를 각각 독서정의에 포함한다.

이를 종합하면 독서태도를 "다양한 텍스트와 형태로 드러나는 책과 그 책을 읽는 것에 대하여 생각하고 느끼고 행동하고자 하는 비교적 일관된 학습된 성향"으로 정리할 수 있다. 이러한 정의를 좀 더 구체적으로 설명하면, "다양한 텍스트와 형태로 드러나는 책을 읽는 것"은 독서태도의 대상인 '책'과 '책읽기'를 명시한 것이며, "생각하고 느끼고 행동하고자"는 사회심리학의 태도의 3요소를 1차원적인 구성요인으로 반영한 것이다. "비교적 일관된 학습된 성향"은 경험에 대한 표현이며 동시에 교육(독서서비스)을 통한 변화가능성을 담고 있다.

이와 같은 독서태도의 정의는 세대를 포괄하는 것이지만 발달단계에 따라 드러나는 양상은 달라질 수 있다. 예를 들어 독서태도의 정의에 기술된 "다양한 텍스트와 형태로 드러나는 책을 읽는 것"은 그림책이나 동화책 등의 독서자료의 종류나 사실적 읽기나 비판적 읽기 등의 독서전략에 따라 달라질 수 있다.

다. 독서태도의 구성요인

사회심리학자들은 강도의 차이가 있지만 인지, 정서, 행동을 태도의 중요한 요인으로 설명하고 있다. 그러나 구체적으로 살펴보면 학자마다 독서태도를 구성하는 요인을 다르게 설명하고 있다. 이와 같은 사회심리학에 기반하여 독서태도를 정의한 경우도 연구자마다 독서태도를 이루는 구성요인을 다르게 설정하고 있다. Alexander와 Filler(1976, 1)은 독서태도를 "읽기 상황에 접근하거나 혹은 회피하게 만드는 읽기와 관련된 느낌 체계"로 정의하여 독서태도를 정서로 설명하였다. McKenna(1994, 18-19)는 "대체로 태도는 본질적으로 감정적이며 신념은 그것에 인과적으로 관계한다."라고 정의하여 느낌과 같은 정서적 요소를 태도의 중핵 요소로 설명하고 있다. 반면에 Mathewson(1994, 1148-1149)은 독서태도의 3가지 구성요인을 독서에 대한 평가적 신념(인지), 독서를 위한 행동준비(행동), 독서에 대한 지배적인 느낌(정서)으로 설정하여 이들 3가지 요인이 모두 독서태도에 포함되는 것으로 설명하고 있다.

그러나 독서태도가 다양하게 해석될 수 있고 여러 차원에서 설명될 수 있다고 하였을 때, 독서태도의 구성요인 역시 사회심리학적 구성요인을 넘어서 다양한 차원에서 구성요인을 설정할 수 있다. 독서태도 연구를 수행한 Engin, Wallbrown과 Brown(1976)은 독서태도의 구성요인이 8가지 차원(독서 어려움, 직접적인 강화로서의 독서, 즐거움으로서의 독서, 대안적인 학습 방법, 음독 대낭독, 읽기 불안, 읽기 그룹, 만화)으로 구성되어 있다고 설명한다. 또 McKenna와 Kear(1990)는 독서태도의 구성요인을 '학교 학습을 위한 독서태도'와 '즐거움을 위한 독서태도'로 설정하였다. 그리고 이성영(2009, 288)은 독서태도에 대한 관점에 따라 독서태도를 '읽는 자세', '읽기 태도', '읽기에 대한 태도'로 구분하고 구성요인을 다양한 차원에서 논하였다. 이러한 연구들은 독서태도의 구성요인이 경험적 연구들에 의해 수행될 수 있다는 점과 독서태도가 사회심리학적인 태도의 범주와는 다른 차원에서 논의될 수 있음을 의미한다. 결론적으로 독서태도의 개념이 다양한 차원에서 논의될 수 있는 것처럼 독서태도의 구성요인도 다양한 차원에서 논의될 수 있다.

이 연구의 목적이 아동독자에게 다양한 독서서비스를 제공할 수 있는 독서태도 검사도구를 개발하기 위한 것에 있음으로 다양한 차원의 구성요인을 검사도구에 반영할 필요가 있다. 따라서 인지, 정서, 행동적 요인과 관련한 사회심리학적 차원의 구성요인은 물론 독서태도의 다른 차원에서 드러나는 요인들도 고찰할 필요가 있다. 그러나 사회심리학적 차원의 요인들이 아동의 독서태도를 긍정적으로 변화시키고 독서행동을 예측하는 데에 필요한 이론적 기반을 제공해 준다는 점에서 사회심리학적 차원의 요소들을 독서태도의 주요 차원으로 설정할 필요가 있다.

독서태도의 구성요인을 단일요인보다 다요인으로 설정한다면 아동의 특성에 대한 정보를 여러 측면에서 획득할 수 있고 확인된 여러 측면에 따른 다양한 독자상담서비스를 아동에게 제공할 수 있게 된다. 따라서 독서태도를 단일요인보다는 다요인으로 설정하는 것이 이 연구에 부합된다. 예를 들어, 독서가 자신에게 어떤 도움이 된다는 확실한 신념을 가지고 있는 아동과 그렇지 않은 아동의 독서의 행동적 요소는 다르게 나타날 것이다. 또한 책을 즐겁게 읽었던 경험을 가진 아동과 읽기 싫은 책을 괴롭게 읽었던 경험을 가진 아동은 독서의 정서적 요인이 다른 상태로 존재할 것이다. 이와 같이 독서태도의 구성요인에 따라 확인된 아동의 특성을 토대로 사서교사는 아동에게 제공할 구체적인 독서교육 방안을 고안할 수 있게 된다. 마찬가지로 독서태도의 행동적 요인을 실제 행동과 행동하고자 하는 의지로 구체화한다면 독자상담서비스의 제공 방안도 보다 구체적으로 설계될 수 있다. 따라서 독서태도의 행동적인 부분을 행동의지와 독서행동으로 구분할 필요가 있다.

또한 책이라는 대상이 아니라 대상에 대한 행위, 즉 독서를 태도의 대상으로 선정하였을 경우 독서태도의 종착역은 독서가 되므로 행동의지는 행동에 선행하게 된다. 그리고 행동의지와 행동에 대한 구별은 독서교육 차원에서도 필요하다. 행동의지가 보통 외현적인 행동보다는 표현된 태도들과 훨씬 더 강하고 확실한 연관을 갖는다고 할 때, 행동의지의 표현과 실제 행동 간의 시간적 간격, 그리고 행동의지와 실제 행동이 얼마나 구체적으로 표현되는지에 대한 특정성(specificity)의 정도에 따라 독서교육의 내용과 방법이 달라질 수 있기 때문이다(Phil 2006, 140-145).

이에 이 연구에서는 독서태도의 구성요인을 인지, 정서, 행동의지로 설정하고 독서태도의 요인으로 설정될 수 있는 다양한 요인들을 추가로 추출하여 추출된 요인과 인지, 정서, 행동의지와의 관계를 통해 구성요인을 새롭게 설정하고자 한다.

2 독서태도의 영향 요인

독서태도 형성에 영향을 미치는 중요한 요인을 단적으로 정리한다는 것은 대단히 어려운 일이다. 독자 개개인의 사회경제적 배경에 따른 성장과정이 서로 다르고 개개인의 독서상황에 따라 독서태도 형성에 미치는 요인이 서로 다를 수 있기 때문이다(변우열 2012, 153). 그러나 독서태도 영향 요인에 대한 고찰은 독서태도의 형성 과정이나 체계를 확인하여 독서태도 구성요인의 차원과 독서태도 모형을 설계하는 데에 매우 중요하다. 또한 독서가 특정성을 갖고 있고 특정한 상황에서 아동들의 독서태도와 독서행동을 보다 잘 이해할 수 있기 때문에 영향 요인에 대한 고찰은 필요하다.

이에 따라 선행연구를 살펴본 결과, 독서태도의 영향 요인을 독서행동과 그에 따른 독서경험 요인, 신념이나 가치 요인, 텍스트 요인, 자극을 유발하는 환경요인으로 정리할 수 있다(Ruddell and Speaker 1985; 한철우 2011, 62-70; 옥정인 1999, 28-30; 권은경 2012; 윤준채, 이형래 2007; 이병기 2010).

가. 독서행동과 독서경험

1) 독서행동

책을 대상으로 하는 태도 및 행동과 읽기를 대상으로 하는 태도 및 행동, 그리고 이 두 대상이 조합된 독서를 대상으로 하는 태도 및 행동에는 서로 차이가 있다. 기본적으로 이 연구에서 다루는 독서태도는 책이라는 대상과 독서라는 사태를 모두 포괄하고 있다. 따라서 독서태도가 독서행동으로 발현되고 독서행동이 경험으로 다시 독서태도에 영향을 미친다고 할 때 이들은 하나의 시스템으로 간주될 수도 있다. 따라서 독서행동은 독서 대상으로서의 책은 물론 책에 대한 행위와 행동뿐만 아니라 독서태도에 영향을 미치는 요인으로 작용된다. 그러나 여기서 의미하는 독서행동이 논리적으로 어떤 범주로 설정되어있는지를 확인할 필요가 있다. 왜냐하면 앞서 살펴본 독서태도의 구성요인에도 독서의 행동적 요인이 포함되어 있기 때문이다. 또한 연구자도 독서태도의 구성요인을 인지, 정서, 행동적 요인으로 설정하는 것이 아동들의 독서태도를 보다 폭넓게 이해할 수 있다고 하였다. 이처럼 독서태도의 1차원적 구성요인을 인지, 정서, 행동적 요인으로 설정하였을 경우, 독서행동과 독서태도의 관계는 보다 중요해 진다. 그러나 이와 같은 독서행동을 실제적인 행위와 의지를 구별하지 않고 포괄적으로 사용하는 경우는 논리적인 문제와 함께 그에 따른 해석에 문제를 야기한다. 따라서 실제적인 몸짓으로 드러나는 행위로 표현되는 독서관련 행동과 독서하려는 의지를 분명히 구별하여야 한다.

우리가 어떤 일을 해야겠다고 생각했다고 해서 그러한 어떤 일이 실제로 발생하지는 않는다. 우리가 가지고 있는 생각들, 나아가 하고자 하는 의지와 실제는 다르다. 이는 독서의 영역에서도 마찬가지이며 아동들에게도 동일하게 나타난다. Hanson(1980, 11-13)은 태도와 행동 간의 관계를 살펴본 46개의 연구들을 검토하였는데, 그 결과 26개 실험실 연구들 중 18개의 연구에서 태도와 행동 간의 정적인 관계를 실제로 발견하였다. 그러나 20개의 현장연구들 중 16개의 연구에서는 그러한 관계를 발견하지 못하였다. 이와 같은 결과는 실험실 연구에서보다 실제 세계에서는 태도와 그 행동의 표현 간에는 실험실 연구에서 보다 훨씬 많은 요인들이 개입되었음을 보여준다. 예를 들어, 부모가 특정 책을 아동에게 사주었다고 하자. 아동은 그 책이 재미있을 것 같다고 생각했고 내일 학교에 가지고 가서 읽어야겠다고 다짐했다. 그러나 그 학생이 내일 학교에서 그 책을 읽었으리라는 보장은 없다. 다음날 학생은 본인이 미처 생각하지 못했던 숙제를 하느라 바빴거나 동아리 활동에 전념했을 수도 있다. 또 눈이 아파서 책을 읽고 싶지 않았을 수도 있고 그 책을 집에 놔두고 등교했거나 혹은 등교 길에 그 책을 잃어버렸을 수도 있다. 학생이 처음에 읽어야겠다고 생각하고 다짐한 것은 독서에 대한 의지이다. 그러나 학생의 독서의지가 독서행동으로 연결되지는 못하였다. 이러한 사례는 독서의지와 독서행동이 다르다는 것을 분명히 보여준다. 또 독서의지는 겉으로 드러나지 않지만 독서행동은 겉으로 드러나는 것이라는 점에서 분명한 차이점도 있다. Martin과 Briggs(1986)는 독서태도의 행동적 요소를 어떤 행동을 하기 전에 가지고 있는 일정한 의지나 행동방향(action orientation)으로 개념화하였다. 이는 독서의지와 독서행동이 다르다는 사실을 전제한 것이다. 결론적으로 행동을 하기 전에 의지로 표현되는 태도의 행동적 요소는 타인이 특정한 개인의 독서의지 상태를 직접적으로 이해하거나 측정할 수는 없고 다만 관찰에 의해서 측정되어 질 수 있다. 이때 관찰 가능하다는 것은 몸짓으로 드러난 독서행동이 된다. 이에 현대의 많은 이론가들은 독서태도의 행동적 요소를 어떤 외현적 행위보다는 어떤 식으로 행동하고자 하는 성향이나 경향, 혹은 의도로 본다(Phil 2001, 13).

독서의지가 포함된 독서태도와 독서행동이 구분되어야 한다고 하였을 때, 독서태도와 독서행동은 서로 영향관계에 있다고 할 수 있다. 독서태도가 독서행동에 인과적인 영향을 미친다는 설정은 태도나 독서태도의 개념적 정의들을 통해 이해될 수 있다. 독서행동이 독서태도의 구성요인이라 할 경우, 행동적 요소는 외적 행동에 대한 중개변인이 된다(Ajzen and Fishbein 1980, 13-27). 독서의도가 태도와 행동의 중재변인으로 작용한다는 것은 독서태도와 독서행동이 영향관계에 있음을 의미한다. Mathewson도 독서의도를 독서태도와 독서행동의 중재변인으로 설정하였다(Mathewson 1994, 1149). 반면 Liska(1984)는 독서태도와 독서행동을 직접적인 영향 관계로 설정하였다. 즉 이와 같은 연구들을 종합하면 '독서태도 → 독서행동'의 관계를 설정할 수 있다.

독서태도와 독서행동의 관계는 행동주의 심리학을 통해서도 확인할 수 있다. 자극의 연합을 통해 정서적 반응이 조건화된 행동으로 드러날 수 있다. 이 때 조건화된 행동은 학습된 것이며 학습된 반응은 경험을 통해 그 범위가 확장되거나 일반화 될 수 있다. 또한 반복을 통해 독서행동을 강화시킬 수 있다. 마태효과(Matthew effect)는 독서행동이 독서기능을 향상시키고, 향상된 독서기능에 대한 경험이 긍정적인 독서태도를 형성시켜 다시 독서행동을 유발시키는 순환관계가 형성된다는 것이다(Stanovich 1986, 380-382). 이와 같이 독서태도와 독서행동은 서로 영향을 주고받는 관계를 갖고 있다. 그리고 이를 통해 독서태도와 독서행동의 관계에 독서경험이 자리하고 있다는 사실을 유추할 수 있다. 즉 조건화된 행동과 마태효과를 종합하면 '독서태도 → 독서행동 → 독서경험'으로 이어지는 순환 관계를 설정할 수 있다.

인지적 행동수정(cognitive behavior modification) 이론은 인지적인 방법과 행동주의적인 방법을 함께 사용하여 문제행동을 치료하는 기법을 뜻한다. 인지적 행동수정 기법은 인지적인 방법(합리화, 설득, 신념/가치관의 수정 등)을 사용하여 문제행동을 치료하였던 인지요법가들의 행동주의적인 방법에 대한 관심과 문제행동을 행동주의적인 방법(벌, 강화 등)을 사용하여 치료하였던 행동요법가들의 인지적인 기법에 대한 관심이 통합되어 산출된 기법이다(한국교육심리학회 2000; 국립특수교육원 2009; 서울대학교 교육연구소 1995). 이러한 인지적 행동수정 이론은 결국 태도와 행동이 깊은 관계를 갖고 있다는 전제를 하고 있다. 그리고 이와 같은 인지적 행동수정 기법이 독서이상아[4]의 행동을 수정하는 데에 필요한 독서상담서비스의 방법을 제고하는 데에 도움을 준다는 점에서 인지적인 영역뿐만 아니라 행동적인 영역을 함께 고려할 필요가 있다. 따라서 독서태도 모형이나 검사도구를 개발할 때 인지적인 영역과 행동적인 영역을 독서태도 모형에 설정하고 검사도구에 반영할 필요가 있다.

독서행동영역으로 독서 행위의 빈도와 양, 독서 행위에 대한 자발성을 포함시킬 수 있고(정혜승, 서수현 2011), 독서환경(가정, 학교(학교도서관, 학급 등), 사회(학원, 공공도서관, 서점 등))과 독서목적(여가, 학습), 독서집중, 독서빈도, 독서선호, 범주(장르, 주제)를 포함시킬 수 있다(최숙기 2009, 310).

2) 독서경험

Fishbein과 Ajzen(1975)은 독서행동을 태도에 영향을 미치는 간접적인 요인으로 보았고, Liska(1984)는 독서행동을 태도에 직접적인 영향을 미치는 주요 요인으로 보았다. 이러한 설정은 독서행동이 독서태도에 영향을 미치는 관계로, '독서행동 → 독서태도'로 설정할 수 있다. 그리고 이와 같은 관계는 경험으로 설명되어질 수 있다.

책을 재미있게 읽은 독자가 책에 대한 긍정적인 태도를 갖게 되고, 재미없는 책을 읽은 독자는 독서에 대해 부정적인 태도를 갖는다(한철우 2011, 63). 또한 책이 독자의 수준에 맞지 않아 읽기가 어려운 경험 등 독서에 대해 좋지 못한 경험을 가진 독자는 독서태도 형성에 부정적인 영향을 미치게 된다(변우열 2012, 153). 책을 많이 읽은 경험을 통해 독서능력이 향상되고 그래서 다시 독

4 이 연구에서는 '독서 이상아'를 손정표(2003)가 구분한 '독서 문제아' 기준에 따라 '독서 무관심아'와 '독서태도 이상아'를 포함하고 있는 아동으로 규정한다.

서행동이 유발되는 선순환의 관계를 설명하고 있는 마태효과도 행동과 경험과의 관계를 잘 설명해준다. 그리고 태도와 행동 간의 인지적 부조화는 행동에 의해 태도가 변화할 수 있음을 설명해 주고 있다(Festinger 1957, 32-47). 예를 들면 책을 많이 읽을수록 좋다는 신념을 가지고 있는 아동독자가 며칠 동안 책을 못 읽었을 때, 그 아동독자는 '나는 이제 초등학생이니까 중학생이 되었을 때부터 열심히 읽으면 돼!'와 같이 자신의 독서의 중요성에 대한 신념(독서태도의 일정한 영역)의 강도를 낮춤으로써 이러한 부조화를 감소시킬 수 있다. 결국 이와 같은 설정은 경험을 통하여 '독서행동 → 독서경험 →독서태도'로의 과정이 설명될 수 있음을 의미한다.

그리고 행동이 궁극적으로 다시 자기 행동에 영향을 주는 과정에 경험이 작용하고 독서태도가 오랜 기간에 걸친 독서 관련 경험들이 쌓여서 형성된다고 하였을 때, '독서행동 → 독서경험 → 독서태도 → 독서행동'의 순환관계가 성립한다. 이는 실제 몸짓으로 표현되는 독서행동에 대한 결과를 독서경험으로 설명할 수 있고 이러한 독서경험이 독서태도에 영향을 미치는 과정으로 독서태도를 모형화 할 수도 있음을 의미한다.

독서행동이 독서태도에 영향을 미친다고 할 때, 독서행동이 독서태도의 어떤 구성요인에 보다 구체적으로 작용하는지에 대한 과정 설정도 가능하다. 독서태도의 구성요인을 인지, 정서, 행동적 요인으로 설정하였기 때문에 경험이 작용하는 부분도 인지, 정서, 행동적 영역과 연관하여 설명할 수 있다. 독서태도의 인지적·정서적인 부분에 영향을 미치는 과정은 스키마(schema) 이론을 통해 설명할 수 있다. 스키마는 독자가 갖고 있는 세상에 대한 지식의 구조로 스키마 이론은 읽기를 글을 통하여 전달하고자 하는 필자의 메시지를 독자가 갖고 있는 배경 지식을 동원하여 해석하는 과정이다(이삼형 1999). 독자는 자신만의 스키마를 가지고 있고 독서행위를 통해 자신의 스키마를 축척하거나 변화시켜 나간다. 이는 Gray(1948, 35-37)의 독서과정(reading process) 4단계에서 생각이나 개념을 자신의 경험 배경에 흡수하는 '신구 독서의 융합 단계'와(Zintz and Maggart 1989, 16) Mathewson(1994)의 독서를 통한 인지적 만족감 단계에서도 스키마 이론이 적용될 수 있다. 즉 개별 독자마다 형성된 배경지식이 쌓여 있는 스키마의 인지적 구조변화가 독서태도에 영향을 미치는 것이다. 따라서 독서를 통해 새로운 사실이나 지식을 얻어 지적 만족을 얻은 경험은 독서에 대한 태도를 긍정적으로 변화시킨다(변우열 2012, 153; 옥정인 1999, 28). 이때 지식을 얻는다는 것은 정보와 지식을 수용했다는 것으로 독자의 스키마가 변했다는 것을 의미한다. 독서태도의 정서적인 부분에 영향을 미치는 과정은 만족감으로 설명될 수 있고 이 역시 스키마 이론을 적용할 수 있다. 독서행동을 통한 독서 경험이 인지적 구조와 정서적 구조를 변화시킨다고 한다면 스키마 이론도 이를 저장시키고 변화시키는 영역도 인지적인 부분과 정서적인 부분을 독립시켜 다루고 있다고 가정할 수 있다. 이는 Gray의 신구 융합단계를 적용시키거나 Mathewson의 독서를 통한 정서적 만족감 단계를 적용시킬 수 있다는 것과 같은 이치이다. 따라서 독서를 통해 즐거운 만족감을 얻었거나 독서를 통해 가슴 깊이 새기고 싶은 깊은 감명을 받은 경험도 정서적 스키마를 변화시켜 독서에 대한 태도를 긍정적으로 변화시킬 수 있다(이성영 2009, 310).

3) 강화와 관찰 학습

독서행동이 경험을 통해 독서태도에 영향을 미친다고 하였다. 그렇다면 독서행동을 통해 독서태도를 변화시키는 것도 가능할 것이다. 이것은 행동을 증가시키는 모든 외적 보상을 의미하는 강화제를 통해 가능하다. 강화제에는 칭찬, 격려, 미소와 같은 표현, 토큰, 매력적인 책, 좋아하는 활동 등이 있다. 아동들이 책을 자주 읽고 책을 읽는 시간을 증대시키고자 한다면 사서교사는 책을 읽는 아동들을 칭찬하고 이들에게 가산점을 부여하거나 상장을 주어 격려하는 등의 정적 강화제를 아동들에게 서비스할 필요가 있다.

Bandura(1971)는 인간 학습의 많은 부분이 다른 사람을 관찰하고 모방하는 과정(모델링)을 통해서 일어난다고 하였다. 따라서 아동에게 영향력 있는 교사나 부모 또는 또래집단의 인물이 독서행동을 보여줌으로서 아동의 독서행동을 강화시킬 수 있다. 정대근(2014, 87)은 아동에게 영향력이 있는 교사, 부모, 친구의 독서행동을 묻는 문항을 독서롤모델 요인에 추가하여 설문하였는데, 그 결과 독서롤모델이 독서몰입(R^2=0.441), 독서만족(R^2=0.433), 독서지속의지(R^2=0.465)에 중요한 영향을 미치는 것으로 나타났다. 그리고 강화제 및 인물과 인물의 행동은 독자의 독서태도를 자극하는 환경으로도 기능할 수 있다.

나. 신념과 가치변화

1) 독서결과에 대한 신념

독서결과에 대한 신념은 독서태도 형성에 직접적인 영향을 미친다(Mckenna 1994, 31–35). 독서결과에 대한 신념은 독서 결과에 대한 독자의 개인적 평가로서 독자가 어떤 결과를 예상하느냐와 관련된 신념을 말한다. 이것은 주위 환경에 의해 영향을 받기도 하며 개인의 독서경험에 의해서 형성되기도 한다. 특히 반복적으로 독서 결과에 만족하지 못했을 경우 독서태도가 부정적으로 형성될 수도 있다. 즉 독서를 잘할 수 있다거나 독서 후의 결과가 좋을 것이라는 믿음은 독서에 대해 자신감을 가지게 만들고 독서에 대한 거부감을 감소시켜 긍정적인 독서태도를 강화시킬 수 있다.

반대로 독자 자신이 스스로 독서를 잘해 내지 못할 것이고, 독서의 결과가 좋지 않을 것이라는 믿음은 독서를 회피하게 만들고 독서를 거부하게 되어 부정적인 독서태도를 강화하게 된다(한철우 2011, 64). 이러한 독서 결과에 대한 신념은 독서능력과 많은 관계가 있다. 자신의 독서능력에 대해 확신을 가지고 있는 독자는 그렇지 않은 독자보다 독서 결과에 대해 더 긍정적으로 예상하기 때문이다(옥정인 1999, 10).

한철우(2011)와 옥정인(1999)이 기술한 독서 결과에 대한 신념은 2가지의 영역으로 구분될 수 있다. 하나는 독서효능감이고 다른 하나는 독서효용성이다. 독서효능감은 Bandura(1977, 193)의 자기 효능감(self-efficacy)에 독서영역 적용한 것으로 독서를 성공적으로 수행할 수 있다는 신념이나 기대를 의미한다. 따라서 독서를 스스로 잘할 수 있다거나 잘할 수 없다는 믿음과 독서능력에 대한 확신은 독서효능감의 범주에 포함된다. 독서효용성은 효용가치설(utility theory of value)에 독서영역을 적용한 것으로, 독서의 가치와 효능에 대한 독자의 주관적 평가를 의미한다. 따라서 독서효용성은 기본적으로 독서가 독자 자신에게 도움이 된다는 인식이다. 구체적으로 독서효용성은 독서를 하면 유익한 지식이나 정보를 많이 얻을 수 있다는 신념, 독서를 하면 상식이 풍부해 진다는 신념, 독서를 많이 하면 교과학습에 도움이 된다는 신념, 독서를 하면 의사소통 기술이 신장된다는 신념 등으로 표현될 수 있다(변우열 2012, 153-154).

독서효능감과 독서효용성은 모두 인식적 영역이라는 점에서는 공통점을 가지고 있다. 그러나 독서효능감은 특히 독서 중에 사용되는 독서능력에 대한 인식과 관련성이 깊고, 독서효용성은 결과적 측면에서 독서가 가치 있을 것인가에 대한 인식과 관련성이 깊다고 할 때, 독서효능감과 독서효용성을 구분할 필요가 있다. 옥정인은 독서 결과에 대한 신념을 주로 독서효능감 측면에서 해석하였으나 반면에 정혜승은 독서 가치 및 독서 결과에 대한 인식과 자신의 독서능력에 대한 인식을 구분하고 있다(옥정인 1999, 28; 정혜승 2006, 484-485).

2) 타인의 기대에 대한 신념과 독서중요성에 대한 인식

타인의 기대에 대한 신념도 독서태도 형성에 영향을 미친다. 여기에서 타인이란 부모, 친척, 교사, 친구, 유명 인사 등의 개인은 물론 가족공동체, 지역공동체, 동아리 등에서부터 지역사회와 국가에 이르기까지 독자에게 영향력을 줄 수 있는 개인이나 집단을 의미한다. 여기에 더하여 실체를 가지지 않는 신념, 이념, 이데올로기 등도 여기에 해당한다고 볼 수 있다. 개인은 유명인이나 선망의 대상이 되는 인물의 행동을 따라하는 경향이 있는데, 독서도 이와 마찬가지로 부모, 친구, 교사, 유명인사 등이 기대하는 독서생활과 독서경향에 많은 영향을 받는다(변우열 2012, 154). 타인의 기대에 대한 신념은 독자가 독서를 할 것인가 말 것인가, 어떤 독서자료를 읽을 것인가 등의 판단을 하는데 있어서 하나의 규준 역할을 하기 때문에 주관적 규범이라고도 한다(한철우 2011, 70).

타인의 기대에 대한 신념은 신념이라는 아동독자 내에 기저로 자리하고 있는 독서태도의 인식적인 부분과 독자에 영향을 미치는 타인이라는 환경적인 요인의 복합적 작용으로 해석할 수 있다. 그러나 타인의 기대에 대한 신념이 독서태도의 인식적인 부분과 관련되어 있다고 하더라도 이것이 독자의 독서태도의 인지요인의 범주라고는 할 수 없다. 독서태도는 독자 내의 기저에 위치하고 있기 때문에 타인의 말이나 몸짓에 따라 달리 인식될 수 있는 영역은 논리적으로 독자 내에 있기 보다는 독자 외부에서 독자에게 영향을 미치는 환경이라고 볼 수 있기 때문이다. 물론 신념을 포함한 환경에 대한 자극을 어떻게 받아들이고 어떻게 인식할 것인지는 독자에게 달려있다. 그러나 그러한 자극에 대한 인식은 독자를 중심으로 해석해야 독자 내에 있는 기저의 범주에 포함될 수 있다. 따라서 타인의 기대에 대한 신념을 환경적 요인이나 배경환경과 같은 변수로 두지 않고 독서태도라는 독자의 기저에 포함시키고 싶다면 타인의 기대에 대한 신념이 독자에게 재구조화된 인식으로 해석해야 한다. 아동독자를 주체로 놓고 보았을 때 타인이 아동독자의 신념에 영향을 미친 결과가 태도로 형성되어 있을 것이다. 그리고 그렇게 형성된 내용은 독서는 중요하다는 인식일 것이다. 따라서 타인의 기대에 대한 신념을 독서 중요성에 대한 인식으로 대체 할 수 있다.

독서 중요성에 대한 인식은 독서행동과 독서태도를 연구하는 분야에서도 주요 요인으로 다루어져 왔다. 박혜영(2006, 152-153)은 읽기의 중요성이나 가치를 인식시키는 것이 중요하다고 하였고, Chapman와 Tunmer(1995, 154-167)는 독서태도로 독서 중요성을 측정하여 독서태도의 수준을 판정하였다.

3) 설득과 가치 변화

사서교사는 일반적으로 학교현장에서 아동들의 독서태도와 독서행동을 변화시키기 위해서 아동들에게 독서에 대한 가치를 이해하고 독서행동을 할 수 있도록 유도하는 설득적 서비스를 제공하고 있다. 이는 설득이 인지적 정서적 요인과 관련되어 있어(Fabrigar and Petty 1999), 독서태도를 변화시키고 독서행동을 유발시키는 자극이 되기 때문으로 사서교사가 제공하는 독서상담서비스도 기본적으로는 설득적 서비스에 포함된다.

Mathewson(1994, 1145-1148)은 설득을 독서태도에 영향을 미치는 주요한 요인으로 간주하였고, 설득적 의사소통이 중심 경로와 주변 경로를 통해 발생한다고 하였다. 중심 경로는 메시지 내용에 대한 판단에 의해 발생되며 주변 경로는 설득하는 사람의 매력(호감)이나 독서자료의 매력도 등과 같은 기타 외적 요인에 의해 발생된다(Phil 2001; 이수원, 이준호 1997). 그런데 중심 경로에 의한 설득이나 태도 변화는 강도와 지속성이 강하고 반대쪽의 설득에 강한 저항력을 가지는 반면에, 주변 경로를 통한 설득이나 태도 변화는 강도가 약해서 외적 단서가 사라지면 쉽게 소멸되는 성향을 지니고 있다. 이때 중심 경로를 통한 설득력을 높이는 가장 중요한 요인은 자기 관여(self-involvement) 수준이다(이성영 2009, 305; 나은영 1994, 11; Petty and Cacioppo 1986). 따라서 독서에 대한 긍정적인 태도를 형성하도록 하기 위해서는 독서가 자신들의 학습과 여가생활에 어떤 도움이 되며 또 아동의 삶에 어떤 영향을 미치는 지에 대한 독서효용성을 인식시키는 것이 중요하다. 그리고 아동에게 영향을 미치는 인물의 매력도는 타인의 기대에 대한 신념과 관련되며 독서자료의 매력도는 물리적인 책과 책 속 내용과 관련된다는 점에서 독서태도에 영향을 미치는 주요한 요인이 된다.

다. 텍스트

텍스트를 나타내는 책은 3가지의 행태로 구분될 수 있다. 하나는 물리적인 책으로 독서하기 위해서는 가시적인 읽을거리가 필요하다. 다른 하나는 책과 아동의 상호작용이다. 책의 내용이 어떻게 이해되고 스키마로 구조화 되는지는 독자에게 달려있기 때문이다. 그리고 마지막 하나는 책에 가치를 부여하는 것이다. 가치에 대한 부여는 타인의 설득이나 기대에 대한 신념 또는 독서 경험 등을 통해서 형성된다.

물리적인 책은 전집, 학급문고, 도서관 같이 점진적으로 사회적 환경으로 범주화 될 수 있고 책 한권, 종이 한 장, 단어 한 개와 같이 특정화 될 수도 있다. 이들 모두 아동의 독서태도에 영향을 미친다. 이는 책의 외연(外延) 모두가 독서태도의 측정 대상이 될 수 있음을 의미한다. 그러나 중심경로를 거쳐서 변화된 태도가 오랫동안 지속되고 행동에 대한 예측력이 크다고 할 때 무엇보다도 책 자체의 매력도가 높아야 한다.

책이 아동과 상호작용하기 위해서 아동은 책의 내용을 해독할 수 있어야 한다. 따라서 아동이 적절하게 읽을 수 있는 책의 난이도는 아동들의 독서태도에 영향을 미친다(Good and Brophy 1987). 또한 아동들은 읽을 책을 선택할 때 책의 주제가 무엇인지, 책의 종류가 무엇인지를 중요하게 고려하였다. 이는 책의 내용뿐만 아니라 책의 물리적인 형태나 책의 구성 형식도 독서태도에 중요한 영향을 미치고 있음을 의미한다.

책의 물리적인 형태는 책을 보았을 때 알 수 있는 책의 크기, 책의 두께 등으로 구분될 수 있고, 표현 형식은 책의 내용을 전달하는 데 활용되는 문자의 표현 형식으로 글, 만화, 그림, 사진 등으로 구분될 수 있다. 이와 같이 책을 구체적으로 구분하지 않고 단순히 읽기만을 측정한다면 독서태도를 정확히 측정할 수 없게 된다. '독서'라고 할 때 어떤 아동은 동화를 떠올리는데 반하여 어떤 아동은 백과사전을 떠올릴 것이다. 또 주제에 따라 관심이 많은 주제를 떠올릴 때와 관심이 없는 주제를 떠올릴 때에 따라 아동의 반응이 다르게 나타날 것이다. 따라서 아동들의 독서태도를 측정할 때에는 특정한 책의 읽기에 대한 태도를 측정해야 한다(이성영 2009, 290-291). 그리고 아동이 실질적으로 독서행위를 하기 위해서는 책을 선택하는 행위가 선행되어야 함으로 책의 선택 행위에 대한 기준은 독서태도의 발현으로 이해할 수 있다.

라. 독서환경

다양한 읽을거리를 접할 수 있는 기회가 아동의 독서태도에 긍정적으로 작용한다고 할 때(서수현, 정혜승 2012), 물리적인 책을 기반으로 하는 독서행위는 환경 속에서 이루어질 수밖에 없다. 따라서 앞서 제시된 구성요인이나 영향요인 모두 특정한 상황 속에서 형성되고 축적되거나 드러나는 행위로 환경적 요인은 독자의 독서태도에 직접적 영향요인이나 간접적 배경요인으로 작용한다. 이러한 환경요인들은 독립적으로 작용되기도 하지만 다른 요인들과 동시에

작용되기도 한다. 그리고 이러한 사실은 환경요인이 추상적인 개념으로 다양한 구성요인과 차원으로 조합될 수 있음을 의미한다.

다양한 종류의 새 책이 많이 있고 다정한 사서교사가 있는 학교도서관과 그렇지 못한 학교도서관이 있는 학교의 학생들의 독서생활은 다를 것이다. 또한 책을 읽는 모습을 매일 같이 보여주시는 담임선생님이 독서를 권한다면, 학생들에게는 담임선생님이 책을 권하지 않았을 경우와는 다른 반응이 나타날 것이다. 그리고 대학입시에서 독서기록부를 반영하는 교육정책이 보편화되거나 기업 면접에서 특정 책의 내용을 묻는 것이 일반적인 사회 현상이라면 그렇지 않은 사회와는 분명 책과 독서를 접하는 태도가 다르게 나타날 것이다. 이와 같은 사례는 독서환경이 독자의 독서태도에 영향을 미치고 있음을 보여준다.

독서환경에 대한 선행연구를 범주화 하면 가정, 학교, 사회 및 국가의 독서환경으로 구분할 수 있다(한국어문교육연구소 2006, 123-127). 이중 사회와 국가차원에서 독자에게 환경적 자극을 제공하는 대표적인 기관은 도서관이다. 따라서 사회와 국가의 환경 요인에서 도서관을 분리해서 고찰할 필요가 있다. 이에 이 연구에서는 가정, 학교, 도서관 그리고 사회와 국가의 독서 환경을 중심으로 독서태도의 환경 요인을 고찰하고자 한다.

1) 가정의 독서환경

독서교육사전에서는 가정 독서환경을 "아동의 읽기와 쓰기 능력 발달에 영향을 주는 가정의 인적, 물적 환경"이라고 정의하고 있다(한국어문교육연구소 2006, 1-2). 그러나 능력이라는 영역은 독자의 내부에 있는 것이고 실제적인 독서행위는 겉으로 드러나는 몸짓이라는 점에서 이러한 정의는 부족하다. 또한 환경을 능력으로만 설명한 정의는 책을 읽을 수 있는 능력이 있어도 독서의 즐거움을 모르고 책읽기가 싫으며 독서습관이 되어 있지 않아서 책을 읽지 않는 많은 아동들을 설명할 수 없게 된다. 따라서 능력의 범위를 넘어 독자의 독서태도와 행동에 영향을 미치는 다양한 가정적 요인들을 환경요인에 포함시켜야 한다.

독서교육의 목표가 독자가 능동적으로 적절한 장소에서 적절한 책을 적절한 방법으로 즐겁게 읽을 수 있도록 하는 데에 있음으로 인물, 장소와 자료를 포함한 물리적인 환경과 독서활동과 방법을 환경 요인으로 고려해야 한다. 그리고 태도가 인물이나 장소, 책과 같은 사물, 독서와 같은 사건이나 활동을 대상으로 하고 있음으로, 독서에 대한 태도에 있어서도 인물이나 장소, 독서활동은 중요한 요인이 된다. 인물은 부모와 형제, 조부모 및 친척 등 독자와 관계가 있는 다양한 사람으로 이러한 인물이 중요한 이유는 가족구성원을 포함한 독자와 관련된 인물의 독서습관과 독서생활이 독자의 독서태도 형성에 매우 큰 영향을 미치기 때문이다. 이는 타인의 기대에 대한 신념, 강화, 설득적 의사소통을 통해서도 확인된다. 도서관이나 서점과 같은 특정한 장소에 대한 방문은 목적이나 습관, 즐거움 등을 드러내는 구체적인 행위가 되고 교실, 가정과 같은 공간에서는 아동의 구체적인 독서 행태를 파악할 수 있다는 점에서 대부분의 독서태도 검사도구에는 이러한 구체적인 장소가 문항에 기술되어 있다(Engin, Wallbrown and Brown 1976, 309-316; Rowell 1972, 442-447; McKenna and Kear 1990, 626-639).

독서행위가 유발되고 있는 상황이 다른 어떤 활동과 연계되어 있는지를 고려한 것이 독서활동과 방법이다. 만약 부모가 아동에게 책을 읽어주고 있다면, 이는 가정환경에서 읽어주기라는 방법이 적용된 '책 읽어주기'라는 독서활동을 하고 있는 것이 된다. 또한 부모는 질문하기라는 방법으로 아동과 책의 내용을 대화하는 '책 이야기하기' 활동을 할 수도 있다.

변우열(2012, 154)은 가정의 독서환경을 부모의 독서생활, 자녀의 독서에 대한 부모의 관심, 가정의 장서 수, 가족의 서점 방문, 가족의 도서관 이용, 말하기, 쓰기, 그리기, 대화하기 등 독서후의 여러 가지 표현 등으로 구분될 수 있다고 하였다. 그리고 PISA 2009를 살펴보면 부모의 직업적 지위, 부모의 학력 수준, 교육 자원, 문화적 자산, 가정의 책 보유 수, 가정의 부를 가정의 독서환경에 포함시킬 수 있다(한국교육과정평가원 2012). 그리고 문식성(literacy)을 기준으로 가정환경을 구분하면, 시각적 자극의 형태, 집에 있는 부모의 책의 수, 아동의 책 수, 읽기를 위한 공간, 신문 구독 여부 등의 물리적 환경, 부모의 책 읽어주는 횟수, 자녀의 숙제 돕기, 정보 함께 찾기 등의 부모(어른)와 아동의 상호작용, 책을 선물로 사주는 것, 아동이 책을 읽을 때의 칭찬, 부모의 읽기 모델링, 도서관이나 서점 방문 등의 정서적 환경(암묵적 요소)으로 나뉠 수 있다(Purcell-Gates 2000).

2) 학교의 독서환경

아동이 학교생활을 함에 있어서 독서와 관련하여 가장 많이 접하는 물리적인 공간과 인물 그리고 독서활동을 고려하여 학교의 독서 환경을 구분하면 교실에서의 독서 환경과 학교도서관에서의 독서 환경으로 구분할 수 있다. 물론 학교장의 의지나 학교교육과정 등도 환경에 포함되지만 학교장의 의지도 교사의 수업을 포함한 교육과정 운영에 드러나고 학교교육과정은 교사를 통해 실현됨으로 학교의 독서 환경은 1차적 분류를 물리적 공간으로 하여 교실 환경과 학교도서관 환경으로 구분할 수 있다. 인물은 공간을 중심으로 학급에서는 담임교사와 학급 또래 학생들이 포함되고 학교도서관에서는 사서교사와 도서부 활동에서 대면하는 학생이 포함될 수 있다. 그리고 독서활동은 장소나 인물과 하는 활동으로 표현될 수 있다.

옥정인(1999, 39)은 아동 및 청소년독자에게 영향을 미치는 독서환경으로 교우환경, 가정환경, 학교환경, 지역환경을 설정한 뒤 이들 환경과 독서태도와의 상관관계를 분석하였는데 그 결과 교우환경이 독서태도와 가장 높은 상관이 있는 것으로 나타났다. 이러한 결과는 이 글의 암묵적 지식 연구에서와 같이 또래 집단의 영향력이 가장 큰 것과도 일치한다. 변우열(2012, 154-155)은 학교의 독서환경으로 학교의 독서교육 정책, 교사의 독서지도 유무, 학교도서관의 운영 상태, 학급문고의 운영 상태, 아침독서운동, 학교의 독서행사, 독서클럽, 사서교사의 배치 유무가 포함될 수 있다고 하였고, PISA 2009를 살펴보았을 때는 학교의 학습 환경, 학교 운영 체제, 평가와 책무성, 학교 자원이 학교의 독서환경에 포함될 수 있다(한국교육과정평가원 2000). 2011년 국민독서실태조사 학생 결과를 통해, 친구와의 정보 공유와 학교도서관 이용 경험, 학교도서관에 읽을 만한 장서 보유와 책 찾기, 학교도서관의 편리한 이용, 학급문고의 장서량, 좋은 책에 대한 소개와 정보 제공도 독서환경에 포함시킬 수 있다(한국출판연구소 2011).

3) 도서관의 독서환경

사회와 국가의 독서교육과 독서문화 정책 등은 학교나 도서관을 통해 독자에게 구체화되게 된다. 이때 학교나 도서관은 모두 독서의 학습적인 기능은 물론 여가적인 기능을 수행하게 된다. 그러나 우리나라의 경우 입시라는 영향력이 학교교육에도 반영되어 학교에서의 독서교육은 독해를 위주로 하는 학습적인 기능이 강조되는 경향이 있다. 이는 국가수준교육과정에서도 드러난다. 국가수준교육과정에서도 정서로 대표되는 독서태도보다는 독해로 대표되는 독서능력이 강조되어 있다. 이처럼 학교교육에서 독서가 여가적인 기능보다는 학습차원에서 보다 강조됨으로 해서 상대적으로 일반 대중에게 도서관 서비스를 제공하는 도서관들은 여가생활과 관련한 독서문화 제공에 초점을 맞추는 경향이 있다.

'독서 문화'란 문자를 사용하여 표현된 것을 읽고 쓰는 활동을 중심으로 하여 이루어지는 정신적인 문화 활동과 그 문화적 소산을 말한다(독서문화진흥법 시행 2013. 3. 23). 우리나라 도서관 정책을 대표하는 기관인 대통령 소속 도서관정보정책위원회와 문화체육관광부가 발표한 제2차 도서관발전종합계획을 보면 핵심 내용은 도서관 서비스에 따른 국민의 행복한 삶의 구현과 창조역량 강화라고 할 수 있다. '도서관 서비스'는 도서관이 도서관자료와 시설을 활용하여 공중에게 제공하거나 지원하는 대출·열람·참고서비스, 각종 시설과 정보기기의 이용서비스, 도서관자료 입수 및 정보해득력 강화를 위한 이용지도교육, 공중의 독서활동 지원 등 일체의 유·무형의 서비스를 말한다(도서관법 시행 2015. 9. 28). 독서문화가 문화 활동에 대한 추상적인 개념이라면 도서관 서비스는 도서관이 이용자에게 제공하는 보다 구체적인 활동 내용이라고 할 수 있다. 결국 독서문화 활동이나 도서관 서비스 모두 도서관의 환경적 요인으로 작용한다. 이에 대상을 아동독자로 한정하여 도서관 서비스를 구체화해보면 독서모임, 독서자료의 보급, 백일장, 강연회, 인문학 특강, 작가초청강연 및 저자와의 대화, 책 읽어주기, 책 추천하기, 독후감 쓰기 등의 독후표현활동하기 등으로 구분할 수 있다.

4) 사회와 국가의 독서환경

사회와 국가의 독서환경도 독자의 독서태도형성에 큰 영향을 미칠 수 있다. 사회와 국가가 독서의 중요성을 인정하고 독서를 권장하고 있는 분위기인가 또는 독서를 높이 평가하는 사회인가에 따라서 독자의 독서태도 형성에 큰 영향을 미칠 수 있다. 사회와 국가의 독서환경에는 국가의 교육정책과 입시제도, 또래집단의 환경, 지역사회나 지역교육청의 독서정책과 독서운동, 공공도서관이나 독서클럽 등 지역사회의 독서환경 등이 포함될 수 있을 것이다(변우열 2012,

155). Chall(1983)은 읽기 환경 변인에 따라 발생하는 다양한 읽기 행동의 양상에 주목하여 읽기 학습이 발생하는 학교, 가정, 지역 공동체에 대한 단계적 설명을 제시하였다. 이때 사회의 독서환경에 해당되는 지역 공동체에서 도서관에 대한 양상이 단계별로 제시되고 있다. 결국 사회와 국가의 독서환경에는 다양한 변인들이 있지만 사회와 국가의 독서환경을 아동에게 가장 큰 영향력을 미치는 학교와 도서관 환경의 범주로 대체할 수 있다.

3 독서태도의 모형과 검사도구

가. 독서태도의 모형

독서태도에 관한 주요한 모형들의 구성요인과 구성요인들 간의 관계를 확인하여 구성요인에 대한 설정과 독서태도 모형을 개발하는 데 시사점을 얻고자 한다.

1) Ruddell-Speaker 모형

Ruddell과 Speaker(1985)는 독서 중에 일어나는 상호과정 모형을 <그림 3>과 같이 제시하였다. Ruddell-Speaker 모형은 독자 환경 요소, 지식 이용과 조절 요소, 선언적 절차적 지식 요소, 독자 생산물 요소, 4개의 주요 요소로 구성되어 있다. 독서행위에 직접적으로 영향을 미칠 수 있는 맥락(context)을 포함하는 독자 환경 요소(reader environment)는 독자에 의해서 읽혀지고 있는 텍스트의 특징, 작가와 독자의 역할이 다른 것과 같이 대화가 일어나는 양상, 주어진 독서 상황에 영향을 미치는 교육적 요인, 3가지로 이루어져 있다. 지식 이용과 조절 요소(knowledge utilization and control)는 텍스트의 의미에 대한 독자의 표현 작용(reader's representation)과 목표와 기대, 행동 계획, 점검과 평가 능력을 포함하는 독서 과정으로 이루어져 있다. 지식 이용과 조절 요소는 한 구절의 읽기에 대한 독서의 목표와 목적을 결정하는 독자의 관심과 태도, 가치를 설명한다(Ruddell and Speaker 1985, 751-793).

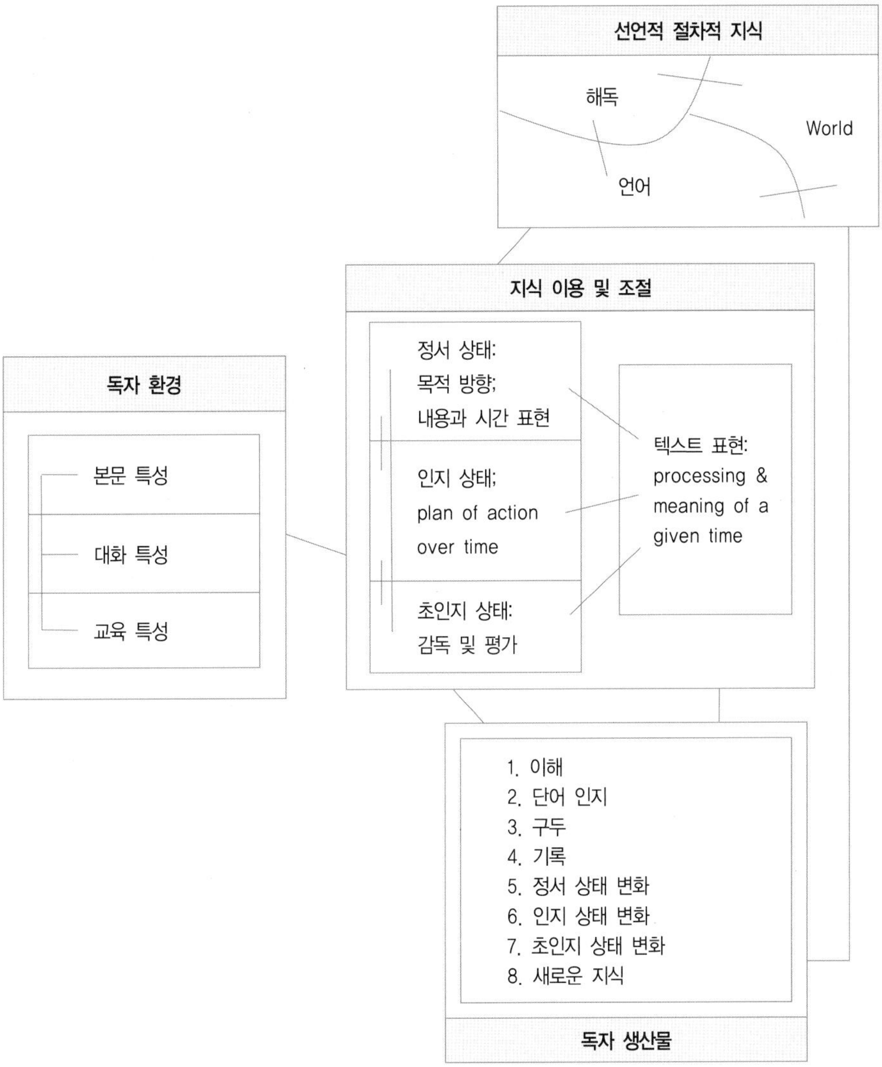

〈그림 3〉 Ruddell-Speaker 모형

Ruddell과 Speaker는 독자의 초기 기대(예상)가 독서하는 중에 확인되거나 부정되더라도 정서와 이해에 영향을 미치고 있음을 인정하였다(Mckenna 1994, 22). 따라서 독서가 진행됨에 따라 정서적 상태의 일부분인 독자의 목표와 기대는 독자가 사용하는 인지적 전략, 정서적 상태에서 시작된 예상 시간과 목표에 대한 평가나 독서 생산의 점검에 사용되는 초인지적 전략으로부터의 피드백과 상호작용한다(Ruddell and Speaker 1985, 759). 선언적 및 절차적 지식 요소는 해독과 언어 능력, 일반적 지식을 포함한다. 마지막으로 독자 생산물(reader product) 요소는 구체적인 독서 행위(incidence)에 의해 초래되는 다양한 변화들로 이루어져 있다(Ruddell and Speaker 1985, 752).

Ruddell-Speaker 모형의 특징은 정서적 상태가 모형에 기술되어 있다는 것이다. 정서적 상태는 읽기의 대상이나 목표를 결정하는 독자의 흥미, 태도, 가치로 설명된다. 이 모형의 지식 이용과 조절 요인은 다른 요인들과 상호연결 되어 있는 데, 지식 이용과 조절 요인을 인지적 영역뿐만 아니라 정서적 영역을 포함하여 설계하였다는 것이다. 따라서 인지적 영역뿐만 아니라 정서적 요인도 이 모형의 다른 차원들과 연결되어 있는 핵심적인 영역이 된다. 또 다른 특징은 Ruddell-Speaker 모형이 독서 과정 속에서 독자의 정의적 상태를 중요하게 다루고 있다는 점이다. 이전의 읽기 이론 속에 독자들은 텍스트의 의미를 수동으로 받아들이기만 한 것으로 여겨졌는데, 이 모형에서 독자는 주어진 글의 의미를 수동적으로 받아들이기만 하는 것이 아니라 정의적 상태에서 읽기 전에 독서의 목표나 결과물 그리고 소요시간 등을 미리 예상하고, 읽어가면서 그것을 수정해 나가는 매우 능동적인 존재로 표현된다(옥정인 1999, 20-21). 그리고 이 모형은 독자 환경 요인에서와 지식 이용과 조절 요인, 독자 생산물 요인에서 텍스트를 중요한 영역으로 포함하여 기술하였다. 환경 요인으로서의 텍스트 특징이 독자에게 영향을 주며, 정서 상태에서 독자 결과물에 대한 기대(예상)는 앞으로 독자가 읽을 텍스트에 기반하게 된다. 또 독자의 이해와 관련하여 텍스트 표상이 기술되어 있으며, 단어 인식이 독자의 결과물에 포함되어 있다. 여기서 기술된 텍스트는 텍스트 자체의 특징과 독자에게 읽히고 이해되는 텍스트로 구분될 수 있다. 또한 이 모형은 부분적으로 각각의 개인적 독서행동이 전체적인 독서태도로 누적되는 피드백 개념을 통하여 독서태도의 변화가 느리게 일어난다고 설명한다. 그러나 이 모형은 어떻게 이와 같은 과정이 일어나는지에 대한 상세한 설명은 부족한 편이다(McKenna 1994, 21-24).

2) Mathewson 모형

Mathewson(1994, 19-21)은 독서를 하고 있는 동안에 정서적 요인과 인지적 요인이 상호작용하는 모형을 제안하였다. 그는 읽기 학습을 하는 기간이나 읽기 행위를 하는 동안에 인과관계 요인으로 태도가 어떤 역할을 하는지에 관심을 가졌다. 그의 독서태도 모형에는 인지적, 정서적, 행동적 요인으로 구성된 독서태도가 어떤 요인에 영향을 미치는지와 더불어 어떤 요인이 독서태도에 영향을 미치는지가 도식화되어 있다. Mathewson(1994)의 독서태도 모형은 <그림 4>와 같다.

Mathewson의 독서태도 모형을 독서태도를 중심으로 살펴보면 Mathewson은 독서태도의 구성 요인을 독서에 대한 우세한 느낌(정서), 독서를 위한 행동 준비(행동), 독서에 대한 평가적 신념(인식)이라는 3가지 요인으로 설정하였다. 이는 사회심리학의 태도의 3요인과 구성요인이 일치한다. 그리고 이러한 구성요인에 바탕을 둔 독서태도는 계속 읽거나 읽으려는 의도(독서 의도)를 통해 독서 행동에 영향을 미친다. Mathewson은 독서태도에 영향을 미치는 요인으로 2가지 주요 요인과 2가지 부가 요인을 설정하였다. 2가지 주요 요인은 근본개념(cornerstone concepts)과 설득적 의사소통(persuasive communication)이고 2가지 부가 요인은 정서적 만족감과 인지적 만족감이다. 근본 개념은 독서에 대한

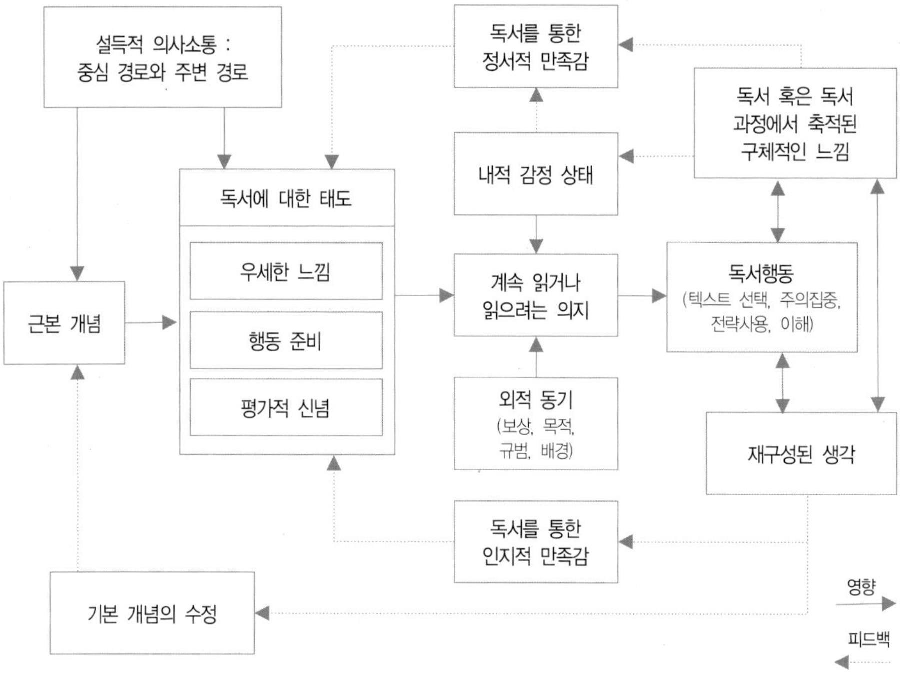

〈그림 4〉 Mathewson의 독서와 독서 학습에 영향을 미치는 태도 모형

개인적 가치, 목적, 자아개념으로 이루어져 있고, 설득적 의사소통은 중앙경로(예를 들어, 교사가 독서의 장점을 설명할 때)나 주변경로(예를 들어, 독서자료가 마음에 드는 형태를 갖추었을 때)를 통해 독자에게 도달할 수 있는 것으로 설명된다. 설득적 의사소통은 근본개념과 독서태도에 영향을 미치고 근본개념은 독서에 의한 사고에 기반한 근본 개념의 수정을 통해 독서태도에 영향을 미친다. 이어 독서를 통해 발달된 정서적 만족감과 인지적 만족감이 피드백 되어 독서태도에 영향을 미친다. 정서적 만족감은 독서행동에서 비롯되어 축적된 구체적인 느낌과 내적 동기 상태로부터 피드백으로 영향을 받는다. 인지적 만족감은 독서행동에서 비롯된 재구조화된 사고로부터 피드백으로 영향을 받는다. 이러한 영향 및 순환과정은 독서행동이 독서경험으로 작용하여 독서태도에 영

향을 주는 것으로 볼 수 있고 이는 독서태도 형성에 있어 독서경험의 중요성이 표현된 것이다(이성영 2009, 308−311). 이 모형은 독서태도가 독서의도에만 영향을 미치고 독서의도가 독서행동에만 영향을 미치는 것으로 설정되어 있고 독서의도가 독서태도뿐만 아니라 내적 정서 상태와 보상, 목적, 규범(norms), 환경(settings)을 포함하는 외적 동기요소들로부터도 영향을 받는 것으로 도식화되어 있다. 그리고 이 모형의 또 다른 특징은 독자의 환경에서 중요한 관계에 있는 다른 사람들에 의해 갖게 되는 신념과 기대와 같은 주관적 규범(subjective norms)의 역할을 설정한 것이다. Mathewson(1994, 1136)은 주관적 규범을 주어진 상황에서 독자의 독서의도에 영향을 미치는 것으로 구상화 하였다. 예를 들어 도서관에 있는 몇몇 학생들은 그들의 준거집단이 대화를 하고자 한다는 것을 알았기 때문에 그들은 책을 읽지 않을 수도 있다. 이는 학생들이 사서교사에 의해 지지된 주관적 규범보다 또래집단의 주관적 규범에 참여하는 사례이다.

이 모형은 독서태도의 구성요인을 3요소로 기술하였으며 독서과정에 태도가 어떤 역할을 하는지를 다양한 요인들과의 관계를 통해 설명하고 있다. 또한 독서태도, 독서의도와 독서행동과의 관계를 설정하였다는 점에서 의의가 있다. 그러나 태도가 다른 요인들에 의해서 어떻게 영향을 받는지 그리고 태도가 어떻게 개발되는지에 대한 설명은 부족하다. 또한 이 모형은 요인들과의 관계를 너무 한정하였다는 문제가 있다. 이 모형은 독서태도가 독서의도 요인의 중재를 통해서만 독서행동에 영향을 미치게 설정되어 있고 내적 감정 상태와 외적 동기요소들도 독서의도 요인의 중재를 통해서만 독서행동에 영향을 미치게 설정되어 있다. 즉 독서태도나 내적 정서 상태, 외적 동기요소들은 모두 간접적으로만 독서행동을 유발시킬 수 있다. 그러나 이러한 설정은 주관적 규범과 같은 신념이 독서태도에 직접적인 영향을 줄 수 있다는 가능성을 간과한 것으로(McKenna 1994, 19−21; McKenna, Kear and Ellsworth 1995, 934−956), 독서태도만을 가지고 독서행동을 설명하기에는 무리가 있다. 예를 들어 책을 읽으면 훌륭한 사람이 될 수 있다고 생각하는 학생에게 사서교사가 특정 책을 소개해줬고 그 책을 읽은 학생이 책은 재미있는 것이라고 느끼고 지속적으로 학교도서관에서 책을 대출하고 그 책을 몰입하여 읽었다고 하자. 사서교사의 관점에서 이 학생은 매우 바른 독서태도를 가지고 있는 학생일 것이다. 이후 친한 친구나 존경하는 담임선생님이 이 학생에게 책 한권을 보여주며 재미있는 책이라고 읽어보라고 말하였을 때, 우리는 이 학생이 그 책을 읽을 것이라고 쉽게 예상할 수 있다. 그런데 이 사례를 이 모형에 적용시키면, 이 학생은 실제로 이 책을 읽어야겠다는 의도를 갖고 나서야 만이 그 책을 읽게 된다. 그러나 이는 습관을 간과한 것이다. 긍정적인 독서습관을 가지고 있는 학생은 의도라는 과정 없이도 그 책을 실제로 읽기 때문이다. 이는 Pavlov(1927)의 고전적 조건화를 통해서도 알 수 있다. 그리고 독서 의도에 추가하여, 적절한 독서 기능과 사회적 상호작용 또한 독서행동을 이끄는 데 중요한 역할을 담당하는데, Mathewson의 모형은 이것을 간과하고 있다(윤준채 2007, 235-236).

3) McKenna 모형

McKenna(1994)는 Ajzen과 Fishbein(1980), Fishbein과 Ajzen(1975), Liska (1984), Mathewson(1994), Ruddell과 Speaker(1985)가 제시한 모형을 종합하여 독서태도 습득 모형을 개발하였다. 그는 통합 모형의 일관성 유지를 위해 어디에서 중복이 발생하는지에 대해 검토하였고 4가지 결론을 내렸다. 첫째, 정서적 상태가 주로 주관적 규범, 읽을 의도, 태도의 개념으로 통합되어진다는 Ruddell과 Speaker의 생각은 명확한 것으로 보인다. 둘째, Liska 수정 모형은 Mathewson 모형의 주관적 규범의 역할을 설명하는 면에 있어서 상충된다. 셋째, 독자 결과물에 대한 Ruddell과 Speaker의 생각은 다양한 모형 요소들의 축적된 상호작용으로부터 추론될 수 있다. 넷째, 독자 환경에 관한 Ruddell과 Speaker의 개념은 사회적 구조에 대한 Liska의 생각과 유사하며, 독자 환경 요소는 우발적으로 일어나는 읽으려는 의도를 충분히 설명할 수 있다. 이러한 4가지 결론을 바탕으로 McKenna는 <그림 5>와 같은 모형을 제시하였다.

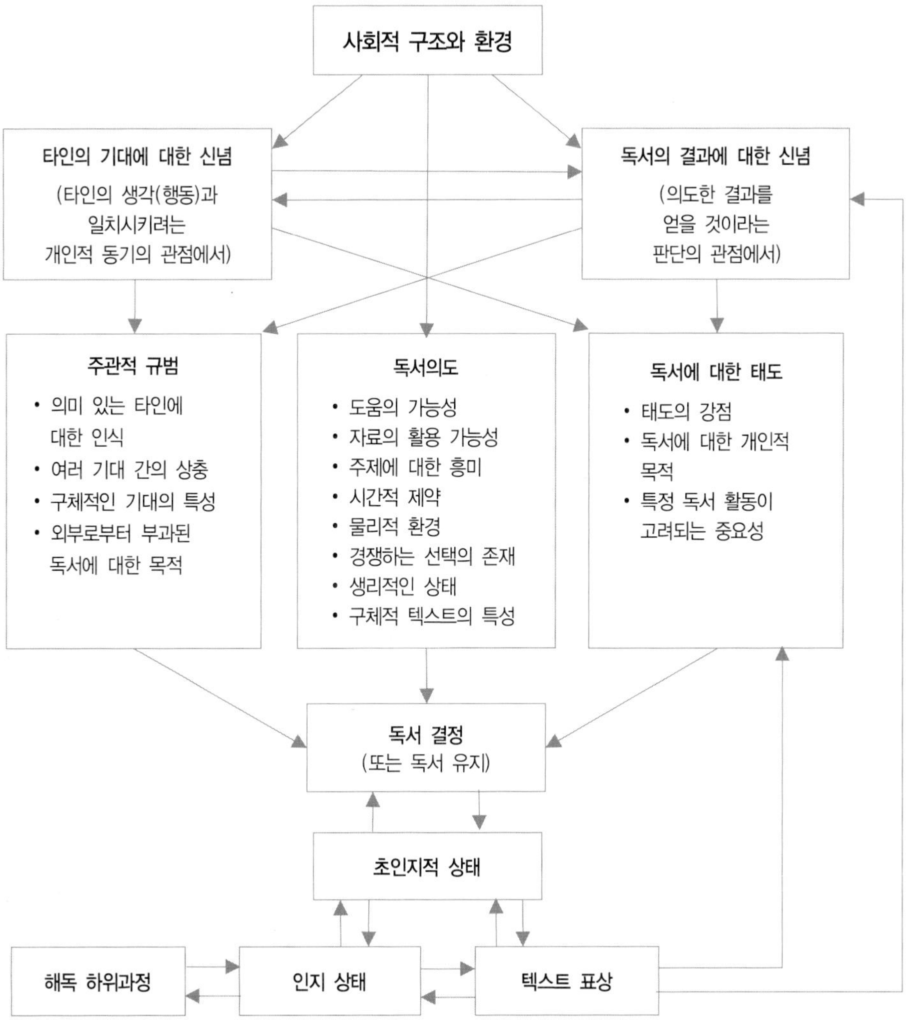

〈그림 5〉 McKenna 모형

McKenna는 "대체로 태도는 본질적으로 감정적이며 신념은 그것에 인과적으로 관계한다."라고 하면서 태도를 정서적 요소로 구성하였다. 그리고 인지적 요인을 태도로부터 분리시켜 인지적 요인이 태도에 직접적인 영향을 주는 것으로 모형화하였다. 이 모형에서는 사회구조와 환경이 타인의 기대에 대한 신념과 독서 결과에 대한 신념 및 독서 의도에 영향을 미친다. 그리고 타인의 기대에 대한 신념과 독서 결과에 대한 신념은 주관적 규범과 독서태도에 영향을 미친다. 주관적 규범에 대한 신념은 의미 있는 타인들이 독서를 얼마나 가치 있게 여기는가에 대한 인식 혹은 신념이라고 할 수 있다. 부모, 교사, 친구 등의 주위사람들이 독서를 얼마나 가치 있게 여기느냐에 대한 신념 혹은 인식이라고 할 수 있다. 이것은 가정과 학교는 물론 국가와 사회가 독서의 가치와 중요성을 강조하는 환경적인 요인이 중요한 조건이 되며, 문화 환경, 가정, 또래 집단, 그리고 다른 환경적 요인에 영향을 받는다(정옥년 2007). 독서 결과에 대한 신념은 독서 후의 결과가 얼마나 큰 영향을 미칠 것이냐 하는 것으로 이러한 신념이 독서태도에 영향을 미친다. 독서결과에 대한 신념은 주위환경에 의해 영향을 받기도 하며, 개인의 독서경험에 의해서 형성되기도 한다. 특히 반복적으로 독서 결과에 만족하지 못했을 경우 독서태도가 부정적으로 될 수 있다(한철우 2009, 64.; 변우열 2012, 15-16). 구체적으로 독서를 많이 하면 학업성취를 높여주고, 대인관계를 돈독하게 해주는 등 독서결과에 대해 만족스러운 경험이 계속된다면 독서에 대한 긍정적인 태도가 형성될 수 있다.

독서태도는 타인의 기대에 대한 신념과 독서 결과에 대한 신념 그리고 독서경험으로부터 영향을 받는다. 독서경험은 독자의 특정한 독서경험을 의미한다. McKenna(1994, 31-36) 모형에서는 독서경험이 2가지 방식으로 독서태도에 영향을 미친다. 즉 독서경험은 직접적으로 독자의 독서태도에 영향을 주기도 하고, 독서결과에 대한 신념에 변화를 주어 간접적으로 독서태도에 영향을 주기도 한다. 독서의도는 사회구조와 환경으로부터 영향을 받고 독서 결정(혹은 독서를 지속하는 것)에 영향을 미친다. 독서 결정은 독서의도 외에 주관적 규범, 독서태도, 초인지적 상태(예를 들면, 텍스트 이해 과정에 대한 통제, 자신의 독서 목적이 성취되고 있는가에 관한 판단 등)에 의해 영향을 받는다. 이 모형에서 독서의도와 독서태도는 직접적으로 영향관계가 없다. 즉 매개요인들을 통해서만 독서태도에 영향을 미치도록 설계되었다.

더 나아가 시간에 따른 태도의 습득 및 발달에 관련하여, McKenna의 모형은 독자의 독서태도 발달이 타인의 기대에 대한 신념, 독서 결과에 대한 신념, 그리고 독자의 독서 경험에 의해 직접적으로 이루어진다는 것을 제시하고 있다.

그러나 독서태도를 구성하는 다양한 요소들 가운데 정서를 강조한 McKenna의 모형은 실제적으로 정서로부터 인지를 분리시킬 수 없다는 점과 독서태도가 독자의 독서행동을 적절하게 예언하기 위해서는 인지적 및 행동적 요소가 고려되어야 한다는 점에서 일정 정도의 한계를 가지고 있다(Eagly and Chaiken 1993, 1-5).

나. 독서태도 검사도구

독서태도 검사도구를 통해 사서교사는 개별 독자에게 적합한 독서 프로그램을 제공할 수 있는 정보를 획득하게 된다. 그런데 이때 사용된 검사 도구가 어떤 요인을 구성요인으로 하여 개발되었는지에 따라 사서교사가 획득할 수 있는 정보도 달라짐으로 독서태도 검사 도구는 설정하고 있는 구성요인을 해석할 수 있는 정보를 제공해야 한다. 그런데 구성요인은 여러 차원의 영역으로 조합될 수 있기 때문에 특정한 구성요인이라고 하더라도 조합된 다른 차원의 영역을 통해서 해석해야 한다. 예를 들어, 태도에 대한 사회심리학의 요인에 독서를 대상으로 적용한다면 인지, 정서, 행동적 요인으로 구분된다. 그러나 독서태도의 요인을 사회 환경차원으로 구분하면 가정, 학교, 사회, 국가와 같이 구분할 수 있다. 또한 독서태도를 독서 자세, 독서태도, 독서에 대한 태도의 양상과 같이 구분하여 측정할 수도 있다. 만약 두 개의 차원이 조합되면 인지×가정, 정서×학교 등과 같은 요인들이 개발될 수 있다. 이는 독서태도 검사도구가 다양한 차원에 대한 기준에 따라 다양한 요인들로 구성될 수 있음을 의미한다. 그리고 그러한 차원과 요인의 조합은 사서교사가 아동의 특성을 파악하고 다양한 독서 프로그램을 제공하는 방법을 설계하는 데 도움이 된다. 이에 선행 독서태도 검사도구의 문항뿐만 아니라 문항이 개발된 차원과 요인에 대해서도 비교하고 검토하여 독서태도의 구조와 모형을 개발하는 데 시사점을 얻고자 한다.

1) 척도법

가) ERAS 독서태도 검사

ERAS(Elementary Reading Attitude Survey)는 McKenna와 Kear가 1990년에 개발한 초등학생용 자기 보고식 독서태도 검사도구이다. McKenna와 Kear은 태도를 구성하는 요인을 정서로 한정하고 구체적인 상황에서 독서에 대한 느낌을 묻는 문항을 개발하였다. ERAS는 총 20개의 문항으로 구성되어 있고 이는 다시 여가적 독서에 대한 태도 10개의 문항과 학습적인 독서에 대한 태도 10개의 문항으로 구분된다. ERAS의 문항은 학생들에게 특정한 장소나 인물은 물론 도서와 관련된 여러 가지 상황에서 독서할 때의 기분을 묻고 있다. 그리고 아동의 자연스러운 반응을 포착하기 위하여 친숙한 만화 캐릭터를 이용하여 문항에 답변하도록 설계되어 있다. 만화 캐릭터는 가장 행복한 가필드, 가볍게 웃고 있는 가필드, 약간 기분 나쁜 가필드, 매우 화난 가필드로 제시된다.

ERAS를 2개의 범주로 구분하여 측정할 수 있기 때문에 학생은 총 3가지의 점수를 얻을 수 있다. 여가를 위한 독서태도에서 최소 10점부터 최대 40점을 얻을 수 있으며, 마찬가지로 학습을 위한 독서 태도에서 최소 10점부터 최대

40점을 얻을 수 있다. 그리고 이 두 가지 범주를 합한 전체 점수의 범위는 20점에서 최대 80점이 된다. ERAS의 여가, 학습, 전체 ERAS 척도에 대한 Cronbach α를 사용한 문항 내적 합치도는 0.82, 0.83, 0.89로 나타났다. 타당도 관련 증거들은 요인 분석을 통해 확보하였는데 여가를 위한 독서 태도를 측정하는 10개의 문항 가운데 9개 문항이 해당 요인에 부하(loading)되었고, 학습을 위한 독서 태도를 측정하는 10개의 문항 가운데 10개가 해당 요인에 부하되었다.

ERAS는 독서태도의 구성요인을 정서로 한정하였다. 그리고 하위범주로 여가적 영역과 학습적 영역을 구분하여 측정하였다. 이를 차원으로 표현하면 <그림 6>과 같이 1차원은 사회심리학적 태도의 정서 요인으로 구분되고 2차원은 목적 요인으로 구분될 수 있다.

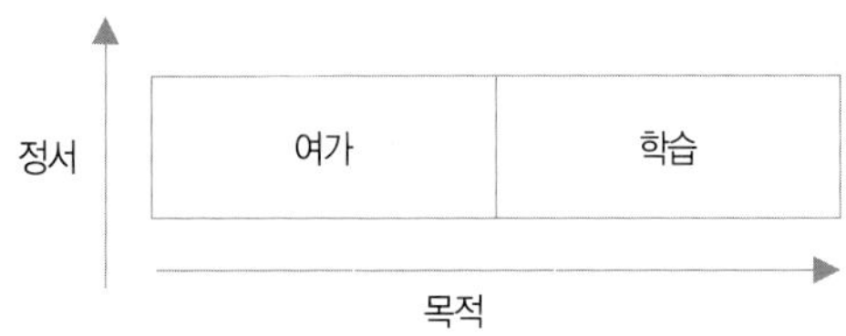

〈그림 6〉 ERAS의 구성요인 구조

ERAS는 구체적인 상황에서 독서할 때의 기분을 묻고 있다. 이러한 구체적 상황은 장소 영역(학교, 집, 서점), 독서 대상으로서의 텍스트의 종류 영역(새 책, 책의 종류, 교과서, 학습지, 이야기, 사전), 독서 활동 영역(독서 수업, 독서 텍스트, 소리 내어 읽기, 공부, 질문, 선호), 그 밖에 다양한 시점에서의 정서 영역으로 구분될 수 있다. 만약 하위 영역이 어떤 체계성을 갖고 있었다면 ERAS는 3차원(1차원 정서, 2차원 목적, 3차원 상황)으로 독서태도의 요인을 구성하게 된다. 그러나 ERAS의 상황적 문항들은 특정한 체계성을 갖추지 못하였다. 또한 ERAS는 사회심리학적 정서요인만으로 아동의 독서태도를 측정하여 아동의 다양한 측면을 측정할 수 없다는 단점이 있다.

이연옥(2011)은 ERAS에서 8문항과 본인이 추가한 1문항, '도서관에 가면 어떤 기분이 드나요?'를 포함한 총 9문항으로 초등학교 4–6학년 학생들의 독서태도를 측정하였다. ERAS가 가필드 만화 캐릭터를 사용하여 4가지의 척도로 문항에 응답하게 설계된 것에 반하여 이연옥은 5가지의 척도(너무 좋아한다. 조금 좋아한다. 그저 그렇다. 싫어한다. 매우 싫어한다)로 문항 응답 반응을 표현하도록 설계하였다.

나) Heathington의 독서태도 측정 척도

Heathington(1975)은 담임교사가 초등학교 1–6학년의 학생들의 독서태도를 측정할 수 있도록 돕기 위한 목적으로 도구를 개발하였다. Heathington(1975, 10)은 여러 선행연구를 통해 태도를 "많은 사건과 상황"이라고 정의한 Mager의 태도이론을 수용하였다. Heathington(1975, 12)은 한 사람의 태도는 존재하는 어떤 자극으로부터 그에게 일어났던 것으로부터 형성된다고 주장하였다. 그리고 지나간 경험이 자극에 대해 선호하는지 선호하지 않는지, 혹은 중립적인지를 생산해 낼 것이라고 하였다. 즉 그는 자극에 대한 경험이 자극에 대한 정서를 유발시키고 나아가 태도를 형성시킨다고 가정하였고, 독서경험과 활동으로 독서태도를 측정하고자 하였다. Heathington은 이러한 결론을 바탕으로 독서태도의 척도 영역(요인)을 찾고, 태도 척도를 위한 적합한 문항을 획득하기 위하여 인터뷰를 진행하였다. 인터뷰 대상자로 사회 경제적 능력 수준을 고려하여 2개의 시골 학교와 2개의 도시학교를 정상적으로 분배된 모집단(normally distributed populations)을 사용하여 초등학교 1–6학년 학생 60명을 선정하고 아동의 실제 독서 장면과 상황을 조사하였다.

Heathington은 2가지의 면접 문항을 통해 독서태도의 요인을 도출하고 측정 문항을 개발하고자 하였다. 첫 번째 질문은 또래 학생들이 독서를 할 만한 장소나 상황을 묻는 것이었다. 이 질문을 통해 연구자는 독서 활동이 발생하는 장소나 활동을 범주화하려고 하였다. 그리고 독서를 좋아하는 또래가 어떻게 행동하고 말하는지, 또 독서를 싫어하는 또래의 행동과 말에 대해 묘사(describe)해줄 것을 요청함으로서 연구자는 태도 척도에 대한 가능한 문항들을 도출하고자 하였다. 첫 번째 질문의 진술 결과에 따른 독서가 일어나는 장소와 상황범주는 <표 2>와 같다.

〈표 2〉 Heathington의 독서가 일어나는 장소나 상황 범주

독서장소 및 활동 \ 학년		1–3	4–6
학교	교실이나 학교	67	73
	책상	43	30
	독서동아리	40	·
	독서수업	·	13
	독서센터	17	10
	특별수업	7	7
학교밖	집	77	67
	살고 있는 집	30	20
	친구나 친척 집	27	27
	야외(나무아래 등)	23	27
	부엌	23	
	자동차나 버스안	17	20
	여행중	7	20
	집안의 은신처(den)	·	17
도서관	도서관	30	·

<표 2>를 보면 구분된 주요 영역은 학교 독서 활동 영역, 학교 밖 활동 영역, 도서관 활동 영역이고 하위 영역은 장소로 표현되었다.

두 번째 질문의 진술 결과를 바탕으로 Heathington은 주요 차원을 긍정적이

거나 부정적인 태도라는 정서요인으로 설정하였고 4개 장소에서의 활동을 <표 3>과 같이 하위 차원으로 설정하였다.

〈표 3〉 Heathington의 독서태도 측정 영역

구분	긍정적 태도	부정적 태도
학교 독서 활동		
학교밖 독서 활동		
도서관 독서 활동		
일반 독서 활동		

Heathington이 개발한 1-3학년용 검사지는 독서에 대한 느낌을 중심으로 4개 영역 20개의 문항으로 제작되었고, 4-6학년용 검사지는 독서에 대한 느낌과 실제 독서행동을 중심으로 24개의 문항으로 개발되었다. 문항 반응(응답) 형식은 1-3학년용 검사지의 경우 5개의 스마일 캐릭터(매우 찡그린 얼굴, 약간 찡그린 얼굴, 무표정 얼굴, 약간 웃는 얼굴, 매우 웃고 있는 얼굴)로 표시되었으며 4-6학년용 검사지는 5개의 리커트 척도(전혀 아니다, 아니다, 보통이다, 그렇다, 매우 그렇다)로 표시되었다. 이후 Heathington(1975, 71)은 검사도구의 타당도와 신뢰도 제고 작업을 거친 후 최종적으로 6개의 영역을 설정하였다. 그가 제시한 6개의 영역은 교실에서의 자유 독서, 교실에서의 계획된 독서, 도서관에서의 독서, 집에서의 독서, 다른 여가적 독서, 일반적 독서이다.

Heathington이 최종적으로 제시한 6개의 영역은 차원에 대한 논리적인 체계가 부족해 보인다. 상황이 발생하는 장소가 영역을 구분하는 기준이 되는 것도 아니고 목적이나 구체적인 활동내용이 영역을 구분하는 기준이 되는 것도 아니다. 이는 Heathington이 학생들의 다양한 상황이 반영된 인터뷰를 중심으로 구체화한 문항을 문항변별도를 기준으로 분석하였기 때문으로 보인다. 그러나 이러한 영역을 구분짓는 차원설정의 문제로 인해 Heathington이 개발한 독서태도 검사도구 역시 차원에 따른 논리적인 문제점을 드러낸다. 예를 들어, "너는 읽는 것은 일이라고 생각한다."와 같은 질문은 정서나 행동적 요인보다는 인지적 요인을 측정하는 문항에 가깝다. 또 "너는 도서관에서 책을 빌리지만 빌린 책을 전혀 읽을 시간이 없다."와 같은 문항은 행동 영역보다는 초인지 영역을 측정하는 문항으로 간주될 수도 있다. 독서태도의 사회심리학적 요인을 정서와 실제 행동요인으로 구분하여 개발한 Heathington의 검사도구는 이처럼 논리적인 문제점을 가지고 있다.

Heathington은 긍정적이거나 부정적으로 표현되는 정서적인 느낌을 가장 우선순위에 두고 나서 특정 공간에서의 독서 활동 차원으로 측정 영역을 구분하였다. 그러나 <표 2>에서 제시되어 있는 공간에서의 독서활동은 독서활동과 독서활동이 일어나는 장소로 구분되어야 한다. 이에 따라 Heathington이 인터뷰한 결과를 토대로 차원에 따른 요인을 도출해 보면, 1차원은 정서를 포함한 태도영역으로, 2차원은 장소영역으로 그리고, 3차원은 독서활동 영역으로 구조화할 수 있다. 그리고 Heathington이 최종적으로 제시한 6개의 영역을 토대로 차원에 따른 요인을 도출해 보면, 1차원은 정서를 포함한 태도영역, 2차원은 교실, 도서관, 집으로 구분된 장소영역, 3차원은 목적 영역으로 구분할 수 있다. 이에 따라 Heathington이 수행한 인터뷰 결과를 토대로 도출된 독서태도 구조는 <그림 7>과 같다.

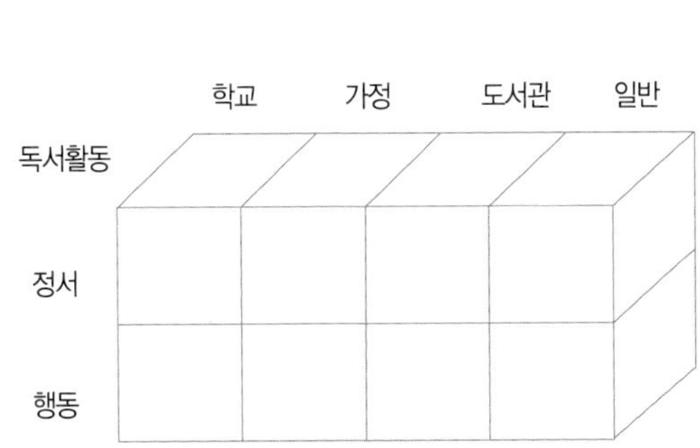

〈그림 7〉 Heathington의 독서태도의 구성요인 구조

Heathington은 검사 대상이 되는 아동 집단에 대한 인터뷰를 토대로 아동의 구체적인 독서 상황(환경)이 드러나는 양상에 대한 정보를 수집하여 보다 실제적인 검사도구를 개발하였다. 또한 그는 특정 연령에 따라 독서태도 구성요인을 달리 하고 문항 수 및 문항 반응 양식을 달리 하였으며 독서상황이 일어나는 장소로서의 도서관의 영향력을 측정하였다는 점에서 의의가 있다. 그러나 그의 연구에는 아동의 연령대에 따라 저학년은 정서 단일 요인으로 측정하고 고학년은 정서와 행동요인으로 측정한 이유에 대한 이론적 설명이 부족하다. 또한 최종적으로 개발된 검사 문항에는 독서 환경의 범주에 포함되는 장소 외에도 여가 등의 목적영역이 통합되어 있어 독서태도의 차원에 따른 영역 간의 구분이 논리적으로 명확하지 않다는 문제가 있다.

다) Rhody의 중등학생 독서태도 척도

Rhody는 1980년 중등학생들이 독서를 어떻게 느끼는지를 파악할 수 있는 독서태도 도구를 개발하였다(Tullock-Rhody and Alexander 1980, 612). Rhody는 독서태도를 측정하는 진술문을 이끌어내기 위하여 8개 학교에서 7-12학년 142명을 대상으로 다음과 같은 인터뷰를 실시하였다. 그는 학생들에게 자신이 알고 있는 독서를 좋아하는 3명의 행동과 의견을 설명하도록 하고 나서 독서를 좋아하지 않는 3명의 행동과 의견을 설명하도록 하였다. 그리고 학생들에게 독서하기에 좋다고 느끼는 장소를 설명하게 하였다. 이러한 단계를 통해 Rhody는 독서태도 척도에 대한 진술문을 개발하고 장소를 기준으로 독서 환경을 범주화하였다. Rhody는 예비 문항 33개를 구성한 다음 204명의 학생에게 1차 검사를 실시하여 최종적으로 25개의 문항을 개발하였다. 이후 349명의 학생과 12명의 교사에게 2차 검사를 실시하였다. 그리고 교사에게는 지도하는 학생들 중에서 가장 긍정적인 독서태도를 가진 5명의 학생과 가장 부정적인 독서태도를 가진 5명의 학생을 선정하게 하였는데 그 결과 교사가 선정한 긍정적인 학생 60명과 부정적인 학생 60명의 평균값은 통계적으로 유의미한 차이를 나타냈다(p<0.001).

Rhody는 학생들과의 인터뷰를 통해서 문항을 학교 관련 독서, 도서관에서의 독서, 가정에서의 독서, 그 밖의 여가 독서, 일반적 독서, 5가지로 범주화하였고 25개의 문항을 리커트 5점 척도로 문항 반응하도록 척도를 개발하였다. 이에 따른 Rhody의 중등학생용 독서태도 척도 점수의 범위는 25점부터 125점이 된다.

Rhody의 독서태도 검사도구는 인터뷰 결과에 의거하여 개발되어 아동의 실제적인 현상을 측정할 수 있기 때문에 교사가 다양한 독서환경에서 학생들의 느낌을 이해하고 개별 학생들을 대상으로 상담과 조언활동을 하는 데에 도움을 줄 수 있다. 또한 학급이나 학교에서의 태도 변화를 측정하거나 학교 시스템의 변화를 측정하는데도 활용될 수 있다(Tullock-Rhody and Alexander 1980, 613). 그러나 Rhody의 척도에는 그가 확인하고자 한 정서 영역이외의 인지적이고 행동적인 요인들이 포함되어 있어 구성요인에 대한 설정에 문제가 있다. 이는 그가 독서태도 구성요인을 이론적으로 제시하지 않는 데에서 비롯된 결과로 독서태도 검사도구를 개발할 때에는 차원과 차원에 따른 요인에 대한 설정이 선행되어야 함을 시사한다.

라) Engin, Wallbrown과 Brown의 독서태도 척도

Engin, Wallbrown와 Brown(1976)은 독서태도의 차원을 확인하고 이러한 차원들이 보다 폭넓은 범주의 변수들과 어떤 관련성이 있는지를 파악하고자 853명의 초등학교 4~6학년 학생들을 대상으로 학업 적성, 독서 어휘, 독서 이해의 측정과 함께 150개의 문항에 대해 요인분석을 실시하였다. 이러한 연구를 통해 연구자들은 독립적인 7개의 독서태도 차원과 1개의 독서 성취 요소를 확인하였다. 연구자들이 추출한 8개의 독서태도의 요인은 독서 어려움 표현(Expressed

Reading Difficulty, ERD), 독서 강화(Reading as Reinforcement, RD), 독서 즐거움(Reading as Enjoyment, RE), 대안적 학습 수단(Alternative Learning Methods, ALM), 독서 그룹(Reading Group, RG), 독서 성취(Reading achievement, RA), 조용히 읽기와 소리 내어 읽기(Silent vs. Oral reading, SOR), 만화 읽기(comic Books, CB)이었다.

이 검사도구에서 사용된 8개의 요인들은 일정한 이론 체계를 갖지 못하고 있다. 또 8개의 요인이 동일한 차원이나 위계를 갖는 것으로 구성되었다는 점과 읽기성취도가 독서태도의 요인과 함께 구성되었다는 문제점이 있다. 그러나 이 검사도구는 기존의 검사도구보다 다양한 구성요인을 측정할 수 있도록 개발되어 다양한 측면에서 아동의 독서태도를 측정하고 해석할 수 있다는 장점이 있다. 따라서 이와 같이 다양한 구성요인으로 구성된 독서태도 검사도구는 아동의 독서태도를 진단하고 그에 따른 다양한 독자상담서비스를 제공하는 데 활용될 수 있다. 또한 이 연구는 독서태도에 차원을 적용하여 독서태도가 다양한 구성요인들로 범주화 될 수 있음을 보여준 실증적인 연구라는 점에서 의의가 있다.

마) PISA 2009 독서태도 영역

경제협력개발기구(Organization for Economic Cooperation and Development, OECD)의 PISA(Programme for International Student Assessment)에서는 학업성취도 국제비교연구를 위해 만 15세를 평가 대상으로 3년을 주기로 학생들의 읽기 소양(reading literacy) 및 수학 소양과 과학 소양에 대한 성취도를 평가하고 있다(OECD 2010). 또 이러한 학업성취도에 영향을 미치는 배경변수를 확인하기 위해 학교, 학생, 학부모 설문지를 만들어 조사하고 있다(OECD 2009, 249-288). 2009년도에 실시한 PISA는 읽기 소양을 주영역으로 설정하여 학업성취도를 평가하였으며 교육맥락(Educational contexts)의 배경을 파악하기 위해 도서관영역, 독서활동 영역 및 읽기전략 영역에 대한 문항을 개발하여 설문 조사를 진행하였다. PISA 2009 국내 설문지에서는 도서관을 방문하는 목적을 여가 독서, 학습 독서, 독서자료 종류, 시설 활용(인터넷)으로 구분하고 빈도에 따라 도서관 방문 목적을 조사하고 있다. 그리고 독서활동 영역에는 취미 독서시간, 독서 즐거움과 독서 빈도 영역이 포함되었다(한국교육과정평가원 2009).

도서관방문(독서좋아대출, 공부위해대출, 독서좋아방문)이 독서태도(취미독서시간, 독서즐거움, 독서빈도)에 매우 긍정적인 영향을 미치고 있기 때문에(박주현, 사공복희 2014) 취미로 책을 읽고, 책을 즐겁게 읽고, 책을 자주 읽는 것이 아동이 가져야할 독서태도의 기준이 된다면, 도서관방문은 독서태도를 확인할 수 있는 매우 중요한 요인이 된다. 또한 독서의 즐거움과 더불어 가정보유 책 수도 독서 리터러시(reading literacy)에 긍정적인 영향을 미치고 있음으로 이들 변수를 독서태도를 측정하는 영역에 포함시킬 필요가 있다(박주현, 장우권 2014).

바) Denver 독서태도 설문

4-5학년을 대상으로 수행된 연구 자료에 기반하여 수정된 Denver 독서태도 설문은 독서활동에서 학생들의 참여, 독서의 활용과 중요성에 대한 학생들에 대한 인식과 독자로서의 자신감 지표를 제공한다(Davis and Rhodes 1993, 16-20).

Denver 독서태도 설문은 독서효용성, 독서효능감, 독서중요성과 자신을 어떤 독자로 인식하고 있는지와 같은 다양한 인식을 독서태도의 하위 영역을 설정하고 있고 관심, 호기심의 정서적 영역을 독서태도 문항에 포함시키고 있으며 자율성, 지속성 등의 행동 상태도 독서태도 문항에 포함시키고 있다. 그러나 Denver 독서태도 설문은 문항 개발 과정에 따른 이론적 근거에 대한 제시가 부족하여 하나의 문항에 다수의 사회심리학적 태도의 구성요인이 양립된 경우가 있어 신중한 해석이 필요하다. 예를 들어, '나는 내가 빨리 읽을 수 있는 것이 좋다(I feel good about how fast I can read)'와 같은 9번 문항은 하나의 문항에 정서와 인지가 포함되어 있어 피검사자가 응답 결과를 해석하기 어렵게 한다. 이는 검사를 위한 문항을 개발함에 있어 측정하고자 하는 내용 영역에 맞는 동사를 사용해야 함을 시사한다.

사) 옥정인의 독서태도 및 영향 요인 검사도구

옥정인(1999)은 사서 등이 추천한 21명의 긍정적인 독서태도를 가진 다독자를 대상으로 한 면담과 선행연구를 통해 독서태도 형성에 영향을 미치는 요인을 환경(가정, 학교, 교우, 지역), 독서 결과에 대한 신념, 타인의 기대에 대한 신념, 독서 행동으로 설정하고 이들 요인으로 독서태도를 검사할 수 있는 문항을 개발하였다. 옥정인은 독서태도를 '독자가 읽기 상황을 접했을 때 그 상황에 접근하느냐 회피하느냐에 관한 일관된 감정으로 경험에 의해 학습된 것'이라고 정의하였다. 따라서 옥정인이 의미하는 독서태도는 주로 사회심리학의 정서적 요인을 의미한다. 그리고 신념은 인지적 요인이며 행동은 행동적 요인이 된다. 이때 행동적 요인은 관찰 가능한 행동으로 정서적 경험이 제외된 겉으로 드러나는 몸짓을 의미한다.

옥정인은 문식성 환경(가정 환경, 학교 환경, 사회 환경-교우, 지역), 독서에 대한 신념(결과 신념, 기대신념), 독서행동, 독서태도를 측정할 수 있는 검사지를 개발하였다. 전체 문항수는 160문항이고 문항 반응은 리커트 5점 척도로 개발되었으며 초등학교 6학년, 중학교 2학년, 고등학교 1학년 학생을 대상으로 검사되었다.

옥정인은 정서, 인지, 행동 영역의 문항에 상황 영역을 포함하여 독서태도 요인 검사도구를 개발하였음에도 독서태도 영역을 체계적으로 구분하지 않았고 텍스트의 층위를 구체화하지 않았다. 또 독서태도 요인 검사도구는 독서태도 문항에 독서행동 문항이 포함되어 있는 등의 문제가 있었으며 검사도구의 효율적인 측면 또한 고려되지 않았다. 그러나 이 검사도구는 아동에게 영향을 미치는 다양한 환경을 설정하고 정서, 인지, 행동과 환경을 종합적으로 분석하였다는 데에 의의가 있다. 특히 옥정인이 설정한 환경영역의 문항들이 아동들의 문식성 배경 환경을 측정하였다는 점에서 다른 검사도구와의 차이점이 있다. 그리고 옥정인이 검사도구를 통해 수행한 연구 결과, 개발된 배경 환경이 독서태도와 상관이 있었다는 점은 독서태도 검사도구에 배경 환경을 포함시켜 검사할 필요성이 있음을 시사한다.

2) 관찰법

가) Heathington과 Alexander의 독서태도 측정 체크리스트

Heathington와 Alexander(1978)는 교사가 아동의 독서태도를 측정할 수 있도록 독서태도 측정 체크리스트(Heathington and Alexander' Checklist to Assess Reading Attitudes, HACARA)를 개발하였다. 교사는 아동의 독서행동을 2주 동안 관찰한 결과를 HACARA에 기록하여 아동의 독서태도를 측정할 수 있다. Heathington과 Alexander가 학생들과의 인터뷰를 바탕으로 하여 개발한 HACARA는 독서태도를 측정하기 위해 10개의 관찰 체크리스트 항목으로 구성되어 있다. 이들은 초등학교 1학년부터 6학년의 학생 60명을 대상으로 개별 인터뷰를 진행하였고, 초등학생들은 "네 또래의 어린이가 독서하는 것을 싫어할 때, 그들은 무엇을 말하고 어떻게 행동하는가?", "그들이 독서를 좋아할 때, 무엇을 말하고 어떻게 행동하는가?"라는 2가지 질문에 대답하였다. 그리고 연구자들은 학생들의 응답을 독서환경을 기준으로 4가지로 범주화하였다. 4가지 범주는 학교 독서 활동, 학교 밖 독서 활동, 도서관 독서 활동, 일반 독서 활동이다. 이들은 학생이 독서에 대한 긍정적이거나 부정적인 태도를 나타내는 말, 느낌, 행동을 범주화된 독서환경에서 구체적인 행동으로 범주화하였다. 그리고 이와 같은 반응 중에서 가장 빈번하게 나타난 반응을 중심으로 10개의 독서태도 점검표를 구성하였다. 이에 점검표의 사용자는 교사가 되며 교사는 아동의 행동을 관찰하고 체크해야할 문항에 따른 아동의 행동을 '네', '아니요'로 응답하게 된다.

Heathington과 Alexander는 독서태도를 행동으로 측정하고자 하였다. 이에 "좋아하냐, 싫어하냐"라는 정서적 요인이 겉으로 드러나는 좋아한다거나 싫어한다와 같은 말이나 표정 또는 읽기를 싫어하는 행동을 수집하였고 이를 바탕으로 공간에서의 독서 활동을 범주화하여 겉으로 드러나는 행동을 관찰하여 측정할 수 있도록 개발하였다. 이는 개발자들이 독서태도의 정서적인 영역을 측정하는 기준으로 겉으로 드러나는 학생들의 독서행동을 설정한 것으로 이러한 설정은 독서태도와 관찰 가능한 독서행동이 서로 밀접한 관계가 있음을 전제한다.

HACARA를 차원으로 표현하면 <그림 8>과 같이 1차원은 겉으로 드러나는 독서행동으로 구분하고 2차원은 공간 요인으로 구분할 수 있다.

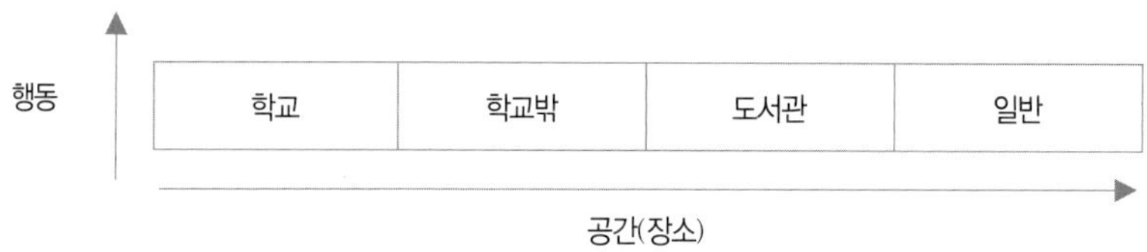

〈그림 8〉 HACARA의 구성요인 구조

독서태도 측정을 위한 관찰 체크리스트는 학생들의 반응을 어떻게 4개의 범주로 구체화시켰는지에 대한 설명이 부족하고 문항에 제시된 많은 상황들을 단지 학생들의 면담에만 의존하였다는 문제점이 있다. 그러나 이 체크리스트는 학생들의 독서 경험과 상황을 구체적으로 반영하였다는 점에서 실제적인 독서태도 검사도구를 만드는 데 기여할 수 있다(정혜승 2007, 289). 또한 이 연구는 독서태도를 겉으로 드러나는 독서행동으로 측정하였다는 것과 독서태도의 행동적 요인과 실제 행동을 구분하여 측정한 사례 연구라는 점에서 의의가 있으며 학생들의 독서태도를 측정함에 있어 도서관 영역의 중요성을 반영하고 있다는 점에서도 의의가 있다.

나) Rowell의 행동 기반 독서태도 측정 도구

Rowell(1972)은 중요한 독서문제를 가진 아동들의 독서태도를 측정하고 이들이 가진 문제를 해결하기 위한 목적으로 독서태도 검사도구(Scale of Reading Attitude Based on behavior)를 개발하였다. Rowell이 개발한 독서태도 검사도구는 체크리스트 형으로 교사가 독서수업 중에서 발생하는 다양한 상황 속에서 아동들의 행동을 관찰하고 기록하여 측정할 수 있도록 설계되었다.

Rowell은 "독서문제를 가진 아동들이 독서태도 검사지에 신뢰성 있는 응답을 할 것인가? 중요한 독서문제를 가진 아동들이 독서태도 검사지 문항을 읽는 것이 최고의 방법인가? 독서태도 검사지가 독서에 문제를 가진 아동들의 독서에 대한 태도를 반영하는 행동 패턴을 드러내 보일 수 있는가?" 라는 질문을 통해 다음과 같은 3개의 결론을 제시하였다. 첫째, 태도는 아동의 행동에 반영된다. 둘째, 이러한 행동은 관찰자에 의해서 기록되어 질 수 있다. 셋째, 도구는 관찰자가 독서상황에서 다양하게 반응하는 정도 중에 하나에 체크할 수 있는 기회를 제공한다. 이러한 결론으로부터 Rowell은 행동에 기반을 둔 독서태도 검사도구를 개발하였다.

Rowell의 검사도구는 교사가 초등학생의 독서태도를 관찰할 수 있는 3가지 영역 16개의 문항으로 구성되어 있고 문항 반응은 리커트 5점 척도로 점수화하도록 되어 있다. 총 60점 만점 중에서 48점 이하인 학생의 경우를 독서태도에 대한 문제를 가지고 있다고 판단하고 교사는 이를 위한 해결 방법을 강구할 수 있다.

Rowell의 독서태도 검사도구는 구체적이고 다양한 독서 상황에서 드러나는 아동들의 반응을 측정하고 있다는 점과 아동의 독서태도의 변화를 확인할 수 있다는 장점을 가지고 있으나, 도구 영역이 수업에 한정되어 있다는 점과 교사의 관찰만으로 측정된다는 점에서 검사도구의 활용에 한계가 있다.

다) 정혜승의 독서태도 점검표

정혜승(2007)은 초등학생과 초등교사에 대한 인터뷰 결과를 토대로 읽기를 좋아하거나 싫어하는 학생들의 특성을 파악하여 학교 상황을 중심으로 학생들의 독서태도를 점검할 수 있는 점검표를 개발하였다. 정혜승이 초등학생과 초등교사에게 인터뷰한 질문 내용은 <표 4>와 같고 정혜승이 개발한 독서태도 점검표는 <표 5>와 같다.

〈표 4〉 정혜승의 학생 및 교사 인터뷰 질문 내용

질문 내용
우리 반에서 읽기를 가장 좋아하는 친구(학생)의 이름을 세 명 말하세요.
2. 그 친구들이 읽기를 좋아한다는 것을 어떻게 알았나요?
3. 그 친구들은 다른 친구들과 어떤 점이 다른가요?
4. 우리 반에서 읽기를 가장 싫어하는 친구의 이름을 세 명 말하세요.
5. 그 친구들이 읽기를 싫어한다는 것을 어떻게 알았나요?
6. 그 친구들은 다른 친구들과 어떤 점이 다른가요?

〈표 5〉 정혜승의 독서태도 점검표

문항	네	아니요
1. 틈만 나면 책을 읽는다.		
2. 도서관에 자주 간다.		
3. 수업 시간에 책을 읽겠다고 자주 손을 든다.		
4. 독서록을 많이 쓴다.		
5. 학급 문고를 많이 읽고, 친구 책도 빌려 본다.		
6. 항상 책을 가지고 다닌다.		
7. 책을 오랫동안 앉아서 본다.		
8. 책 얘기를 많이 한다.		
9. 책 읽기를 좋아한다고 말한다.		
10. 다양한 책을 읽는다.		

정혜승은 독서태도를 점검하는 데 독서행동을 기준으로 사용하였다. 이는 독서태도 검사도구를 개발함에 있어 독서행동이 독서태도의 측정 요인으로 포함될 수 있음을 의미한다. 그리고 그는 학생과 교사에게 이상적인 독자를 선정하게 하고 그들의 특성을 파악한 결과를 범주화하여 문항으로 개발하였다. 이는 교사와 학생들의 독서태도에 대한 암묵적 지식을 독서태도 점검표를 개발하는 데에 활용한 것이다. 이와 같이 현장에서 사용될 검사도구를 피검사자와 검사자의 암묵적 지식을 토대로 추출한 행동 특성에 기반을 두어 개발한 독서태도 점검표는 실제적인 점검표라는 점에서 의의가 있다. 그러나 점검표 결과와 실제 학생과의 관계에 대한 분석은 이뤄지지 않았다.

3) 인터뷰법

가) Burke의 독서 인터뷰

Burke는 교사가 독서수업을 계획할 때 사전에 학생들의 독서에 대한 신념을 인식하기 위한 목적으로 독서 인터뷰 문항을 개발하였다. 이 인터뷰 문항들은 독자로서의 학생 자신에 대한 태도를 이용하며 학생들의 독서와 독서수업에 대한 인식에 관한 정보를 교사나 학부모에게 제공할 수 있다(Goodman, Watson and Burke 2005, 12-13).

BRI(Burke Reading Interview)는 독서에 대한 신념을 파악하기 위한 인터뷰 문항으로 타당도와 신뢰도가 검증된 독서태도 검사도구와는 거리가 있다. 그러나 BRI는 심리적 구성요인을 가진 사람을 지명하도록 하는 암묵적 지식 조사 방법을 통해 이상적인 독자의 특성을 파악하였다는 점에서 독서태도 검사도구의 방법적 측면을 제고하는 데 도움을 준다(Yue and Rudowicz 2002; Yue, Nemder and Cheung 2011).

나) 내용 독서 인터뷰(Content Reading Interview)

과학과 사회학 분야의 내용 영역에서 학생들의 독서에 대한 인식을 발견하기 위한 목적으로 Vacca와 Vacca(1989)에 의해 적용된 내용 독서 인터뷰는 내용분야의 수업에서 독서에 곤란을 겪고 있는 학생들과 함께하는 선생님에게 어려움의 특성에 관한 통찰을 제공할 수 있다.

BRI의 인터뷰 문항과 마찬가지로 내용 독서 인터뷰도 심리적 구성요인을 가진 사람을 지명하도록 하는 암묵적 지식 조사 방법을 통해 이상적인 독자의 특성을 파악하였다. 그리고 텍스트의 내용에 관심을 가지고 독서 전략에 대한 문항을 묻고 있다는 점이 다른 인터뷰나 검사도구와는 다른 점이다.

PISA 2009에서 기억 전략이나 요약 전략 등을 독서에 영향을 미치는 배경변수로 사용하였다는 점에서 내용 독서 인터뷰에서 측정하고 있는 독서전략을 독서태도에 영향을 미치는 변수로 사용할 수 있으며, 또한 내용 독서 인터뷰에 포함되어 있는 독서 방법이 독서 선택 교육과정과 독서과목의 내용에도 포함되어 있기 때문에 독서태도에 영향을 미치는 변수로 사용할 수 있다.

4) 투사법과 예비검사도구

가) 투사법

이연옥(2011, 8-9)은 초등학교 학생들의 독서태도 실태를 알아보기 위하여 ERAS를 수정하여 적용하였고 추가로 "여러분은 '독서'라고 하면 어떤 느낌과 생각이 드나요?"라는 질문에 대해 아동들이 그림을 그리거나 글로 표현할 수 있도록 하여 아동들의 독서에 대한 자유로운 반응을 얻고자 하였다.

Atwell(2015)은 학생들의 독자로서의 독서 습관, 흥미, 독서태도, 자기인식(self-perceptions), 선호, 과정, 강점, 계획에 관한 정보를 얻도록 독서 설문지를 제작하였다. 그녀는 제한을 두지 않는 형식의 설문지를 통해 학생들이 충분히 반응할 수 있도록 하여 독서에 관한 풍부한 정보를 얻고자 하였다. 이 후 그녀는 자신이 개발한 설문지로 자신의 중학교 학생들을 대상으로 설문조사를 실시하였다. Atwell이 개발한 설문지는 교사가 학생들의 독서와 독서 수업에 대한 인식을 이해하는 데에 도움을 주지만 학생들이 설문에 충분히 반응하지 않을 수도 있다는 문제가 있을 수 있다. 또한 그녀가 교사로서의 경험을 통해 독서에 있어 중요한 요인을 추출하고 이를 토대로 설문 문항을 만들었다고는 하지만 설문 문항 개발에 대한 이론적인 설명은 부족하다.

나) 예비 검사도구

(1) 정혜승의 독서태도 검사 예비 도구

정혜승(2006)은 Mathewson(1994)의 모형 등을 토대로 독서태도의 구성요인을 인지, 정서, 행동요인으로 설정하고 각각의 구성요인에 따른 하위 요인을 3-5개로 설정하여, 3개의 구성요인과 11개의 하위요인 그리고 45개의 문항으로 구성된 독서태도 검사 예비 도구를 개발하였다. 정혜승의 독서태도 검사도구는 주요 구성요인과 하위요인이 설정되어 있고 구성요인에 따라 문항이 개발되어 있어 보다 다양한 측면에서 학생에 대한 특성을 파악할 수 있다는 장점이 있다. 그러나 타당도와 신뢰도를 위한 제고 작업이 부족하고 하위요인이 어떤 문항으로 개발되어 있는지가 제시되어 있지 않다. 또한 특정한 요인들이 어떤 관련성으로 구성요인의 하위 요인으로 범주화 되었는지에 대한 설명이 부족하다. 이에 박주현, 박경희, 이명규(2015)는 정혜승의 독서태도 검사 예비 도구를 토대로 타당도와 신뢰도 제고 작업이 선행된 독서태도 검사도구를 개발하여 검사에 활용하였다.

(2) 변우열의 독서태도 검사도구의 문항 영역

변우열(2012, 144-145)은 독서태도의 구성요인을 인지적, 정서적 요인과 겉으로 드러나는 행동적 요인으로 설정하였다. 그러나 그는 독서태도 조사를 위한 설문 내용에 독서태도 형성에 영향을 미치는 일반적인 4가지의 주요 요소인 독서경험, 독서결과에 대한 신념, 타인의 독서기대에 대한 신념, 독서환경이 포함되어야 한다고 하였다(변우열 2012, 155-157). 이러한 그의 주장을 종합하면 그는 독서태도 조사를 위한 설문 내용을 인지, 정서, 행동의 사회심리학적 태도의 구성요인과 독서태도에 영향을 미치는 요소가 포함된 차원으로 설정하고 있다고 할 수 있다. 이와 같이 변우열이 제시한 내용 요소가 중요한 이유는 제시된 내용 요소를 다른 차원의 요인과 조합할 수 있기 때문이다. 그리고 이러한 조합에 따라 다양한 요인으로 구성된 독서태도는 독서태도의 검사틀(항목)에 투입된 내용요소를 통해 다양한 검사 문항으로 측정될 수 있다.

독서결과에 대한 신념과 타인의 기대에 대한 신념은 일반적으로 인지적 영역으로 간주될 수 있다. 그리고 독서경험을 실제로 해보거나 겪어 보았는지에 대한 유무라고 한다면 독서경험은 행동 요인으로 간주될 수 있다.[5] 변우열은 독서환경을 자극으로 표현하면서 개개인의 독서상황에 따라 독서태도 형성에 미치는 요인이 서로 다를 수 있다고 기술하고 있다. 이는 독서환경에 물리적인 환경도 포함될 수 있으나 특정 상황에서의 다양한 요인과 결합되어 인지적, 정서적, 행동적 요인에 영향을 미칠 수 있음을 의미한다. 이를 차원으로 도식화하면 <그림 9>와 같다.

<그림 9>는 변우열이 설정한 구성요인과 독서태도 영향 요인을 통해 도출 가능한 다양한 차원중에서 한 방면을 연구자가 설정한 것이지만, 변우열이 제시한 구성요인과 영향 요인에 따른 설문 내용을 <그림 9>와 같이 차원으로 설정할 수 있는 있다는 점은 독서태도의 구조를 도식화하고 검사도구를 개발하는 데에 시사점을 준다.

---

5 경험은 스키마에 영향을 미치기 때문에 인지적이고 정서적인 영역에도 영향을 미친다. 그러나 행위의 유무라는 기준으로 보면 경험은 행동으로 유발된다.

	가정	학교	국가와 사회
인지			
정서			
행동			

〈그림 9〉 변우열의 독서태도 구성요인 구조

5) 독서태도 검사도구 비교

이상에서 살펴 본 독서태도 검사도구를 비교하면 <표 6>과 같다.

독서태도 검사도구들은 정서 단일 요인부터 층위가 다른 8개의 요인까지 다양한 구성요인으로 설정되어 있었다. 또한 독서태도의 차원으로 설정된 독서상황에 대한 하위 영역도 달랐으며 구성요인과 독서상황을 조합하여 범주화하는 방식도 다양하였다. 독서 상황에 대한 범주화는 공간을 기준으로 학교 안, 학교 밖(가정 등), 도서관 등으로 분류되거나 독서수업이나 독서그룹 등으로 분류되었다. 또한 구성요인이나 상황, 또는 구성요인이나 상황의 조합에 독서 목적이 추가로 조합되기도 하였으며 독자의 배경환경이 문항화되기도 하였다. 독서 목적은 오락적 읽기(혹은 여가적 읽기), 학문적 읽기, 일반적 읽기 등으로 분류되었으며, 배경환경은 가정, 학교, 교우, 지역 등으로 분류되었다. 이와 같이 독서태도 검사도구들은 환경, 목적 등의 다양한 영역의 요인으로 구성되었다. 이는 아동의 특성을 보다 정확하고 입체적으로 이해할 수 있는 틀을 제공한다는 점에서 유용하고 기초 정보 획득과 진단에 따라 다양한 독자상담서비스를 제공할 수 있다는 점에서 지지된다. 그러나 독서태도 검사도구 개발자들은 태도 구성요인에 차원을 설정해 놓고 있음에도 이를 독서태도 구조로 제시하지 않았으며 차원의 조합에 따른 요인을 체계적으로 배열하지도 않았다. 또한 독서행동에 대한 명확한 영역 설정도 부족하여 몸짓으로 드러난 행동과 행동하고자 하는 의지를 구별하지 않은 경우도 있었다.

〈표 6〉 독서태도 검사도구 비교

도구명	개발자	대상	척도	문항수	구성요인	특징
ERAS(Elementary to Reading Attitude Survey)	McKenna & Kear (1990)	초등학생	4단 (그림표시)	20개	느낌(정서) •여가, 학문	4가지 척도의 만화 캐릭터 사용
Observation checklist to assess reading attitudes	Heathington & Alexander (1978)	초등학생	2단	10개	독서행동 •독서환경(학교, 학교밖, 도서관, 일반)	교사가 아동행동을 관찰하고 체크
Scales to Measure Attitudes toward reading	Heathington (1975)	초등1-3	5단 (그림표시)	20개	느낌(정서)	독서가 일어나는 장소나 상황(학교, 학교밖, 도서관, 일반)
		초등4-6	5단	24개	느낌(정서), 행동	
Scaale of Reading Attitude Based on Behavior	Rowell (1972)	초등학생	5단	16개	독서행동 •독서수업에서의 독서상황, 독서 즐거움, 책의 내용에 따른 느낌	독서문제아 관찰
Rhody Secondary Reading Attitude Assessment	Tullock-Rhody(1980)	중등학생	5단	25개	느낌(정서) •학교, 도서관, 가정, 여가독서, 일반적독서	장소를 기준으로 독서 환경을 범주화
Reading Attitude Instruments for Elementary School Student.	Powell (1971)	초등1-3	3단 (그림표시)	32개	느낌	읽기 상황을 구체적으로 제시
Dimensions of Reading Attitude	Engin, Wallbrown & Brown (1976)	초등학생 중학생	5단	56개	독서 어려움 표현, 강화, 즐거움, 대안적 학습 수단, 독서그룹, 독서성취, 조용히 읽기와 소리내어 읽기, 만화읽기	구성요인을 8개차원으로 나누어 측정

도구명	개발자	대상	척도	문항수	구성요인	특징
September Reading Survey	Atwell (1987)	중학생	자유 기술	16개	습관, 흥미, 태도, 자기인식, 선호, 과정, 강점, 계획 등	경험을 통해 구성 요인을 설정
Burke reading Interview	Burke (1980)	초등학생 중등학생 성인	면담	10개	신념(인지)	이상적인 독자 선정, 특성 기술 등
Content Reading Interview	Vacca & Vacca	초등학생 중등학생	면담	8개	인식 • 과학, 사회학 분야의 내용 영역	독서곤란아
Denver Reading Attitude Survey	Davis, Rhodes	초등학생	5단	17개	인식, 정서, 행동상태	독서활동 참여, 독서활용 인식, 독서 중요성 인식, 독자로서의 자신감
PISA(Programme for International Student Assessment) 2009	OECD (2009)	만15세	2-5단	다수	다양한 영역으로 구성 예) 도서관-방문 목적, 빈도 예) 독서활동-취미, 독서즐거움, 독서빈도	성취도에 영향을 미치는 독서 배경변인을 탐색하기 위해, 학교장, 학부모, 학생 설문
독서태도 검사 예비 도구	정혜승 (2006)	초등학생	미정	45개	인지, 정서, 행동	구성요인에 따른 하위 요인 설정
독서태도 점검표	정혜승 (2007)	초등학생	2단	10개	행동	학생과 교사를 대상으로 이상적인 독자를 선정, 특성 파악
독서태도 및 영향 요인 검사 도구	옥정인 (1999)	초등학생	5단	160개	환경(가정, 학교, 사회), 신념(독서결과, 타인의 기대), 독서행동	인지, 정서, 행동 영역에 상황을 설정
독서태도 조사를 위한 설문 내용	변우열 (2012)	전체	미정	45개	신념(독서결과, 타인의 기대에 대한 신념), 독서경험, 독서환경(가정, 학교, 국가와 사회)	구체적인 문항이 아니라 설문의 내용을 제시

독서태도 검사도구는 이론적 배경을 통해 차원의 설정과 그에 따른 추출된 요인을 바탕으로 개발되어야 한다. 또한 검사자이며 독자상담서비스를 제공할 사서교사와 피검사자로 독자상담서비스 대상자인 아동을 대상으로 하는 검사도구인 만큼 차원과 요인을 설정함에 있어 이들의 독서태도에 대한 암묵적 지식을 반영할 필요가 있다.

참고문헌

고정욱. 2002. 가방 들어주는 아이. 파주 : 사계절.

고정욱. 2005. 민우야 넌 할 수 있어. 파주 : 사계절.

국립국어원. 2015. 표준국어대사전. <http://stdweb2.korea.go.kr> [인용 2015. 2. 1.].

국립특수교육원. 2009. 특수교육학 용어사전. <http://terms.naver.com> [인용 2015. 5. 2.].

권은경. 2012. "독서태도와 읽기 성취도 분석이 시사하는 학교도서관 독서 교육의 방향." 한국도서관·정보학회지, 제43권, 제4호, pp.249-269.

김용래, 김태은. 2005. 교육심리학. 서울 : 형설출판사.

나은영, 1994. "태도 및 태도변화 연구의 최근 동향." 한국 심리학회지 사회 및 성격, 제8권, 제2호, pp.3-33.

박주현, 박경희, 이명규. 2015. "책 읽어주기가 초등학생들의 독서태도와 자아존중감에 미치는 영향." 한국도서관정보학회지, 제46권, 제2호, pp.1-27.

박주현, 사공복희. 2014. "PISA 2009에서 도서관방문이 독서태도 및 독서방법과 읽기 성취도에 미치는 영향." 한국문헌정보학회지, 제48권, 제3호, pp.169-191.

박주현, 장우권. 2014. "PISA 2009 학업성취도에 대한 학교도서관 변인의 영향력 분석." 정보관리학회지, 제31권, 제3호, pp.331-351.

박혜영. 2006. "중등학교 독서 문화 비판." 독서연구, 제15호, pp.137-172.

변우열. 2012. "독서태도 모형 분석을 통한 독서태도 조사 설문 내용 개발." 한국도서관·정보학회지, 제43권, 제4호, pp.139-159.

서수현, 정혜승. 2012. "중학생의 읽기 태도 양상." 독서연구, 제27호, pp.258-283.

서울대학교 교육연구소. 1995. 교육학용어사전. <http://terms.naver.com> [인용 2015. 5. 2.].

손정표. 2003. 신독서지도방법론. 수정증보. 대구 : 태일사.

옥정인. 1999. 읽기 태도 형성에 영향을 미치는 요인 연구. 석사학위논문, 한국교원대학교 교육대학원 국어교육전공.

윤준채, 이형래. 2007. "초등학생의 읽기 태도 발달에 대한 연구(Ⅰ)." 국어교육연구, 제40집, pp.161-190.

이병기. 2010. "초·중등 학생의 독서 플로우 성향과 요인 분석에 관한 연구." 한국도서관정보학회지, 제41권, 제4호, pp.51-72.

이삼형. 1999. "인지적 읽기 모델의 비판적 고찰 : 스키마 이론의 독해관과 읽기 지도 모델을 중심으로." 독서연구, 제4호, pp.353-372.

이성영. 2009. "읽기 교육에서의 태도의 문제: 읽기 태도의 교육 가능성을 중심으로." 독서연구, 제21호, pp.258-318.

이수원, 이준호. 1997. "중심통로와 주변통로 태도변화에서 태도의 구조적 차이." 한국심리학회지 사회 및 성격, 제11집, 제2호, pp.75-93.

이연옥. 2011. "초등학교 학생들의 독서태도에 관한 연구." 한국도서관정보학회지, 제42권, 제3호, pp.293-309.

정대근. 2014. 청소년의 독서유효성 영향요인 연구. 박사학위논문, 전남대학교 대학원 문헌정보학과.

정세구. 1995. 가치·태도교육의 이론과 실제. 서울 : 배영사.

정옥년. 2007. "독서의 정의적 영역과 독자 발달." 독서연구, 제17호, pp.139-180.

정혜승, 서수현. 2011. "초등학생의 읽기 태도에 대한 연구." 국어교육, 제134집, pp.353-382.

정혜승. 2006. "읽기 태도 구인과 검사 도구의 요건." 국어교육학연구, 제27집, pp.467-492.

정혜승. 2007. "읽기 태도 평가를 위한 점검표(checklists) 개발 연구 : 학생과 교사의 읽기 태도에 대한 인식 조사를 중심으로." 한국초등국어교육, 제33집, pp.272-291.

차배근. 1985. "態度變容學說들에 대한 評價的 考察(Ⅲ)." 언론정보연구, 제22집, pp.7-44.

최숙기. 2009. “읽기 행동 검사 도구 개발에 관한 기초 연구.” 청람어문교육, 제39권, pp.303−342.

한국교육과정평가원. 2009. PISA 코드북 및 설문지. <http://naea.kice.re.kr/prtl/cont/prov/international.do> [cited 2014. 2. 5.].

한국교육과정평가원. 2012. OECD 학업성취도 국제비교연구(PISA2009) 결과보고서. 서울 : 한국교육과정평가원.

한국교육심리학회, 교육심리학용어사전, 2000. <http://terms.naver.com> [인용 2015. 5. 1.].

한국어문교육연구소 편, 2006. 독서교육사전. 서울 : 교학사.

한국출판연구소, 2011. 2011년 국민독서실태조사. 서울 : 문화체육관광부.

한철우. 2011. 거시적 독서 지도. 서울 : 역락.

Phil, E., 고은경 역. 2006. 태도와 설득. 서울 : 시그마프레스.

Ajzen, I. and Fishbein, M. 1980. *Understanding Attitudes and Predicting Social Behavior.* Engle- wood Cliffs, New Jersey : Prentice Hall.

Alexander, J. and Filler, R. 1976. *Attitudes and Reading*, Newark, DE : International Reading Association.

Allport, G. 1954. “The Historical Background of Modern Social Psychology.” In: G. Lindzey(ed.), *Handbook of Social Psychology,* vol.1: Theory and Method, MA : Addison-Wesley.

Atwell, Nancie. 2015. *In The Middle: A Lifetime of Learning About Writing*, Reading, and Adolescents, 3rd ed. Portsmouth, NH : Heinemann.

Bandura, A. 1977. “Self−efficacy: Toward a Unifying Theory of Behavioral Change.” *Psychological Review*, vol.84, No.2, 191−215.

Beck, R. C. 1983. *Motivation: Theories and Principles.* Englewood Cliffs, NJ : Prentice Hall.

Chall, J. S. 1983. *Stages of Reading Development.* New York : McGraw−Hill.

Chapman, J. W. and Tunmer, W. E. 1995. “Development of Young Children's Reading Self−concepts: An Examination of Emerging Subcomponents and Their Relationship with reading achievement.” *Journal of Educational Psychology*, Vol.87, pp.154–167.

Davis, W. A. and Rhodes, L. K. 1993. "Denver Reading Attitude Survey." In: *Literacy Assessment: A Handbook of Instruments.* edited by L. K. Rhodes & N. Shanklin. Portsmouth, NH : Heinemann.

Engin, A. W., Wallbrown F. H. and Brown, D. H. 1976. "The Dimensions of Reading Attitude for Children in the Intermedia Grades." *Psychology in the School*, Vol.13, No.3, pp.309–316.

Fabrigar, L. R. and Petty, R. E. 1999. "The Role of Affective and Cognitive Bases of Attitudes in Susceptibility to Affectively and Cognitively Based Persuasion." *Personality and Social Psychology Bulletin*, Vol.25, pp.363–381.

Festinger, L. 1957. *A Theory of Cognitive Dissonance. Stanford.* CA : Stanford University Press.

Fishbein, M. and Ajzen, I. 1975. *Belief, Attitude, Intention and Behavior: An Introduction to Theory and Research. Reading*, Massachusetts : Addison–Wesley Publishing Company. <http://people.umass.edu/aizen/f&a1975.html> [cited 2015. 5. 20.].

Frijda, N. H. 1988. "The Laws of Emotion." *American Psychologist,* Vol.43, No.5, pp.478–493.

Good T. and Brophy, J. 1987. *Looking in Classrooms.* 4th ed, New York : Harper & Row.

Goodman, Y., Watson, D. and Burke, C. 2005. *Reading Miscue Inventory: from Evaluation to Instruction.* 2nd ed, Katonah, NY : Richard C. Owen Publishers.

Gray, William S. 1948, *Their Own in Reading: How to Give Children Independence in Attacking New Words.* Chicago : Scott, Foresman.

Greenwald, A. G. 1987. *Levels of Representation*, Manuscript submitted for Publication.

Hanson, D. J. 1980. "Relationship between Methods and Findings in Attitude–Behaviour research." *Psychology*, Vol.17, pp.11–13.

Heathington, Betty Sue. 1975. *The Development of Scales to Measure Attitudes Towards Reading.* Doctoral Dissertation, Tennessee University.

Heathington, Betty Sue. and Alexander, J. E. 1978. "A Child–Based Observation Checklists to Assess Attitudes Toward Reading." *The reading Teacher*, Vol.31, No.7, pp.761–771.

Katz, D. 1960. "The Functional Approach to the Study of Attitudes." *Public Opinion Quarterly*, Vol.24, No.2, pp.163-204.

Liska, A. E. 1984. "A Critical Examination of the Causal Structure of the Fishbein/ Ajzen Attitude–Behavior Model." *Social Psychology Quarterly*, Vol.47, No.1, pp.61–74.

Martin, L. B. and Briggs, L. J. 1986. *The Affective and Cognitive Domains: Intergration for Instruction and Research*. Englewoods Cliffs, NJ : Educational Technology Publications.

Mathewson, G. C. 1994. "Model of Attitude Influence upon Reading and Learning to Read." In: *Theoretical Models Processes of Reading*. edited by R. B. Ruddell, M. R. Ruddell, H. Singer. 4th ed. Delaware: International Reading Association, pp.1131–1161.

McKenna M. C. and Kear, D. J. 1990. "Measuring Attitude Toward Reading: A New Tool for Teacher." *The Reading Teacher*, Vol.43, No.8, pp.626–639.

McKenna, M. C. 1994. "Toward a Model of Reading Attitude Acquisition." In: *Fostering the Love of Reading: The Affective Domain in Reading Education*. edited by E. H. Cramer and M. Castle. New Jersey : International Reading Association, pp.18–40.

McKenna, M. C., Kear, D. J. and Ellsworth, R. A. 1995. "Children Attitude Toward Reading : A National Survey." *Reading Research Quarterly*, Vol.30, No.4, pp.934–956.

OECD. 2009. *PISA 2009 Assessment Framework: Key competencies in reading mathematics and science*. <http://www.oecd.org/pisa/pisaproducts/44455820.pdf> [cited 2014. 6. 7.].

OECD. 2010. *PISA 2009 Results: What Students Know and Can Do: Student Performance in Reading Mathematics and Science*. Volume I, OECD Publishing.

Pavlov, I. P. 1927. *Conditioned Reflexes*. London : Oxford University Press.

Petty, R. E. and Cacioppo, J. T. 1986. *Communication and Persuation : Central and*

Peripheral Routes to Attitude Change. New York : Springer−Verlag.

Phil, Erwin. 2001. *Attitudes and persuasion.* NY : Psychology Press.

Purcell−Gates, V. 2000. "Family Literacy:" In: *Handbook of Reading Research.* edited by M. L. Kamil, P. B. Mosenthal, P. D. Pearson, & R. Barr. vol.3. NewYork : NY: Erlbaum, pp.853−870.

Rowell, C. Glennon. 1972. "An Attitude Scale for Reading." *The Reading Teacher*, Vol.25, No.5, pp.442−447.

Ruddell, R. B. and Speaker, R. 1985. "The Interactive Reading Process: A Model." In: *Theoretical Models and Processes of Reading.* edited by H. Singer and R. B. Ruddell. 3rd ed. Newark, DE : International Reading Association, pp.751−793.

Stanovich, Keith E. 1986. "Matthew Effects in Reading: Some Consequences of Individual Differences in the Acquisition of Literacy." *Reading Research Quartely*, Vol.22, No.4, pp.360−407.

Thurstone, L. L. "The Measurement of Social Attitudes." *Journal of Abnormal and Social Psychology,* Vol.26(1931), pp.249-269.

Tullock−Rhody R. and Alexander, J. E. 1980. "A scale for assessing attitudes toward reading in secondary schools." *Journal of Reading*, Vol.23, No.7, pp.609−614.

Vacca R. T. and Vacca, J. A. 1989. *Content Area Reading.* 3rd ed, Boston : Little, Brown.

Yue, X. D. and Rudowicz, E. 2002. "The Most Creative Chineses Minds at Percieved by University Students." *The journal of Creative behavior*, Vol.32, No.2, pp.88−104.

Yue, X. D., Nemder, M. and Cheung, C. 2011. "Who are the Best−Known National and Foreign creators." *Journal of Creative Behaviors*, Vol.45, No.1, pp.23−37.

Zintz, Miles V. and Maggart, Zelda R. 1989. *The Reading Process: the Teacher & the Learner.* 5th ed, Dubuque, Iowa : Willaim C. Brown Publishers.

プログレッシブ和英中辭典, 第3版. <http://yahoo.co.jp> [인용 2015.3.5.]

제2부 독서태도 검사도구의 개발

4 독서태도의 암묵적 지식 연구

독서태도는 매우 다양한 상황에서 다양한 양상으로 드러나기 때문에 독서태도를 개념화하고 그 성격을 명확히 밝히는 것은 쉽지 않다. 그래서 많은 연구자나 실천가, 또 부모에게 있어서 '독서태도'가 무엇인지에 대해서는 다양한 견해가 존재하는 것이 사실이다. 심리학자들은 경험적으로 증명할 수 있는 사건·과정을 지칭하는 개념을 구성요인(construct)이라고 부른다. 학생들의 독서태도를 제대로 평가하기 위해서는 무엇을 평가해야 하는지, 즉 그 평가 도구(문항)가 어떤 특성을 측정하고자 하는지를 분명히 해야 한다. 따라서 독서태도 검사도구를 개발하기 위해서는 실제 세계에서 이해되고 있는 독서태도에 대한 개념과 특성을 확인할 필요가 있다. 독서태도는 구상적인 개념으로 독서태도 검사도구 대상자뿐만 아니라 그 검사도구를 활용하여 독자상담서비스를 제공하는 사서교사들의 암묵적 지식을 확인하는 것은 독서태도 검사도구의 타당도를 높일 수 있다는 점에서 도구 개발에 앞서 선행될 과정이 된다.

독서태도를 명시적으로 지식화하는 과정을 통해 독서태도 모형을 도식화하고 독서태도의 요인의 타당성을 수용할 수 있는 이론적 기반을 마련하기 위해서는 독서태도 검사자와 피검사자에 대한 암묵적 지식을 확인할 필요가 있다. 암묵적 지식(Tacit Knowledge, 암묵지)이란 학습과 경험을 통하여 습득함으로써 개인에게 내재되어 있지만 겉으로 확실하게 드러나지는 않으며 문자로 표현하기 어려운 지식으로 한 사회의 구성원들 사이에서 행동과 판단의 기준이 되고 있는 것을 말한다(Polanyi 1966, 5-6; Runco, Johnson and Bear 1993). 기존의 몇몇 독서태도 검사도구도 현장 적용성이 높은 실제적인 독서태도 검사도구를 개발하기 위해 이와 같은 암묵적 지식을 토대로 문항을 개발하였다(옥정인 1999; 정혜승 2007; Heathington and Alexander 1978; Tullock-Rhody and Alexander 1980).

따라서 독서태도에 대한 암묵적 지식 연구를 통해 독서태도를 설명할 수 있는 유용한 지식을 찾고 이를 바탕으로 독서태도의 구성요인에 대한 수용력을 확인하며 나아가 도출된 요인들이 독자상담서비스를 위한 유용한 정보를 제공하는지를 확인하고자 한다.

가. 암묵적 지식 연구 방법

암묵적 지식을 측정하기 위해 연구주제의 심리적 구성요인을 가진 사람의 특성을 개방형으로 질문하여 조사하였고(성은현 외 2007; Choe 2006; Sternberg 1985), 비슷한 개념을 묶어 개념과 관련 변인을 파악하였다(戈木クレイグヒル滋子, 2006). 그리고 독서태도 관련 변인을 파악하기 위해 초등학교 4-6학년 아동(이하 학생)의 독서태도를 직접적으로 관찰할 수 있는 초등 담임교사와 초등 사서교사 그리고 학생을 대상으로 반구조화된 면담을 실시하였다. 면담 전에 초등학교 3학년 학생을 대상으로 예비 면담(pilot interview)을 수행하였고 수행 결과를 토대로 질문지를 수정하여 최종 면담 질문지에 반영하였다.

1) 연구 문제

면담을 통해 대상자의 독서태도에 대한 암묵적 지식 파악을 위한 연구문제는 <표 7>과 같다.

〈표 7〉 면담을 통해 얻고자 하는 연구 문제

번호	연구 문제	연구 대상
1	책을 즐겨 읽는 학생과 책을 즐겨 읽지 않는 학생을 어떤 기준으로 나누고 있는가?	학생, 교사 (초등, 사서)
2	책을 즐겨 읽는 학생과 책을 즐겨 읽지 않는 학생의 특성을 어떻게 파악하고 있는가?	
3	어떻게 하면 학생들이 책을 즐겨 읽을 수 있을 것으로 판단하고 있는가?	
4	학생은 독서의 필요성을 어떻게 인식하고 있는가?	학생
5	학생은 독서를 어떻게 느끼고 있는가?	
6	학생이 읽을 책을 선택하는 조건은 무엇인가?	
7	학생의 독서행동에 영향을 미치는 인물은 누구인가?	
8	학생과 교사(초등, 사서)가 언급한 책을 즐겨 읽는 학생과 책을 즐겨 읽지 않는 학생의 특성에는 차이점이 있는가?	학생, 교사 (초등, 사서)
9	교사들은 독서태도를 어떻게 정의하고 있는가?	교사 (초등, 사서)
10	교사들은 독서태도에 영향을 미치는 요인을 무엇이라고 생각하고 있는가?	
11	교사들은 바람직한 독서태도를 가진 학생들의 특징을 어떻게 설명하고 있는가?	

연구문제 1번과 2번을 통해 책을 즐겨 읽는 학생과 책을 즐겨 읽지 않는 학생에 대한 기준과 특성을 파악한다. 책을 즐겨 읽는 학생들에 대한 기준과 특성은 바람직한 독서태도를 가진 학생의 도달점행동인 바람직한 독자의 모습을 그리는 데에 기준이 된다는 점에서 중요하다. 3번을 통해 학생과 교사들이 어떤 독서환경과 독서교육 방법이 학생의 독서태도 향상에 긍정적이라고 인식하고 있는지를 확인한다. 4번을 통해 독서 결과에 대한 신념이나 타인의 기대에 대한 신념이 개별 학생에게 어떻게 인식되고 있는지를 확인한다. 독서태도의 구성요인으로 정서를 포함시켰기 때문에 연구문제 5번을 통해 학생들의 독서에 대한 정서(느낌)를 확인한다. 책을 선택하는 행위는 독서행동의 선행조건이 된다는 점에서 매우 중요하며 학생은 책에 따라 다른 독서태도와 독서행동을 드러냄으로 6번을 통해 독서태도의 대상이 되는 구체적인 책의 영향력과 책에

따른 독서행동을 확인한다. 독서태도와 독서행동은 설득에 따라 변화될 수 있기 때문에 7번을 통해 학생의 독서태도와 독서행동에 영향을 미치는 인물의 영향력을 확인한다. 연구문제 8번을 통해 학생과 교사들이 언급한 독서태도의 특성에 차이점이 있는지를 파악하여 학생과 교사들의 독서태도에 대한 관점의 차이를 확인한다. 9번을 통해서 현장에서 교사들이 인식하고 있는 독서태도의 개념을 확인하여 교사들이 인식하고 있는 공통적인 개념을 추출하고자 한다. 10번을 통해서 교사들이 인식하는 독서태도의 영향요인을 파악하고 시사점을 얻고자 한다. 그리고 11번을 통해서 이상적인 독자를 확인하고 독서태도의 도달점행동에 대한 준거를 확인한다.

2) 예비 면담과 질문지

암묵적 지식을 파악하기 위해 반구조화된 질문을 선정하고 교사의 검토와 수정을 거쳐 질문지를 완성하였다. 그리고 이 질문지로 2015년 4월에 S초등학교에서 담임교사 1명, 사서교사 1명과 초등학교 3학년 1개 학급 6명의 학생을 대상으로 예비 면담을 진행하였다. 초등학생 예비 면담자는 독서(독해)능력을 기준으로 독서능력이 상·중·하인 남·여학생 각각 1명씩 총 6명을 선정하였다.

예비면담 결과, 대상자 모두 구체적인 독서행동에 근거하여 질문에 답변한다는 사실을 확인하였다. 그러나 판단기준은 서로 조금씩 차이를 보였다. 그리고 학생들은 질문이 추상적일수록 그 질문에 모른다고 대답하거나 대답하는 데 많은 시간을 소모하였다. 이에 추상적인 질문을 좀 더 구체적인 질문으로 수정하고 학생들이 이해하기 어려워하는 질문을 학생의 수준에 맞추어 보다 이해하기 쉬운 문장으로 수정하였다.

이러한 수정 과정을 통해 최종적으로 초등 사서교사, 초등 담임교사, 초등학생을 면담하기 위해 작성한 반구조화된 질문지는 <표 8>, <표 9>, <표 10>과 같다.

〈표 8〉 초등 사서교사용 면담 질문지

질문 내용
1. 선생님의 학교에서 책을 가장 즐겨 읽는 학생의 이름 세 명을 말해 주세요.[6]
2. 그 학생들이 책을 즐겨 읽는다는 것을 어떻게 알았나요?
3. 그 학생들은 다른 학생들과 어떤 점이 다른가요? *3명만의 공통점이나 특징, 차이점
4. 선생님의 학교에서 책을 가장 즐겨 읽지 않는 학생의 이름 세 명을 말해 주세요.
5. 그 학생들이 책을 즐겨 읽지 않는다는 것을 어떻게 알았나요?
6. 그 학생들은 다른 학생들과 어떤 점이 다른가요? *3명만의 공통점이나 특징, 차이점
7. 어떻게 하면 학생들이 책을 즐겨 읽을 수 있을까요?(활동, 프로그램, 행동, 환경)
8. 독서태도가 무엇이라고 생각합니까?
9. 독서태도에 영향을 미치는 요인으로 무엇이 있을까요?
10. 바람직한 독서태도를 가진 학생들의 특징을 묘사해 주세요.

〈표 9〉 초등 담임교사용 면담 질문지

질문 내용
1. 선생님의 학급에서 책을 가장 즐겨 읽는 학생의 이름 세 명을 말해 주세요.
2. 그 학생들이 책을 즐겨 읽는다는 것을 어떻게 알았나요?
3. 그 학생들은 다른 학생들과 어떤 점이 다른가요? *3명만의 공통점이나 특징, 차이점
4. 선생님의 학급에서 책을 가장 즐겨 읽지 않는 학생의 이름 세 명을 말해 주세요.
5. 그 학생들이 책을 즐겨 읽지 않는다는 것을 어떻게 알았나요?
6. 그 학생들은 다른 학생들과 어떤 점이 다른가요? *3명만의 공통점이나 특징, 차이점
7. 어떻게 하면 학생들이 책을 즐겨 읽을 수 있을까요?(활동, 프로그램, 행동, 환경)
8. 독서태도가 무엇이라고 생각합니까?
9. 독서태도에 영향을 미치는 요인으로 무엇이 있을까요?
10. 선생님이 생각하시는 바람직한 독서태도를 가진 학생들의 특징을 묘사해 주세요.

6 세 명의 학생이나 친구의 이름을 말하도록 한 이유는 공통적인 특성을 확인하기 위함이다. 이는 정혜승(2007)의 연구에서도 3명의 이름을 호명하는 방법이 사용되었으며 이 연구의 예비 면담 결과에서도 공통적인 특성을 파악하는 데 도움이 되었다. 다만, 면담 결과 책을 가장 즐겨 읽는 학생(친구)에 독서 이상아가 포함되거나 책을 가장 즐겨 읽지 않는 친구들 간의 공통점이 부족한 경우 3명의 공통점을 추출하기 어려운 경우가 있었다.

〈표 10〉 초등학교 4-6학년 학생용 면담 질문지

질문 내용
1. 우리 반에서 책을 가장 즐겨 읽는 친구의 이름 세 명을 말해 주세요.
2. 그 친구들이 책을 즐겨 읽는다는 것을 어떻게 알았나요?
3. 그 친구들은 다른 친구들과 어떤 점이 다른가요?
4. 우리 반에서 책을 가장 즐겨 읽지 않는 친구의 이름 세 명을 말해 주세요.
5. 그 친구들이 책을 즐겨 읽지 않는다는 것을 어떻게 알았나요?
6. 그 친구들은 다른 친구들과 어떤 점이 다른가요?
7. 어떻게 하면 친구들이 책을 즐겨 읽을 수 있을까요?
8. 책은 꼭 읽어야 할까요? 왜?
9. 학생이 책을 읽어야 한다고 생각해보세요. 그 때의 기분은 어떨까요?
10. 학생은 읽을 책을 어떻게 결정하나요?
11. 누군가 학생에게 책을 추천해 준다면, 그게 누구였으면 좋겠습니까? 학생은 그 책을 읽을 건가요?

3) 대상자 선정과 면담 과정

사서교사와 초등교사 및 학생의 독서태도에 대한 인식 양상을 탐구하기 위하여 초등 사서교사 5명, 초등 담임교사 16명과 초등학교 4, 5, 6학년 학생 95명을 대상으로 면담을 실시하였고 그들의 답변을 기록하였다. 독서태도의 암묵적 이론을 위한 면담 과정은 <표 11>과 같고 면담 인원은 <표 12>와 같다.

학생 면담 대상 선정을 위해 광주광역시에서 사서교사가 근무하고 있는 5개의 학교를 임의 표집하였다. 이후 선정된 학교에서 4,5,6학년별 1학급을 무선표집하여 모두 15개 학급을 선정하였다. 다시 한 학급마다 독서능력을 기준으로 독서능력이 상·중·하인 남녀학생 각각3명씩을 면담 대상자로 선정하였다.[7] 이렇게 하여 총 90명의 학생을 인터뷰 대상자로 선정하였다. 그리고 광주d초등학교의 학생1명이 면담을 거부하였고, 특정 학급 1개 반 6명의 학생이 추가로 면담에 응하여 총 95명의 학생을 대상으로 2015년 5월에 해당 학교에서 면담을

7 독서능력은 담임교사가 국어시험에서의 읽기(독서)점수나 수업시간에서의 독서능력을 기준으로 분류함.

실시하였다.

〈표 11〉 면담 과정

<table>
<tr><th colspan="3">과정</th><th colspan="3">내용 및 방법</th></tr>
<tr><td rowspan="2">전문가 검토</td><td colspan="2">대상</td><td colspan="3">초등교사 3명</td></tr>
<tr><td colspan="2">내용</td><td colspan="3">학생과 교사(초등 및 사서)에 대한 반구조화된 면담 질문지</td></tr>
<tr><td rowspan="4">면담 예비 조사</td><td rowspan="3">대상</td><td>학생</td><td colspan="3">• 사서교사가 근무하는 초등학교 1개교 임의 표집
• 3학년 1개 학급을 임의 표집
• 독서 점수가 상·중·하인 남녀학생 각 1명씩을 면담(총 6명)</td></tr>
<tr><td>담임교사</td><td colspan="3">인터뷰 대상 학생의 담임교사 1명</td></tr>
<tr><td>사서교사</td><td colspan="3">인터뷰 대상 학교의 사서교사 1명</td></tr>
<tr><td colspan="2">조사방법</td><td colspan="3">반구조화된 면담
• 면담자가 질문하면 연구 대상자가 말로 설명하고 진행과정을 녹음</td></tr>
<tr><td rowspan="6">면담 본 조사</td><td rowspan="4">표집</td><td>대상</td><td>4-6학년 초등학생</td><td>초등 담임교사</td><td>초등 사서교사</td></tr>
<tr><td rowspan="3">절차</td><td colspan="3">초등 사서교사가 근무하고 있는 광주광역시 소재 초등학교 5개교를 무선 표집</td></tr>
<tr><td>4,5,6학년 1학급 무선 표집</td><td rowspan="2">인터뷰 대상 학생의 담임</td><td rowspan="2">인터뷰 대상 학교의 사서교사</td></tr>
<tr><td>독서 점수가 상·중·하인 남·여학생 각 1명</td></tr>
<tr><td colspan="2">조사 방법</td><td colspan="3">반구조화된 면담
• 면담자가 질문하면 연구 대상자가 말로 설명하고 진행과정을 녹음</td></tr>
<tr><td colspan="2">수집된 개인정보</td><td>학년, 성별, 이름</td><td colspan="2">담임 학급, 성별, 경력, 이름</td></tr>
</table>

〈표 12〉 면담 인원

초등학교	광주a	광주b	광주c	광주d	광주e	계(명)
사서교사	1	1	1	1	1	5
담임교사	3	3	3	4	3	16
초등학생	18	18	18	23	18	95

면담은 작성된 반구조화된 질문지를 연구자가 읽어주면 대상자가 말로 답변하는 과정으로 진행되었고 답변을 녹음하여 분석에 활용하였다. 사서교사와 초등교사에게는 초등학생들의 질문에 더하여 독서태도의 개념과 이상적인 독서태도를 가진 학생들의 특징, 독서태도 영향 요인을 묻는 질문을 추가하였다.

나. 면담 결과

1) 사서교사의 인식

면담결과 사서교사는 학교도서관을 자주 방문하거나 책을 즐겨 읽는 다양한 학년의 학생들의 정보를 상세히 파악하고 있었다. 또한 학교도서관에 방문하지 않지만 책을 즐겨 읽는 학생들의 정보도 상세히 파악하고 있었는데 이는 책을 즐겨 읽는 학생들이 학교 독서 행사나 대회 또는 독서 모임 등의 독서활동에 참여하였기 때문으로 보인다. 그리고 사서교사는 학교도서관에 이유 없이 오거나 잠시 쉬러 오면서 책을 즐겨 읽지 않는 학생들에 대해서도 상세히 알고 있었다. 반면에 학교도서관을 방문하지 않고 책을 즐겨 읽지 않는 학생들의 특성은 잘 파악하고 있지 못하는 듯 보였다.

이에 사서교사와의 면담 결과에서 책을 즐겨 읽지 않는 학생들에 대한 답변은 제외하였다. 사서교사가 답변한 책을 즐겨 읽는 학생에 대한 학년과 성별은 <표 13>과 같다.

〈표 13〉 사서교사가 답변한 책을 즐겨 읽는 학생의 학년과 성별 정보

성별 \ 학년	2	3	4	5	6	합계(명)
남	0	0	1	0	2	3
여	3	1	1	4	3	12
합계(명)	3	1	2	4	5	15

가) 독서태도의 기준과 특성

사서교사는 독서 빈도, 방문 빈도, 대출 빈도와 같은 특정한 행위의 빈도를 책을 즐겨 읽는 학생의 기준으로 중요하게 생각하고 있었으며 독서자료의 종류와 더불어 능력적인 측면도 책을 즐겨 읽는 학생을 구분하는 기준으로 중요하게 고려하고 있었다. 사서교사는 책을 즐겨 읽는 학생을 관찰가능한 행동과 학생이 표현한 말을 기준으로 구분하고 있었고 이들이 구분한 공간적 상황은 학교도서관과 가정이었다. 책을 즐겨 읽는 학생에 대한 사서교사의 기준은 <표 14>와 같다.

〈표 14〉 책을 즐겨 읽는 학생에 대한 사서교사의 기준

기준	빈도	근거	공간적 상황
독서 빈도	1	표현-말	가정
방문 빈도	3	행동	학교도서관
대출 빈도	4		
도서 종류	2		
장서 활용 능력	2		
새 책 활용도	1		

그리고 사서교사가 인식한 책을 즐겨 읽는 학생들의 특성을 정리하면 <표 15>와 같다.

사서교사들은 책을 즐겨 읽는 학생들의 특성을 행동과 성격, 의사소통, 정서, 이해 및 감상능력적인 측면으로 답변하였다. 이는 책을 즐겨 읽는 학생이 독서와 관련된 긍정적인 행동뿐만 아니라 성격과 의사소통능력 등도 긍정적으로 인식되고 있음을 의미한다. 반면에 독서와 관련된 빈번한 행동이 반드시 바람직한 독서태도가 아님을 실증적으로 보여주는 사례도 발견할 수 있었다.[8]

---

8 책을 즐겨 읽는 행동이 바람직한 행동임에도 불구하고 사서교사는 '만화책을 읽으러 매시

〈표 15〉 사서교사가 인식한 책을 즐겨 읽는 학생들의 특성

근거	구체적인 특성
행동	직접 도서를 선정
	독서행사에 참여
	인사를 잘함
	정해진 시간에 도서관 방문
	만화책을 읽으러 매시간 마다 학교도서관에 방문(독서이상아)
	공부를 잘함
	자율적으로 기록함
	독서뿐만 아니라 운동장에서 놀기도 함
정서	정서적으로 안정
성격	교우관계 좋음
	성격이 온화함
	성격이 야무짐
	배려심이 있음
의사소통	논리적으로 말함
	대화가 통함
이해 및 감상	책의 내용을 이해하고 감상

연구자는 책을 즐겨 읽는 행동을 바람직한 독서태도를 가진 아동독자가 도달해야 할 가장 중요한 행동으로 설계하였었다. 그러나 실제 사례에서는 책을 즐겨 읽는 행동이 부정적인 경우도 살펴볼 수 있었다. 책을 즐겨 읽는 A군은 만화책을 읽으러 매 쉬는 시간마다 학교도서관에 방문하였다. 이러한 사례는 아동이 단순히 책을 즐겨 읽는다고 해서 바람직한 독서태도를 가졌다고 말할 수 없다는 점을 일러 준다. 또한 어떤 아동이 학교도서관을 방문하는 빈도가 높거나 단순히 책을 많이 읽는다고 해서 그 아동이 긍정적인 독서태도 지녔다고 추정할 수 없음을 의미한다. 따라서 학교도서관 내에서의 독서활동과 책의

간 마다 학교도서관에 방문한다.'는 사실을 부정적인 행동으로 인식하고 있었다.

종류를 모두 고려하여 보다 구체적인 상황에 대한 정보를 토대로 독서태도를 살펴야 한다. 즉 학교도서관을 방문하는 목적은 무엇인지, 어떤 책을 주로 읽는지 등을 독서태도의 검사도구에 반영할 필요가 있다.

나) 독서교육 방법

학생들이 책을 즐겨 읽을 수 있는 독서교육 방법에 대한 사서교사의 응답을 정리하면 <표 16>과 같다.

〈표 16〉 독서교육 방법에 대한 사서교사의 인식

구분	독서교육 방법 및 내용
학교도서관 활용 수업	학교도서관에서 수업, 도서관 책 찾기, 책 선정 방법
독서활동	책전시, 주제별 독서읽기, 책 읽어주기, 월별 다독아, 독후표현활동, 독후표현활동, 책 읽어주기, 학교도서관 행사 및 활동, 독서마라톤, 학교도서관에서 활동, 학교도서관에서 책읽기, 원화 전시 (지양해야할 방법 및 내용 : 강제로 읽는 인증제, 독후감 쓰기 강요)
독서롤모델	사서교사의 책읽기, 사서교사의 책상에 책 올려놓기, 담임교사와 함께 읽기, 담임교사와 함께 도서관에 오기, 담임교사와 함께 도서관에서 책읽기, 담임교사가 책읽어주기, 담임교사의 학교도서관 방문, 사서교사에게 도서추천 요구, 학부모 관심
책 추천	책을 추천, 책 소개, 책 표지 홍보
독서 규칙	일정부분의 독서 규칙
보상	담임교사가 동참, 관심을 갖고, 독서 격려, 사서교사가 친절하게 안내
독서 흥미	책에 대한 흥미, 독서 거부감을 낮춰
독서 인식	독서인식 전환, 성취감

사서교사는 학생들이 책을 즐겨 읽을 수 있는 방법으로 학교도서관 활용 수업, 독서 행사, 책 추천, 독서 모임, 보상을 언급하였으며 특히 책 소개와 책 읽어주기, 담임교사의 동참, 학교도서관 활용을 중요한 방법적 내용으로

인식하고 있었다. 또한 사서교사들은 학생들이 담임교사와 사서교사의 독서 태도를 경험할 수 있는 다양한 독서롤모델 활동을 언급하였다. 반면 사서교사들은 강제로 수행되고 있는 독서인증제나 독후감 쓰기에 대한 강요는 학생들이 책을 즐겨 읽을 수 있도록 돕는 내용이 아니라고 하면서 부정적인 반응을 나타냈다.

다) 독서태도의 암묵적 지식

독서태도의 개념, 영향 요인, 학생의 특징에 대한 사서교사의 면담 내용은 <표 17>과 같다.

〈표 17〉 사서교사의 독서태도에 관한 암묵적 지식

순번	독서태도의 개념	영향 요인	이상적인 학생의 특징
교사1	책에 대한 관심과 책을 읽는 방법	담임, 사서, 부모, 주제별 적합 도서, 프로그램, 사서교사 추천도서, 도서목록 제공	다양한 종류의 책을 자주 읽고 끝까지 읽는다.
교사2	습관, 책을 대하는 자세, 다양한 책을 읽는 것, 도서관이나 서점에 방문하려는 의지, 자율적인 도서 선정, 긍정적인 독서경험	가정환경, 담임교사, 학교의 독서행사	도서관에 지속적으로 오고 자기 생각을 논리적이며 분명하게 표현하며 부모와의 유대관계가 높다.
교사3	책을 대하는 자세, 마음가짐	흥미, 관심, 담임, 사서	교사와 의사소통이 되고 책을 읽은 욕구가 있으며 책을 읽은 후에 책의 내용을 이야기 하고 표현한다.
교사4	책을 대하는 태도, 책을 읽는 태도	또래집단이 책을 대하는 태도와 독서빈도, 부모나 교사의 독서 관심도, 독서교육경험	독서에 관심을 가지고 목적을 해결하기 위해 책을 읽거나 재미를 위해서 책을 집중해서 읽는다.
교사5	바른 자세로 집중해서 읽기	친구, 도서관 환경	읽을 책을 스스로 고르고 집중해서 책을 읽는다.

사서교사들이 언급한 독서태도의 개념을 토대로 독서태도를 정의하면, 독서태도란 "다양한 책을 대하는 자세와 관심, 의지 등의 마음가짐으로 시작하여 자율적으로 책을 선정하고 선정한 책을 읽는 방법과 몰입을 통해 긍정적인 독서경험이 습관화 되어 있는 것"으로 정의할 수 있다. 사서교사들은 독서태도에 영향을 미치는 요인을 아동독자의 주변 인물, 프로그램 등의 환경과 아동독자의 경험으로 인식하고 있었고, 바람직한 독서태도를 가진 학생들의 특징에는 책, 독서, 주변 환경과의 상호작용이 주요 내용으로 포함되어 있었으며 독서전·중·후의 과정이 모두 포함되어 있었다. 사서교사들이 언급한 주요 내용과 독서과정을 포함하여 이상적인 아동독자를 정의하면, 이상적인 아동독자란 "책을 읽을 의욕을 가지고 어떤 목적을 해결하기 위해서나 재미를 위해서 다양한 종류의 책을 스스로 선택하여 몰입해서 끝까지 읽고 읽은 후에는 책의 내용을 다른 이에게 표현하는 아동"이라고 정의할 수 있다.

2) 담임교사의 인식

담임교사가 답변한 책을 즐겨 읽는 학생의 학년과 성별 정보는 <표 18>과 같고 책을 즐겨 읽지 않는 학생의 학년과 성별 정보는 <표 19>와 같다.

〈표 18〉 담임교사가 답변한 책을 즐겨 읽는 학생의 학년과 성별 정보

성별 \ 학년	4	5	6	합계(명)
남	6	4	7	17(35.4%)
여	12	11	8	31(64.6%)
합계(명)	18	15	15	48(100%)

〈표 19〉 담임교사가 답변한 책을 즐겨 읽지 않는 학생의 학년과 성별 정보

성별 \ 학년	4	5	6	합계(명)
남	11	14	9	34(79.1%)
여	4	1	4	9(20.9%)
합계(명)	15	15	13	43(100%)

담임교사가 책을 즐겨 읽는 아동으로 선정한 학생 중에서 여학생의 비중은 65%, 남학생의 비중은 35%였다. 책을 즐겨 읽지 않는 아동으로 선정한 학생 중에서 여학생의 비중은 21%, 남학생의 비중은 79%였다. 이러한 남녀 간의 비율을 통해 담임교사들은 여학생이 남학생보다 책을 많이 접하고 책을 읽는 행위 또한 빈번히 하며 독서를 즐기는 정서적인 느낌도 남학생들에 비해 강하다고 인식하고 있음을 알 수 있다. 특히 책을 즐겨 읽지 않는 경우에 대한 남녀 간의 차이가 책을 즐겨 읽는 경우에 대한 남녀 간의 차이보다 큰 것으로 보아 담임교사들은 부정적인 독서태도에 있어 남녀 간의 차이를 보다 크게 인식하고 있음을 알 수 있다.

가) 독서태도의 기준과 특성

초등 담임교사용 2번 문항과 5번 문항을 통해 학생들이 책을 즐겨 읽거나 즐겨 읽지 않는 기준을 정리하면 <표 20>과 같다.

〈표 20〉 책을 즐겨 읽거나 읽지 않는 학생에 대한 담임교사의 기준

<table>
<tr><th>기준</th><th>빈도</th><th>구분</th><th>근거</th></tr>
<tr><td>아침시간</td><td>14</td><td rowspan="4">교실</td><td rowspan="4">행동</td></tr>
<tr><td>쉬는시간 및 자유시간</td><td>6</td></tr>
<tr><td>수업시간</td><td>3</td></tr>
<tr><td>책읽기</td><td>3</td></tr>
<tr><td>방문</td><td>1</td><td rowspan="2">학교도서관</td><td rowspan="9">표현</td></tr>
<tr><td>대출</td><td>2</td></tr>
<tr><td>다독아 시상 행사 등</td><td>2</td><td>행사 및 대회</td></tr>
<tr><td>몰입</td><td>1</td><td>몰입</td></tr>
<tr><td>책 이야기</td><td>1</td><td rowspan="3">말</td></tr>
<tr><td>말(책좋아해요)</td><td>2</td></tr>
<tr><td>학부모와 함께 책읽기</td><td>1</td></tr>
<tr><td>일기</td><td>1</td><td rowspan="2">글</td></tr>
<tr><td>독후감 등</td><td>2</td></tr>
</table>

담임교사는 관찰을 통해 확인 가능한 학생들의 행동과 학생들이 표현한 말이나 글을 정보로 학생들이 책을 즐겨 읽는지를 판단하고 있었다. 기준으로 제시된 행동은 실질적으로 책을 읽고 있는 모습이 대부분이나 학교도서관에 가거나 독서행사에 참여하는 등의 행동도 포함되었다. 또한 단순히 책을 읽고 있는 모습이 아니라 얼마나 독서에 빠져서 책을 읽고 있는 지에 대한 강도를 고려하고 있는 담임교사도 있었다.

담임교사가 인식한 책을 즐겨 읽는 학생들의 특성은 <표 21>과 같다.

〈표 21〉 담임교사가 인식한 책을 즐겨 읽는 학생들의 특성

범주	하위영역	학생들의 특성	빈도
능력	의사소통	말을 했을 때 이해	1
	학업성취도	성취도가 높아, 공부를 잘해, 학습 열의가 있어, 학업 성취도 높아	4
	읽기, 쓰기능력	읽기와 쓰기를 잘해, 잘 읽어	2
	언어능력	언어능력이 높다, 논리적	2
	이해력·창의력	창의력, 이해하고 행동	2
	배경지식		1
	역할(과제) 인식	자기 할일을 정확히 인식	1
행동	모범적 행동	모범생, 다방면으로 우수, 자기할일을 잘해	3
	표현	집에서 책의 내용으로 대화, 표현이 풍부, 글짓기도 하려고 노력, 글쓰기 할 때 자신의 생각을 잘 정리, 느낌도 잘 표현, 예쁜말, 책 이야기를 많이 해, 감정이 풍부	8
	적극성		1
	독서자료 및 목적	신문을 읽어, 학습관련 책만 읽지 않는다.	2
	도서관	도서실에서 대출	1
	집중(몰입)	쉬는 시간에 못 읽은 책을 집중해서 끝까지 읽어	1
	발표	발표를 잘해	1
	이상행동 (독서이상아)	의사소통 능력 떨어져, 혼자서 책 읽어, 잘 못 어울려, 도서관에 너무 자주가, 만화책과 같은 편협한 분야만을 읽어	5
성격	품성	진취적, 자신감, 생각이 깊어 열심, 얌전하다, 활발하기 보다는 차분	6
	인간관계	친구관계 원만, 사회적 적응력이 높아	2

<표 21>을 보면 담임교사들은 능력, 행동, 성격을 범주로 책을 즐겨 읽는 학생들의 특징을 설명하고 있음을 알 수 있다. 이는 독서태도가 독서행위뿐만 아니라 학생의 개인적인 능력과 성격 그리고 학생을 둘러싼 인간관계 등 다양한 변인들에 의해서 판단되어 지고 있음을 의미한다. 전체적으로 담임교사들은 책을 즐겨 읽는 학생들이 긍정적인 특성을 지닌 것으로 인식하고 있었다. 그러나 몇몇 담임교사들은 책을 즐겨 읽는 학생들의 특징으로 몇 가지의 부정적인 특성을 언급하였다. 담임교사가 언급한 부정적인 특성은 5가지로 의사소통 능력이 떨어지고, 도서관에 너무 자주가고 만화책과 같은 편협한 분야만을 읽으며, 친구와 잘 못 어울리고 혼자서 책을 읽는 것이었다. 이러한 사례는 사서교사와의 면담을 통해서도 드러났듯이 책을 즐겨 읽는 것만이 바람직한 독서태도의 유일한 조건이 아님을 알 수 있다. 따라서 학생의 특성에 맞는 독자상담서비스를 제공하기 위해서는 책을 즐겨 읽으나 그 책이 만화책과 같이 너무 편협한 종류는 아닌지, 친구들과 놀지 않고 책만 읽는 것은 아닌지 또는 어떤 상황을 회피하고 싶어서 학교도서관에 가는 것은 아닌 지 등과 같이 아동의 독서 상황과 이상행동을 확인할 수 있는 문항을 독서태도 검사도구에 포함시킬 필요가 있다.

〈표 22〉 담임교사가 인식한 책을 즐겨 읽지 않는 학생들의 특성

범주	하위영역	학생들의 특성	빈도
행동	독서 부재	책을 잘 안 읽음, 자유시간에도 안 읽음	4
	모범 행동	모범적이지 않음, 정리정돈 안됨	2
	수업	수업시간에 딴 짓	1
능력	의사소통능력 부족	언어능력 부족, 이해력 부족(대화), 표현력 부족, 발음 좋지 못해, 모둠활동 잘 못해, 어휘력 부족	8
	학업성취도 부족	맞춤법 틀려, 학습 능력 부족, 문장이해력 부족, 읽기 능력 부족, 글쓰기 부족, 지구력 부족, 집중력이 부족	10
성격	성격 및 행동행태[9]	주의산만, 타율적, 학업 의욕 없음, 언행이 경솔함, 장난을 좋아함, 활발한 편(겉으로만, 약간 과격), 듣는 것을 좋아해, 책에 대한 흥미 없음	13

담임교사가 인식한 책을 즐겨 읽지 않는 학생들의 특징은 <표 22>와 같다.

<표 22>를 보면 담임교사들은 책을 즐겨 읽지 않는 학생들의 행동, 능력, 성격을 부정적으로 인식하고 있음을 알 수 있다. 그리고 책을 즐겨 읽지 않는 학생들의 특징이 책을 즐겨 읽는 학생들의 특징보다 좀 더 단순하게 표현되고 있음을 알 수 있는 데, 이는 책을 즐겨 읽지 않는 학생들의 특성이 보다 공통된 항목으로 범주화되었기 때문이다.

나) 독서교육 방법

(1) 담임교사의 독서교육 방법

학생들이 책을 즐겨 읽을 수 있는 독서교육 방법에 대한 담임교사의 답변을 정리하면 <표 23>과 같다.

<표 23>을 보면 담임교사들은 학교교육과정, 다양한 독서활동, 가정에서의 독서환경과 지도, 몰입과 관련된 교육활동, 흥미, 교실환경, 능력, 학교도서관 활용, 보상 등 학생들이 책을 즐겨 읽을 수 있는 방법에 대해 다양한 영역과 방법을 제시하였다. 담임교사들은 책을 즐겨 읽거나 책을 즐겨 읽지 않는 학생들을 구분하는 기준이나 특성으로 아동의 개인적인 능력을 중요시하였으나 책을 즐겨 읽을 수 있도록 하는 방법적 측면에서는 아동의 개인적 능력에 대한 중요성을 언급하지 않고 있다. 이는 담임교사가 독서태도를 후천적으로 개선할 수 있는 것으로 인식하고 있기 때문으로 보인다. 즉 다양한 독서활동과 환경적 요인들을 통해 아동의 독서태도가 변화할 수 있다는 인식이 담임교사의 기저에 깔려 있는 것이다. 그리고 사서교사와 마찬가지로 몇몇 담임교사들은 강제적인 독후감 쓰기가 책을 즐겨 읽는 방법에 있어 제외되어야 할 독서활동이라는 의

9 환경에 대하여 특정한 행동 형태로 반응하는 것을 성격이라고 하였을 때 성격을 행동과 완전히 분리시킬 수는 없지만 보다 외면화 된 행동과 구분하여 표현하였음.

견을 제시하였다.

〈표 23〉 학생들이 책을 즐겨 읽을 수 있는 독서교육 방법에 대한 담임교사의 인식

<table>
<tr><th colspan="2">영역</th><th>독서교육의 내용 및 방법(빈도)</th></tr>
<tr><td colspan="2">학교 교육과정[10]</td><td>아침독서활동시간 부족, 학부모의 책 추천, 책을 읽을 수 있는 시간(아침 자율활동시간, 수업, 방과후)</td></tr>
<tr><td>독서활동</td><td>활동내용
인물
지도 단계</td><td>독서릴레이, 책읽어주기(3), 책안내, 책 속의 한 장면을 보여주기, 재미있는 책 추천, 관심분야의 책 추천, 책에 대한 이야기하기, 책 읽어주는 영상 활용(2), 구인동화, 가벼운 독후표현활동-독서퀴즈, 느낀점 기술, 책 홍보, 담임교사와 함께 독서토론하기, 독서가 어려운 아동은 만화책부터 소개(지양해야할 내용 : 강제적인 독후감 쓰기)</td></tr>
<tr><td>가정</td><td>습관
인물
상황</td><td>가정에서부터의 습관(2), 가정에서의 독서지도, 습관, 가정의 독서환경, 학부모가 학습과 관련된 독서만 강요하지 않는 분위기, 학원만 다니지 않고 책을 읽을 수 있는 시간</td></tr>
<tr><td colspan="2">몰입</td><td>책을 집중해서 읽는 훈련(2), 몰입하게 지도, 몰입할 수 있는 기회와 지도</td></tr>
<tr><td>인식</td><td>독서
즐거움</td><td>책 읽는 즐거움에 대한 인식</td></tr>
<tr><td colspan="2">흥미</td><td>독서흥미 유발</td></tr>
<tr><td colspan="2">환경</td><td>독서하는 분위기</td></tr>
<tr><td>교실</td><td>독서자료
규칙</td><td>학급문고 구성, 날마다 10분씩 읽음, 교사의 점검 및 지도</td></tr>
<tr><td colspan="2">능력</td><td>개인의 사고 능력 향상</td></tr>
<tr><td>학교
도서관</td><td>대출
경험</td><td>학교도서관에서 책 빌리기, 도서관에 데려와 노출</td></tr>
<tr><td colspan="2">보상</td><td>책에 대한 관심에 대한 교사의 반응, 교사의 보상(2)</td></tr>
</table>

10 담임교사가 개입하기 어려운 학교 시종시간이나 교육과정 편제 및 운영에 따라 단위학교의 교육과정으로 정해진 내용을 의미한다. 광주의 경우 2014학년도에는 일반적으로 초등학생의 경우 8시 20분에서 8시 30분까지 등교하였으나 2015학년도에는 교육청의 정책과 시교육과정의 운영 방침에 따라 8시 50분에서 9시까지 자율적으로 등교하게 되어 기존에 실시하였던 아침자율활동시간을 활용한 독서활동이 부족하게 되었다. 이와 같은 등교시간 조정은 담임이나 사서교사가 임의적으로 조정할 수 없는 영역으로 '학교 교육과정'은 교사(담임, 사서)가 재량권을 가지고 임의적으로 조정할 수 없는 교육활동과 내용을 의미한다.

(2) 사서교사의 독서교육 방법

초등 담임교사 면담 질문지 7번 문항의 추가적 질문이 "사서교사가 어떻게 하면(어떻게 해주면) 학생들이 책을 즐겨 읽을 수 있을까요?"이었다. 따라서 이 문항은 사서교사가 어떻게 하면 학생들이 책을 즐겨 읽을 수 있을 수 있을까에 대한 초등 담임교사의 인식을 묻는 문항이 된다. 그리고 이 문항에 대한 응답을 통해 초등 담임교사가 인식하고 있는 사서교사의 독서태도 교육자로서의 역할을 가늠할 수 있으며 독자상담서비스의 내용과 방법에 대해서도 시사점을 얻을 수 있다.

〈표 24〉 사서교사가 할 수 있는 독서교육 방법에 대한 담임교사의 인식

구분	사서교사가 할 수 있는 독서서비스 방법 내용	빈도
교사와의 협력 및 지원	교사에게 책 선정 팁을 제공, 독서행사에 관심 있는 친구는 담임이 안내, 독서행사에 관심 없는 친구는 담임과 협력	3
수업 및 협력수업	학급에서의 독서 수업, 학급에서의 책 소개, 학급에서의 독후감 쓰기	3
교육 방법 및 내용	재미있는 책의 일부 읽어주기, 다양한 독후표현 활동, 책 읽어주기, 책을 접할 수 있는 기회	4
학교도서관	도서관에 오기 편한 환경과 분위기, 숙제를 해결할 수 있는 학교도서관 장서 구성, 학교도서관에서 먹는 것을 준비해서 제공, 책을 쉽게 찾을 수 있는 학교도서관 환경(분류, 검색, 배열), 학교도서관에서의 행사	5
교육과정, 행사 및 프로그램	책 전시, 아침방송, 독서 행사, 책읽기를 좋아하지 않는 아동도 참여할 수 있는 다양한 독서행사, 체험활동과 연계된 도서 추천 및 지도, 체험활동과 연계된 학교교육과정 계획, 정규 독서교육 시간, 학교교육과정에서의 독서교육 목표 제시	7
관심 및 보상	독서행동이 부족한 아동에 대한 사서교사의 관심, 보상	1
텍스트	긴 글에 대한 강요는 흥미를 떨어트려, 학습만화를 못 읽게 하는 인식 재고	2
책 소개	관련 도서 소개, 수준에 맞는 책 안내, 학년에 맞는 추천도서, 학생에 맞는 도서 추천	4

사서교사의 독서교육 방법에 대한 담임교사의 인식을 정리하면 <표 24>와 같다.

담임교사들이 인식하고 있는 사서교사의 독서교육 방법을 살펴보면 긴 글이라든지 학습만화와 같이 구체적인 책의 특성과 연계한 방법적 측면을 언급하고 있으며 사서교사의 독서교육 활동을 학교교육과정으로 편성·운영하는 방법 등을 제안하고 있다.

전체적으로 담임교사들은 사서교사를 독서 전문가로 인식하고 있었다. 그래서 담임교사들은 사서교사가 독서교육에 있어 다양한 활동을 운영해 주길 원하였고 나아가 도서관활용수업이나 독서수업에 있어서도 사서교사가 특정 수업의 차시를 맡거나 혹은 수업의 일부분을 맡아 진행해주길 원하였다. 그리고 담임교사는 사서교사가 책의 내용을 잘 파악하고 있다고 인식하였다. 이에 본인이 읽지 않은 도서라고 하더라도 사서교사가 추천한다면 추천된 도서를 학생들에게 믿고 안내할 수 있다고 하였다. 이와 같은 담임교사들의 답변은 이들이 사서교사의 독서교육 활동을 경험하였고 사서교사의 독서교육의 내용과 방법을 긍정적으로 인식하고 있기 때문으로 보인다.

다) 독서태도의 암묵적 지식

(1) 독서태도에 영향을 미치는 요인에 대한 담임교사들의 암묵적 지식

독서태도에 영향을 미치는 요인에 대한 담임교사의 암묵적 지식을 정리하면 <표 25>와 같다.

<표 25>를 보면 담임교사들은 가정이나 교실에서의 활동이나 영향력 있는 인물들의 관심, 독서 습관과 독서능력, 성격, 독서의 필요성에 대한 인식, 책, 독서경험 등을 독서태도에 영향을 미치는 요인으로 인식하고 있음을 알 수 있다.

〈표 25〉 독서태도에 영향을 미치는 요인에 대한 담임교사의 암묵적 지식

구분		영향 요인(빈도)
습관		습관, 생활습관(2)
학교 교육과정		환경-교육과정-아침독서활동시간, 교육과정
학교		학급문고 분실에 대한 책임에 따른 독서활동 운영
인물	주변 인물	주변인(친구 등)의 성향
	교사	교사의 참여도
환경	가정환경	학부모의 관심, 가정에서의 독서 분위기, 학부모의 책읽기, 학부모의 권장시간, 학부모의 태도, 가정의 책 읽는 분위기, 가정에서의 읽을 책 선정, 가정의 환경(TV를 안보고 같이 책을 읽는지), 가정환경(3)
	사회환경	문화적 환경
	물리적 환경	환경(소음, 자리)
	전체	주변환경, 책 읽는 분위기, 책 접근성
능력		학생의 집중력(2), 참을성(인내심), 타고난 집중력(유전), 단어이해력, 문맥파악 능력
성격		욕구와 적극성, 아이의 성격, 개인의 성향
관심과 흥미		독서에 대한 관심, 개인적인 독서 흥미(2), 호기심
독서교육 방법		독서교육 방법
책		자료자체의 흥미도, 책의 두께, 도서 종류, 책을 귀하게 여기는 것
독서의 필요성 인식		독서의 필요성
독서 경험		즐거운 독서 경험(2)
독서 활동		독서 프로그램, 친구들과 함께 하는 활동, 프로그램, 행사

(2) 독서태도의 개념에 대한 담임교사들의 암묵적 지식

담임교사들이 응답한 독서태도에 대한 개념은 <표 26>과 같다.

담임교사가 언급한 독서태도의 개념에는 읽을 책을 선택하는 능력, 책을 즐기는 자세, 책에 대한 관심, 내용 이해력과 집중력, 감상력, 독서생활화(습관), 자율성, 실천 등의 내용이 포함되어 있다. 그중에서도 몰입과 독서 즐거움, 습관이 가장 많이 언급되고 있다. 담임교사들은 대부분 몸짓으로 드러나는 행위

를 독서태도의 개념에 포함시키지 않았다.

〈표 26〉 독서태도의 개념에 대한 담임교사의 암묵적 지식

순번	독서태도의 개념	주요 용어
교사1	스스로 읽고 싶은 책을 선택하는 능력	자율성, 책선택
교사2	관심 있는 책을 읽으려는 것으로 책을 즐기려는 자세 *바른 자세는 독서태도 아냐	관심, 독서의지, 즐거움
교사3	책에 관심을 갖고 내용을 읽으면서 머릿속으로 그림을 그리면서 읽어나가는 집중력	관심, 전략, 집중력
교사4	책을 읽고 내용을 이해하는 것 *바른 자세가 아니라	독해
교사5	책에 관심을 가지고 책 속 내용에 공감하고 재미를 느낌 *바른 자세는 독서태도가 아니다. 책은 단순히 눈으로 읽는 것이 아냐	관심, 공감, 즐거움
교사6	주위의 소음이나 환경에 구애받지 않고 책속에 빠져들어서 읽을 수 있는 것	집중, 몰입
교사7	몰입하는 즐거움	몰입, 즐거움
교사8	독서가 생활화되어 일상생활에서 자연스레 책을 읽는 것	습관
교사9	집중력, 이해력, 바른 자세가 중요하지만 다양한 분야를 정해서 읽어	집중, 독해, 다양한 주제
교사10	스스로 찾아서 좋아하는 책을 즐겨 읽는 것 *반듯한 자세는 아님	자율성, 즐거움
교사11	관심 있는 분야의 책을 선정해서 집중해서 읽는 것	관심, 책선택, 집중
교사12	집중, 즐거움	집중, 즐거움
교사13	습관 *단순히 책을 많이 읽는 것은 아니다	습관
교사14	친구들이 주변에서 뭘 하든지 간에 독해를 할 수 있는 능력(몰입)	집중, 몰입
교사15	책에 빠져들어 즐거움을 느끼고, 스스로 느낀 생각을 생활 속에서 실천하려는 노력	몰입, 즐거움, 실천
교사16	좋아하는 책을 즐겨 읽는 것	즐거움

그리고 몇몇 담임교사들은 책을 읽는 바른 자세와 같이 책을 읽을 때 겉으로 드러나는 몸짓은 독서태도가 아니라고 강조하여 언급하기도 하였다. 즉 이들의 주장은 학생들이 독서를 하는 과정 즉 글자를 인식하고 이해하고 감상하는 그러한 독서중의 과정에 있어서 독자가 생각하고 느끼는 독자의 내적 활동만을 독서태도의 범주에 포함시켜야 하고 독서중의 과정에서 독자가 겉으로 드러내는 행동, 예를 들어 비스듬히 앉아서 읽거나 턱을 괴고 읽거나 심지어 누워서 읽는 몸짓들은 독서태도의 영역에 포함될 수 없다는 것이다.

담임교사들이 독서태도의 정의로 언급한 특성들을 종합하여 독서태도를 정의하면, 독서태도란 "책에 대한 관심을 가지고 스스로 읽을 책을 선택하고 그 책을 몰입해서 이해하고 감상하며 읽고 즐기며 실천하려는 것"이라고 할 수 있다.

(3) 바람직한 독서태도를 가진 학생의 특징에 대한 담임교사들의 암묵적 지식

담임교사들이 응답한 바람직한 독서태도를 가진 학생들의 특징은 <표 27>과 같다.

<표 27>을 보면, 담임교사는 독서태도가 바른 학생의 특징으로 책을 가까이 하고, 스스로 책을 선택할 수 있는 능력이 있고, 몰입해서 책을 읽을 수 있으며, 읽은 책의 내용을 다양한 방법으로 표현할 수 있고 독서를 즐기며 독서하는 습관이 있으며 나아가 독서를 확장하며 읽은 내용을 실천할 수 있고 의사소통 능력이 있으며 호기심이나 의욕을 가지고 있는 학생이다. 이를 정리하면 담임교사가 인식하는 독서태도가 바른 학생 즉 이상적인 아동 독서가는 "호기심이나 의욕을 가지고 평소 책을 가까이 하며 스스로 책을 선택하고 몰입해서 읽으며 읽은 책을 다양한 방법으로 표현하고 타인과 의사소통하고 독서를 즐기고 확장하며 실천하며 독서하는 습관이 되어 있는 아동독자"로 정의할 수 있다.

〈표 27〉 바람직한 독서태도를 가진 학생의 특징에 대한 담임교사의 암묵적 지식

순번	바람직한 독서태도를 가진 학생들의 특징	주요 특징
교사1	짧은 시간에도 몰입할 수 있고, 스스로 자기가 좋아하는 책을 골라서 읽기	몰입, 자율적 책 선택
교사2	수업시간 집중도 좋고 적당히 활발함, 상황에 따라 집중하는 에너지가 다름. 수업시간에 하는 말에 대한 이해도가 높다 *학업성적이나 수업시간의 태도를 보면 독서태도와 비슷해 보고 듣는 것을 잘함.	집중, 활발 의사소통능력
교사3	의욕이 있으며 바른 태도로 책을 읽고 머릿속으로 정리하는 능력	의욕, 바른 태도 이해력
교사4	자기 의사 표현을 잘하고, 참고(인내)있고 잘못을 인정하며 대인관계도 좋다	의사표현, 인내, 대인관계
교사5	그 책에서 자신이 흥미가 있고 좋아하는 부분을 기억하고 관련하여 다른 책을 찾아보고 확정하고, 장르, 자식을 넓혀 읽는 것	기억, 독서확장
교사6	몰입해서 읽는다. 학교생활에서 칭찬을 받는다.	몰입
교사7	책을 즐겁게 읽고 함께 책의 내용을 이야기한다. 창의력도 풍부하다	즐거움, 표현, 창의력
교사8	항상 책을 가까이에 두고, 자투리 시간의 활용을 잘함, 집중력이 우수하며 사고가 풍성함	책가까이, 습관, 집중력, 사고력
교사9	책 읽는 습관이 형성되어 있고, 의사소통이 원활하며, 감정을 이해하고 의견 전달을 잘함	습관, 의사소통, 감정이해, 의견전달력
교사10	편중된 책을 읽지 않고, 자기 수준에 맞는 책을 읽고 추천하는 책을 몰입해서 읽음. 스스로 책을 찾아서 읽음	다양한주제독서, 몰입, 자율적 책선택
교사11	스스로 주어진 시간에 책을 찾아서 차분하게 잘 읽고 독후표현활동을 잘해	자율적 책선택, 독후표현능력
교사12	집중, 즐거움	집중, 즐거움
교사13	배려심이 있으며 의사소통을 잘하고 친구들과 잘 어울려	의사소통능력, 대인관계
교사14	집중력이 있고 몰입하며, 하는 말에 논리성이 있음	집중력, 몰입, 논리적 표현
교사15	책을 몰입해서 읽는 것이 습관화되어 있고 독서만 계속하는 것이 아니라 자신의 생각을 독서로 확산하고 실천함	몰입, 습관, 실천
교사16	호기심을 갖고 그 부분에 대해서 탐구하고 찾아보는 것	호기심, 탐구

3) 초등학생의 인식

학생들이 답변한 책을 즐겨 읽는 학생의 학년과 성별 정보는 <표 28>과 같다.

〈표 28〉 학생들이 답변한 책을 즐겨 읽는 학생과 읽지 않는 학생의 학년과 성별 정보

책을 즐겨 읽는 학생 현황				책을 즐겨 읽지 않는 학생 현황			
학년 \ 성별	남	여	총합계(%)	학년 \ 성별	남	여	총합계(%)
4	36	63	99	4	68	13	81
5	22	62	84	5	61	14	75
6	44	40	84	6	46	34	80
총합계	102(38.2)	165(61.8)	267(100)	총합계	175(74.1)	61(25.9%)	236(100)

책을 즐겨 읽는 학생들 중에서 여학생의 비율은 61.8%, 남학생의 비율은 38.2%였다. 반면에 책을 즐겨 읽지 않는 학생들 중에서 여학생의 비율은 25.9%, 남학생의 비율은 74.1%였다. 학생들은 책을 즐겨 읽는 경우에서보다 책을 즐겨 읽지 않는 경우에서 남녀 간의 성별차이를 분명하게 인식하고 있는 것으로 나타났다. 그리고 이러한 성별에 따른 차이는 담임교사의 인식과 크게 다르지 않았다.

가) 독서태도의 기준

학생들이 인식하는 책을 즐겨 읽는 학생들의 기준을 정리하면 <표 29>와 같다.

학생들은 자유 시간을 포함하여 책을 빈번히 읽거나 학교도서관에 가거나 집중해서 읽는 모습 등을 책을 즐겨 읽는 기준으로 정하고 있었다. 특히 학생들은 쉬는 시간이나 아침독서 시간의 독서행동을 가장 많이 언급하고 있다. 이

와 같은 학생들의 기준을 근거로 하였을 때 다른 여가활동을 할 수 있는 자유 시간에 독서를 선택하는 것이 책을 즐겨 읽는 가장 큰 기준이 될 수 있다고 판단할 수 있다. 이 밖에도 집중해서 읽거나 긴 글의 책을 읽는 것, 지속적으로 읽는 것 등이 책을 즐겨 읽는 기준으로 언급되었다.

〈표 29〉 학생들이 인식한 책을 즐겨 읽는 학생들의 기준

근거	구분		기준	빈도
행동	독서빈도		많이 읽는다	15
			자주 읽는다	25
	독서방법		지속적	3
			열심히	3
			조용히	1
			집중	5
	상황 – 장소	학교	학교	2
		교실	교실	12
			쉬는시간	27
			아침시간	23
			수업시간	5
			학급문고 이용	1
		도서관	도서관 방문	10
			도서관 대출	3
			도서관에서 책읽기	6
			도서관 모임	2
	독서행사 및 대회		독서행사 참여	1
			시상 등	1
	텍스트		긴 글의 책	1
	단순 관찰 및 기타		책 읽는 것 봤다	3
			책 구입	1
	독서즐거움		책을 즐겨 읽어	1
표현			책읽기를 좋아한다고 말해	1
	지식		책에 대해 아는 것 많음	1
	표현		책 읽는 것을 좋아한다고 말해	1

학생들이 인식한 책을 즐겨 읽지 않는 학생들의 기준은 <표 30>과 같다.

〈표 30〉 학생들이 인식한 책을 즐겨 읽지 않는 학생들의 기준

근거	구분	학생들의 특성 기준	빈도
능력	독해	내용 이해 안 됨	1
행동	일반	장난 쳐, 잘 놀아(떠들어)	12
	상황	아침시간 장난(떠들어)	2
		쉬는시간 놀아(장난)	9
		쉬는시간 안 읽어	1
		아침시간 안 읽어(딴 짓)	12
		독서시간 딴 짓	7
		책읽기 시간에만 읽어	1
	빈도	책 잘 안 읽어(못 봐)	28
		자주(많이) 안 읽어	10
	도서관	도서관 방문 안 해	5
		도서관 방문 싫어해	1
		사서선생님 숙제 안 해	1
	선호	책 안 읽고 그림 그려	1
	완독	끝까지 안 읽어	1
	집중	집중하지 않아, 책 읽다가 놀아	3
	책	책을 함부로 대해	1
		글이 짧은 책 읽어	1
	학급	학급문고 빌린 적 없음	1
	자율	타율적으로 읽어, 억지로 읽어	2

학생들은 책을 즐겨 읽지 않는 근거를 실질적인 독서행동과 독서행동의 빈도로 판단하고 있었다. 그리고 책을 함부로 대하는 것과 같이 책에 대한 태도를 언급하였으며 '책 속의 글이 짧다'와 같은 책의 물리적인 표현 형식도 고려하고 있었다. 또한 타율적으로 책을 읽느냐 아니면 스스로 책을 읽느냐에 대한 판단과 완독하느냐의 여부와 더불어 독서 외에 다른 어떤 선택적 활동을 하는

가도 책을 즐겨 읽는 기준으로 고려하고 있었다.

나) 독서태도의 특성

학생들이 인식한 책을 즐겨 읽는 학생들의 특성은 <표 31>과 같다.

〈표 31〉 학생들이 인식한 책을 즐겨 읽는 학생들의 특성

구분	학생들의 특성	빈도
능력	공부(열심히, 잘해, 시험)	21
	창의력	1
	똑똑해	3
	운동 실력 부족	1
	운동을 잘해	1
	집중	2
	발표(잘해, 자주)	9
	논리적	1
	글 잘 읽어	1
	글쓰기	1
	말을 잘해	1
인간관계	친구하고 사이 좋아(친구많아)	8
	선생님말 잘 들어	1
	선생님 잘 도와	1
이상행동	친구하고 못 어울려	2
	쉬는시간 안 놀고 책 읽어	4

구분	학생들의 특성	빈도
성격	소심해	1
	조용해(차분해)	5
	말수가 적다	1
	말이 많다	1
	활발해	1
	재미있다	1
	꼼꼼해	1
	자신감 있어	1
	성격 좋아	3
	성실	1
	배려심	3
	생각이 많아	1
행동	장난 안쳐	1
	열심히(다른 분야)	1
	잘 놀아	3
	모범생	3
	도서관(방문)	4

초등학생들은 독서를 즐겨하는 학생들의 특성을 능력, 인간관계, 성격, 행동 등에 비추어 응답하였다. 그리고 책을 즐겨 읽는 학생들이 공부나 발표를 잘하고 성격이 좋으며 다른 학생들뿐만 아니라 선생님하고도 전반적으로 잘 지낸다고 인식하고 있는 것으로 드러났다. 다만 학생들의 응답에서도 책을 즐겨 읽지

만 부정적인 행동에 대한 특성이 언급되고 있었다. 이러한 부정적인 행동 특성은 사서교사나 담임교사가 언급한 내용과 일치하였다.

책을 즐겨 읽지 않는 초등학생들의 특성은 <표 32>와 같다.

〈표 32〉 학생들이 인식한 책을 즐겨 읽지 않는 학생들의 특성

구분	학생들의 특성	빈도
성격	별로 말이 없다	1
	시끄럽다(떠들어)	5
	마이너스가 많다	1
	고집이 세	1
	불안정해	1
	성격차분	1
	뭔가 이상함	1
	어리버리	1
	까불어	2
	활발해	1
	행동이 과격해	1
	딴짓	2
	말이 많아	1
	웃겨	1
	화를 잘 내	1
	시켜야 해	1
	놀려	2
인간관계	소수의 친구랑 놀아	1
	잘 못 어울려	1
	친구랑 놀아	1
	잘놀아	5
	잘 싸워	2
	친화력이 뛰어나	1
	선생님말 안들어(혼나)	2
	싸움을 많이 해	1
행동	발표(의견제시) 안 해	2
	축구 자주 해	1
	비속어 사용	1
	친구랑 몰려 다녀	1
	독서행사 참여 안해	1
	말을 더듬거려	1
	게임해	1
	그림을 그려	1
	공부할 때 딴짓	3
	숙제 안해	1
	장난을 많이 쳐	9
	뛰어 논다	1
	엎드려(누워) 있어	2
	수업시간에 딴짓	4
	쉬는시간에 놀아	1
능력	아는 것 별로 없음	1
	이해력 부족	1
	못하는 것 많음	1
	글씨를 잘못 써	1
	힘이 쎄	1
	공부를 못해(성적낮음)	9
	운동(체육) 잘해	5
	활동을 잘함	1
	말을 잘 못해	1

<표 32>를 통해, 책을 즐겨 읽는 않는 학생들의 행동 특성은 책을 잘 안 읽거나 읽다가 딴 짓을 하는 경우로 정리할 수 있다. 이러한 특성은 겉으로 드러나는 독서행동뿐만 아니라 독자의 독서능력과 사회적 관계 등을 기준으로 책을 즐겨 읽는 학생의 특성을 언급한 것과는 다른 결과이다. 내용 이해를 못한다는 독자의 독서능력은 단지 한건만이 언급되었을 뿐이다. 또한 이러한 결과는 책을 즐겨 읽지 않는 이유에 대한 학생들의 인식이 초등교사와는 다르다는 것을 보여준다. 즉 학생들에게 있어 책을 즐겨 읽지 않는 이유는 그것이 어떤 능력이나 환경적인 영역과 관계된 것이 아니라 단순히 책을 읽지 않는 행동 자체에 있을 뿐이다. 또한 특징적인 것은 책을 즐겨 읽는 학생들의 특성과 달리 책을 즐겨 읽지 않는 학생들의 특성으로 물리적인 책이 자주 언급되고 있다는 것이다. 이를 통해 책을 즐겨 읽는 학생들보다 책을 즐겨 읽지 않는 학생들에게 있어 물리적인 매체인 책의 특성과 책을 대하는 태도 등은 보다 중요한 설명력을 가질 것이라고 예상할 수 있다.

다) 독서태도의 형성 방법

책을 즐겨 읽을 수 있는 방법에 대한 학생들의 응답은 <표 33>과 같다.

전체적으로 학생들은 교사나 부모 등이 책을 읽으라고 말하거나 규칙을 정해서 학생들이 책을 읽도록 하고, 책을 추천해 주거나 다양한 독서활동을 하거나 독서에 따른 보상 그리고 독서자료에 따른 단계별 독서 등을 학생들이 책을 즐겨 읽을 수 있는 방법으로 제시하였다. 독서능력이 상인 그룹의 학생들은 독서능력이 중·하인 그룹의 학생들보다 책을 읽을 수 있는 시간과 도서관 활용을 보다 많이 언급하였다. 반면 독서능력이 중인 그룹의 학생들은 다른 그룹의 학생들보다 책을 읽을 수 있는 동기(자극) 부여를 언급하였다. 그리고 독서능력이 하인 그룹의 학생들은 '재미있는'이라는 형용사를 강조하며 재미있는 책의 비치와 책의 소개 및 규칙을 언급하였다.

〈표 33〉 책을 즐겨 읽을 수 있는 방법에 대한 학생들의 인식

방법	상	중	하
학교도서관 활용	도서관 이용, 도서관 이용 수업 늘려, 일주일에 몇 권 이상 대출 규정, 도서관에 많이 와, 1주일에 한번 도서실에 가서 담임이 독서활동 기록장 점검, 도서관 가는 시간을 정해(학급규칙), 수업시간에 도서실에 와서 책 읽는 시간을 줘	도서실에 오고 재미있는 생각을 느낄 수 있도록 해줘야, 많이 읽으면 만화책 빌려줘	책을 쉬는 시간마다 빌리게, 관심있는 책을 학교도서관에 비치, 점심시간에 도서관에서 책을 읽게 해
독서시간	독서시간 늘려, 아침 독서시간 강화, 책과 함께 할 수 있는 시간 늘려		책을 읽게 해
독서행사 및 대회	독서행사 개최, 아침시간이나 쉬는 시간에 책 읽고 독서감상글(독서대회) 올려, 독서관련 행사, 행사		책읽기 대회, 독서퀴즈대회
보상	책 읽으면 상품 주기 책을 읽으면 상품을 줘 책을 많이 읽으면 쿠폰을 줘	혜택을 주는 이벤트 개최, 상품을 줘	상품을 줘 선물을 준다
독서효용성 설명	좋은 점 알려줘		
책 추천	책 추천, 책을 추천, 재미있는 책 추천	친구들이 읽고 소개	재미있는 책을 추천, 재미있는 책 소개(2), 새로운 책을 추천
지도 단계	그림책부터 시작해서 소설책을 읽도록 지도 만화책→동화책→원작	권장도서 읽게 한 후 어려운 책 읽게 해	좋아하는 책부터 차근차근 읽게 도와줘
책소개	재미있는 책을 소개해줘, 재미있는 책 소개	재미있는 책을 읽게 해	
규칙	법으로 정해	학급회의 때 아침시간에 책을 읽으라고 의견, 책 읽는 시간을 정해서 읽어, 선생님이 책을 읽도록 시켜(강제)	아침독서시간에 다 독서 하게 해(규칙), 강제로 읽혀, 규칙, 만화책을 못 읽게 하고 글 책을 아침시간에 5권 이상 읽기(규칙)

방법	상	중	하
책 종류	관심있는 분야의 책을 읽게 해, 친구에게 맞는 종류를 활용하도록 해		재미있는 책을 놔둬 즐거운 책을 많이 출판
학급문고	재미있는 책을 학급문고에 놔둬, 글 책 말고 학습만화도 학급문고에 비치	학급문고를 충실	관심있는 책을 학급에 비치해
관심과 흥미		재미있는 책을 읽게 해서 흥미를 높여, 재미를 알게 해줘, 책에 대한 호기심 높여, 책에 관심을 갖게 해	책에 호기심을 갖게 해
설득 및 권장		자율적으로 하루에 1권을 읽도록 권장, 좋아하는 책이나 만화책을 읽도록 권장, 글을 쓸 수 있도록 권장	엄마가 성질내면서 말하면 만화책을 읽어, 책을 읽으면 지식이 쌓인다고 말해줘, 책이 재미있다는 것을 알게 해줘, 읽으라고 강조, 홍보
독서활동		주변사람들과 함께 책 읽기, 감동적인 책 1권을 읽게 해, 재미있는 책 집중해서 읽어줘	동화책 읽어줘
능동성		자기가 하고 싶은 만큼 읽게 허락해 줘	

학생들은 책을 즐겨 읽을 수 있는 방법을 특정한 상황에서 구체적인 내용으로 언급하고 있다. 즉 학생들은 단지 "학교도서관을 방문한다."가 아니라 "학교도서관에서 담임교사가 독서활동 기록장을 점검한다."와 같이 여러 변인들이 조합된 구체적인 방안을 언급하였다. 이는 특정 상황에서의 활동에 따라 아동의 독서태도가 달라질 수 있음을 의미한다. 따라서 독서태도를 측정하는 문항에서도 보다 구체적인 상황을 제시할 필요가 있다.

학생들이 담임교사에게 제시한 책을 즐겨 읽을 수 있는 독서교육 방법에 대한 응답은 <표 34>와 같다.

〈표 34〉 담임교사에게 제시한 책을 즐겨 읽을 수 있는 독서교육 방법-학생

방법	상	중	하
책소개	책소개, 책과 만화책을 소개, 국어활동시간에 책 소개, 책 소개 시간을 제공	책의 내용에 대해 알려줘, 재미있는 책을 교탁에 놓아둬	재미있어 하는 책을 소개, 재미있는 책을 소개
계획 및 목표		읽을 권수에 대한 목표를 정해	책을 읽혀 반점수를 올려
벌칙		벌칙, 책 안읽으면 벌칙	책을 안 읽으면 청소(벌칙)
책 읽어주기	책을 읽어줘(4)	책읽어주는 프로그램 제공	
학급문고	재미있는 책을 학급문고에 비치, 학급문고 충실히	재미있는 책을 학급에 놔둬(3), 학급도서에 문학관련 도서를 많이 비치	학급문고 충실, 관심 있는 책을 학급문고에 비치, 아침시간마다 책읽기(규칙), 재미있는 책을 학급에 비치
독서시간	책을 읽을 수 있는 시간을 늘려, 책읽는 시간을 하루 10분 이상 줘, 책읽는 시간을 추가로 제공, 독서시간을 늘려	책 읽는 시간 만들어줘(독서수업), 책 읽는 시간을 많이 줘, 하루에 1시간씩 책 읽기 시간	책 읽는 시간을 많아 줘, 평소에 책 읽는 시간을 늘려
충고	충고	지적한다	
설득 및 권장	책을 읽으라고 권해	독서하라고 격려, 독서하라고 말해, 아침시간에 책 읽으라고 말해줘, 책이 재미있는 이유를 알려줘, 책을 읽을 때의 장점과 도움이 되는 점을 말해 줘, 학급문고 책을 아침시간에 읽으라고 해	읽으라고 말해, 책을 읽어야 똑똑한 사람, 좋은 직장 얻을 수 있다고 말해줘, 쉬는 시간에 도서관에서 책을 읽으라고 말해
규칙	규칙(책 읽는 시간을 정해), 독서안하는 학생 강제로 책읽게 해, 학급회의 때 독서를 규칙으로 정해, 학급도서 돌려서 꼭 읽기(규칙), 토론하기(규칙)	읽게 하면 돼(규칙), 하루에 10분씩 책읽기(규칙)	책 1권 읽기(규칙), 읽으라고 해(규칙), 아침독서 실시(규칙), 독서규칙을 정해
아침시간 독서	아침시간 숙제 말고 책을 읽도록 해, 아침시간에 책을 읽도록 해		
학교도서관	1달에 1번 도서실에 가서 책 읽기	수업중 학교도서관 가는 날을 정해, 도서실 와서 1주일에 1번 책 읽게 해, 1주일에 2-3회 도서관에 가, 도서실에서 책 빌리게 해, 도서관에서 1차시 수업을 해	

방법	상	중	하
모범보이기	선생님의 책 읽는 습관		선생님과 함께 즐겨 읽어
독서활동	독후활동 강화	학급 독서골든벨, 함께 모르는 낱말 찾기, 함께 책이야기하기, 함께 책읽기	같이 읽고 활동, 책을 읽고 나서 발표, 독서록을 10줄 채우게 해
만화책			만화책을 읽게 해줘, 앞부분은 만화책 뒤에는 글책
대회 및 행사	학급 독서대회 및 행사		독서퀴즈 내기
칭찬 및 보상	칭찬, 보상, 보상(책), 보상(먹을 것을 줘), 책 1권 읽으면 스티커(2), 상을 줘, 책을 읽으면 칭찬스티커 제공	칭찬스티커 제공, 선생님의 보상(+점수)	칭찬 스티커 주기(2), 책 읽으면 모둠 점수 제공
독서방법			책 몇 권을 정하지 말고 1권을 꾸준히 읽게 해, 책을 쉽게 설명해 줘, 책을 좋아하게 해, 학급문고 책을 쉬운 책과 글이 짧은 책으로 바꿔줘

독서능력이 상인 그룹의 학생들은 학생들이 책을 즐겨 읽기 위해서 담임교사가 해줘야 할 것들로 보상, 책을 읽으라고 설득이나 충고, 책을 읽는 규칙이나 지도, 책을 읽을 수 있는 시간의 제공, 선생님의 책 읽어주기, 책 소개, 선생님이 모범 보여주기, 독후활동, 독서행사나 대회 등을 제시하였다. 독서능력이 중인 그룹의 학생들은 보상과 벌칙, 설득과 격려, 독서지도, 책의 노출, 함께하는 독서활동, 학교도서관 이용 등을 언급하였다. 독서능력이 하인 그룹의 학생들은 보상과 벌칙, 규칙과 지시, 설득, 독서시간 늘려, 재미있는 책 소개, 독서 퀴즈나 활동, 만화책 읽게 해줘, 쉬운 책을 비치해줘, 같이 읽는 활동, 책 내용을 쉽게 소개 등을 언급하였다. 독서능력이 상인 그룹의 학생들은 독서능력이 중·하인 그룹의 학생들보다 책을 읽어주는 활동을 제시한 빈도가 높았다. 이와 같이 독서능력이 상인 그룹의 학생들이 책 읽어주기 활동을 권고

하였다는 것은 학생들의 기저에 책 읽어주기 활동에 대한 경험이 긍정적인 정서로 축적되어 있었기 때문으로 보인다. 따라서 독서에 대한 긍정적인 경험을 독서능력이 상인 그룹의 학생들이 다른 그룹의 학생들보다 많이 축적하고 있었을 것으로 추정할 수 있다. 독서능력이 중인 그룹의 학생들은 다른 집단에 비해서 학교도서관에 대한 언급의 비중이 높았다. 그리고 독서능력이 하인 그룹의 학생들은 다른 집단에 비해 물리적인 책에 대한 언급의 비중이 높았다. 이는 독서능력이 하인 그룹의 학생들이 물리적인 매체로서의 '책'이 독서태도로서 차지하는 비중이 높기 때문으로 보인다. 전체적으로 학생들은 책을 읽었을 때 보상, 책을 읽어야 하는 이유에 대한 설명과 책을 읽도록 하는 다양한 설득, 책을 읽을 수 있는 추가적인 시간의 제공과 책 소개와 다양한 독서활동 등을 책을 즐겨 읽을 수 있는 방법으로 언급하였다. 그리고 글책, 만화책, 쉬운책, 재미있는 책과 같이 물리적인 책을 다양한 방면에서 분류할 수 있는 책의 표현 형식과 독서자료의 종류 등도 언급하였다.

초등학생들이 책을 즐겨 읽을 수 있도록 하기 위해서 사서교사가 행할 수 있는 독서교육 방법에 대한 학생들의 응답은 <표 35>와 같다.

<표 35>를 보면, 독서능력이 하인 그룹의 학생들의 응답 수가 다른 집단보다 적은 것을 알 수 있다. 독서능력이 하인 그룹의 학생들은 이 질문을 담임교사나 학부모에 대한 질문보다 더 어려워하였다. 그래서 실제로 질문에 응답하는 시간도 오래 걸렸으며 몇몇 학생들은 이 질문에 답변하지 않았거나 답변하지 못하였다. 이는 독서능력이 하인 그룹의 학생들이 다른 그룹의 학생들에 비해서 사서교사와 접촉한 관계나 학교도서관을 방문한 경험이 부족했기 때문으로 보인다. 이러한 결과는 앞에서 사서교사가 책을 즐겨 읽는 학생들을 지목하고 그들의 특성에 대해 자세히 언급한 것과는 달리 책을 즐겨 읽지 않는 학생들을 지목하고 그들의 특성을 설명하기 어려워했던 것과 같은 이유인 것으로 보인다.

〈표 35〉 사서교사에게 제시한 책을 즐겨 읽을 수 있는 독서교육 방법-학생

방법	상	중	하
수업	도서관 수업 횟수를 늘려, 사서선생님이 교실에서 수업, 책에 대해 재미있게 수업을 해, 도서관 수업시간을 늘려, 사서선생님이 교실에서 권장도서 추천	도서실 가는 날 수업	독서수업 활동을 해, 도서관 수업 때 재미있는 책 추천, 도서관 수업 때 이야기 간추려 알려줘, 수업시간에 책 소개
설득 및 권장	책에 대한 좋은 점을 알려, 학년별 권장도서 추천, 추천도서를 읽게 안내, 방송을 통해 학교도서관에서 책을 읽으라고 권해	잠깐이라도 읽고 가라고 말해줘, 더 재미있게 책을 권한다, 학생들에게 친절하게 대해줘, 독서의 중요성 인식시켜, 방송실에서 책 홍보, 책을 읽으면 좋은 점을 알려줘, 도서관을 많이 알려, 지적해	책과 친해지라고 말해, 방송으로 도서관 소개(홍보), 홍보한다, 재미있는 책을 읽게 해
도서부 활용	도서부를 활용		잘 읽는 학생에 대한 보상(책, 상)
설명 및 안내	책에 대해 설명	책에 관한 지식을 설명, 도서관에서 책에 대해 알려줘, 책의 종류를 설명	
책태도		책을 소중히 다루게 해	도서관에서 재미있는 책을 권유
독서방법		독서방송	가만히 읽도록 해
규칙	대출 규정(규칙), 도서실에 오는 규칙	일주일에 3권씩 읽기(강제)	쉬는 시간마다 3쪽씩 읽도록 강제(규칙)
행사 및 대회	도서실에서 대회 및 행사 개최, 독서행사 개최, 재미있는 다양한 행사(2), 행사를 많이 개최, 도서실 안에서 행사, 도서관 행사, 독후감쓰기 대회, 책을 많이 읽도록 독서행사 개최	퀴즈, 모두가 참여할 수 있는 행사, 행사 많이 해	몇 달에 한 번씩 행사
독서활동	도서실에서 친구와 함께 책 읽기		
담임과 협력	담임선생님이 더 잘 안내해 주도록 협조		

방법	상	중	하
책소개	소개해줘, 재미있는 책을 추천, 책을 소개, 책소개, 책을 추천해 줘, 여러 책을 준비해서 책 소개 방송	책을 소개, 재미있는 책 추천 (2), 재미있는 책을 공유	선생님이 읽으면서 재미있는 책을 놔둬, 재미있는 책을 추천
학교도서관 환경		도서관에서 조용히 하도록, 도서실을 깨끗하게 해, 도서실 시설을 개선, 정숙한 분위기	도서관을 크게, 도서관에서 정숙 시켜
책 (장서구성)	책의 종류 다양화, 나이에 맞는 책을 구입, 즐겨 읽을 수 있는 책을 비치	재미있는 책을 갖다놔, 새 책을 많이 구입, 재미있는 책을 도서관에 비치, 만화책을 도서관에 갖다 놔, 다양한 책을 놔둬, 새 책을 많이 구입, 재미있는 책을 발행	더 다양한 책을 많이 사, 도서실에 많은 책 비치, 만화책을 도서관에 놔둬, 재미있는 책을 가져다 놔, 만화책 갖다 줘, 도서실에 재미있는 책 사 놓기
만화책 대출	학습만화 대출	만화책을 대출, 만화책 대출 허가	
책 읽어주기	책을 읽어줘, 방송에서 책을 읽어줘		
관심	관심 갖게 좋아하게 해줘		관심을 갖게 해, 책에 대한 관심을 갖게 해, 궁금증 유발
보상	상으로 책을 줘		잘 읽는 친구한테 선물, 잘 읽는 학생명단을 알려
도서관에서 독서		도서관에 자주 와서 읽게 해	도서관에서 재미있는 책을 읽게 해

독서능력이 상인 그룹의 학생들은 책 읽어주기, 책 소개, 독서 및 도서관 수업, 독서 대회나 행사, 책의 종류, 책의 비치 등을 언급하였다. 독서능력이 중인 그룹의 학생들은 설명과 설득, 지시, 규칙, 도서관 시설 및 환경, 도서관 내 이용규칙, 만화책 대출, 사서교사의 친절한 태도 등을 언급하였다. 독서능력이 중인 그룹의 학생들은 도서관을 정숙한 분위기로 유지시키고 깨끗하게 하고 도서

관 시설을 개선해야 한다는 등의 도서관의 환경적인 영역들을 보다 비중 있게 언급하였다. 또한 책과 독서에 대한 지도활동과 설득을 중요하게 생각하고 있었고 물리적인 매체인 책의 특성과 관련된 영역들도 여러 번 언급하였다. 그리고 독서능력이 하인 그룹의 학생들은 다른 그룹의 학생들보다 안내나 홍보를 포함한 독서 동기(자극) 유발을 보다 많이 언급하였다. 따라서 이 집단의 학생들에게 책을 읽을 수 있는 동기를 자극할 수 있는 독서프로그램을 제공할 필요가 있다.

초등학생들이 학부모에게 제시한 책을 즐겨 읽을 수 있는 방법에 대한 응답은 <표 36>과 같다.

독서능력이 상인 학생들은 다른 그룹의 학생들보다 책을 읽을 수 있는 시간을 제공하거나 책을 자유롭게 읽을 수 있게 해 주거나 책을 소개 해주는 방법을 보다 자주 제안하였다. 반면 독서능력이 중·하인 그룹의 학생들은 책을 읽도록 설득하고 권장하거나, 학부모와 함께 책을 읽거나 책을 읽도록 하는 규칙을 정하는 방법을 보다 자주 언급하였다.

〈표 36〉 학부모에게 제시한 책을 즐겨 읽을 수 있는 방법 -학생

방법	상	중	하
독서시간 제공	학원시간만 주지 말고 책 읽는 시간도 줘야, 책을 읽는 시간을 만들어 줘		책 읽을 시간을 줘
관심 흥미	책에 흥미를 갖도록 계기를 마련, 감상문이나 대회 알아봐 줘	책 읽는 것에 관심을 가져줘, 책을 읽을 수 있는 환경 만들기, 책에 재미와 흥미를 갖게 해	
보상	책을 읽고 나서 내용을 물어봐서 보상, 책 100권 읽을 때마다 선물, 1권 읽을 때마다 상품	소원 들어줘, 책을 읽으면 보상, 도서관 가는 날에 독서감상문 확인 후 선물, 숙제를 한 다음에 맛있는 거 사줘	한 달에 몇 권 읽으면 선물, 용돈을 줘, 보상해줘, 책 읽을 때 보상

방법	상	중	하
독서방법 및 규칙	책 읽는 시간을 정해, 하루에 몇 권씩 읽기 규칙, 독후감 쓰게 해	독후 숙제를 내줘(독서감상문 쓰기), 휴대폰 사용 금지, 방에다 책을 놔둬, 집에서 책을 읽게 해, 책을 읽으라고 시켜, TV 못 보게 해, 핸드폰 사용 금지, 강제(규칙), 책을 읽게 해(규칙),	계획을 세워 읽게 해(규칙), 숙제를 내줘, TV를 없애, 많은 책을 읽게 해, 만화책 없애, 독서록 검사, 매주 2번씩 책 읽는 시간을 둬, 엄마 앞에서 읽도록 시켜 책 읽을 시간을 정해
모범보이기	엄마의 책 읽는 습관(엄마도 같이 책 읽어야)	책을 부모들이 읽어, 같이 주변에서 배우게 부모님도 함께 읽어	부모님이 책을 읽어
함께 도서관 방문	도서관 같이 가서 엄마랑 같이 대출, 도서관에 같이 가서 대출		
함께 읽기	함께 읽어(2) 같이 읽어	도서관에 같이 가 책 읽는 모습 보여줘, 책 읽는 습관을 길러줘, 같이 책을 읽어(2)	부모님과 책을 함께 읽어
책 읽어주기	책을 읽어줘(2)		책을 읽어줘
자율성	강요하지 않는다, 자유롭게 읽게 해 줘		
책 구입	책을 여러 권 사줘, 책 많이 사줘, 좋아하는 종류의 책을 사줘, 학습만화 사줘	원하는 책을 사줘, 집에 책을 많이 사줘, 책을 많이 사줘, 책을 많이 사줘	원하는 책 사줘, 재미있는 책을 사서 읽고 좋아하면 다른 책을 사줘, 글 책을 사줘, 집에 책을 사 놔, 재미있는 책을 사줘, 엄마가 책을 사줘(2)
책 소개	책을 소개해줘, 쉽게 읽을 책을 추천, 좋아하는 종류의 책을 추천		책 소개
설득 및 권장	책을 읽을 수 있도록 꾀, 독서 숙제 하라고 해, 도서관에 가서 읽으라고 말해줘, 방학때 도서실 가라고 말해줘, 도서실에서 대출 하라고 말해	공부안하고 놀 때 책 읽으라고 말해줘, 책을 읽도록 말로 권해, 학원 숙제 시간 줄이고 책 읽는 시간을 늘려줘, 하루 3권씩 읽기(규칙), 자기 전에 책을 읽게 해, 재미있는 책 권해줘, 남은 시간에 책을 읽도록 해, 책을 권유, 집에서 하루에 1권씩 권해, 책을 읽으라고 권해	책의 장점을 알려줘, 책을 같이 읽자고 말해, 읽으라고 말해줘, 책을 읽으라고 잔소리해, 읽으라고 말해, 재미있는 책을 사줘서 읽도록 해, 책을 읽게 권해, 책을 읽으라고 말해, 저녁에 만화책을 읽으라고 해

라) 독서의 필요성에 대한 인식

"책을 읽어야 할까요? 왜?"라는 질문을 통해 조사한 독서의 필요성에 대한 학생들의 인식은 <표 37>과 같다.

〈표 37〉 독서의 필요성에 대한 학생들의 인식

독서능력 \ 정도	읽어야 한다	상황에 따라 다르다	읽지 않아도 된다	합계(%)
상	27(84.38)	3(9.38)	2(6.25)	32(100)
중	25(78.13)	6(18.75)	1(3.13)	32(100)
하	20(64.79)	4(13.68)	7(10.53)	31(100)
합계(%)	72(75.79)	13(13.68)	10(13.53)	95(100)

<표 37>을 보면, 독서능력이 상인 그룹의 84.38%의 학생들이 독서가 필요하다고 인식하고 있었으나 하인 그룹의 학생들은 64.57%만이 독서가 필요하다고 인식하고 있었다. 그러나 독서능력에 상관없이 전체적으로 모든 학생들이 독서의 필요성을 높게 인식하고 있었다. 또한 학년에 따른 독서의 필요성에 대한 인식의 차이도 크게 나타나지 않았다.

초등학생용 면담 질문지 8번 문항인 "책을 왜 읽어야 할까요?"에 대한 응답은 <표 38>과 같다.

<표 38>을 보면, 학생들은 책을 읽어야 하는 이유로 독서가 지식이나 공부, 직장을 얻는 데에 도움이 되기 때문이라는 응답을 가장 많이 하였다. 특히 독서능력이 하인 그룹의 학생들은 다른 그룹의 학생들에 비해서 보다 학업적인 목적으로 책을 읽어야 한다고 인식하고 있는 것으로 나타났다. 학생들의 응답을 정서적 측면을 중심으로 살펴보면 독서능력이 상인 그룹의 학생들은 독서를 해야 하는 이유를 재미있어서, 마음의 평화, 공감, 성격, 절제, 좋은 사람, 정신 등과 같이 표현하였다. 독서능력이 중인 집단의 학생들은 책이 없으면 심심, 재

미있어, 참을성, 문화, 예의와 같이 답변하였다. 반면에 독서능력이 하인 그룹의 학생들은 '책을 읽으면 좋아'와 같이 보다 단순히 답변하였다. 이러한 결과는 독서능력 그룹 간 정서적인 측면의 표현 빈도와 표현의 범위에 차이가 있음을 의미한다.

〈표 38〉 책을 읽어야 하는 이유 또는 책을 읽으라고 권하는 이유-학생

구분	상	중	하
공부와 지식	공부(2), 배움(2), 지식(14), 정보	공부(2), 지식(10), 배움(5), 똑똑(4) 미래(직업, 시험), 상식 역사	지식(9), 직장(2), 머리(3), 똑똑(2), 공부(학업능력)(5), 새로운 것을 알게(3), 공부를 잘하면 안 읽어도 돼
인성 및 교훈	책은 좋은 사람을 만들어, 좋은 사람이 될 수 있어, 훌륭한 위인을 만들어, 교훈을 얻어, 책 속에 중요한 내용 있어, 성격, 절제 정신	교양, 참을성, 예의, 지혜	
재미	재미있어(4), 재미있어(모험)	재미있어, 책 없으면 심심해	재미있으니까
삶에 도움	삶에 도움, 마음의 평화, 공감	삶을 사는데 도움(3), 꿈	편하게 살 수 있어
신념		중요한 것이 기록되어 있어	책을 읽으면 좋아, 어른들이 필요하다 해서, 인터넷이 진실이라고 믿는데 책에 진실 있어
국어능력	국어능력 향상(3), 읽기에 도움	국어능력 향상(낱말, 맞춤법, 띄어쓰기, 글씨연습)(5), 논술	국어능력 향상(2)
능력	언어적 능력, 어휘력 풍부, 이해력 향상, 글쓰기 능력	글쓰기 연습할 수 있어	
사고력	사고력, 창의적, 상상력 풍부, 생각	창의력, 뇌기능 활성화, 집중력	창의력
표현력	표현력, 설명을 잘하게 돼	재미있게 이야기 할 수 있어	말을 잘해
규칙	안 읽어도 딱히 규제할 필요 없어		대회에 참여해야 해(규칙)
방법	책을 읽지 않으면 책에 대한 생각이 없어져	습관 필요	책도 읽고 놀기도 해야
문화 및 문학	문학	문화	

전체적으로 학생들은 여가나 취미 등을 위한 독서보다는 공부나 성적을 위한 목적으로 독서해야 한다고 인식하고 있었다. 이는 독서를 재미있는 것으로 받아들이고 있는 아동독자의 정서적인 기저가 약하기 때문으로 아동독자가 독서를 재미있는 것이라고 느낄 수 있는 다양한 경험을 제공할 필요가 있다. 따라서 이를 측정하기 위해서 아동이 여가나 취미를 위한 독서를 하지 않고 공부나 성적을 위한 독서만을 하고 있는지 또는 그러한 독서만을 중요하게 인식하고 느끼고 있는지를 확인할 수 있는 문항을 검사도구에 포함시킬 필요가 있다.

책을 꼭 읽을 필요가 없다고 답변한 학생들에게 "왜 그렇게 생각하느냐?"고 물었더니 학생들은 독서의 효용성(책은 별로 도움이 안 되기 때문에, 책 읽는다고 똑똑한 사람이 되는 것은 아니기 때문에) 차원과 독서의 필요성(지혜롭고 똑똑하기 때문에, 공부를 열심히 하면 되기 때문에) 차원, 독서의 괴로움[11](독서는 지루해, 가만히 앉아있어야 해) 차원으로 답변하였다. 특징적인 것은 공부를 잘하면 책을 읽을 필요가 없다는 것과 같이 독서를 공부와 거의 대등한 차원으로 인식하고 있는 학생이 다수 있었다. 따라서 사서교사는 독서를 공부와 동일하게 인식하고 느끼고 있는 학생들에게 독서효용성을 설명을 해야 하고 독서가 공부와는 다르다는 점을 인식시키며 독서가 즐거울 수 있다는 점을 느끼도록 지도할 필요가 있다. 이에 이러한 차원들이 독서태도 검사도구의 요인에 포함되도록 설계하고 그에 따른 문항을 개발하여 이와 같은 인식과 정서를 가지고 있는 학생들을 진단할 필요가 있다.

마) 독서에 대한 정서

책을 읽어야 한다고 생각할 때의 기분에 대한 응답은 <표 39>와 같다.

---

11 독서 즐거움에 반대되는 의미를 표현하기 위하여 즐거움의 반의어인 괴로움을 차용하여 표현함.

〈표 39〉 책을 읽어야 한다고 생각할 때의 기분-학생

구분	상	중	하
긍정적 정서	기대된다, 기분이 좋다, 좋아, 편하다, 아주 좋다, 괜찮아, 좋아요(3), 마음이 안정, 다 읽으면 좋겠다, 마음이 차분하고 기분 좋아져, 안읽은 책은 궁금, 읽은 책은 재미있으니까 또 읽어	즐겁다, 재미있을 것, 좋다(2), 재미있을 것 같다, 좋아요(2), 스토리가 재미있겠다, 재미있다(2), 더 많은 것을 알 수 있어 괜찮아, 편해, 재미있는 것, 재미있다, 읽을 때 약간 어려운 것도 있지만 재미있어, 새로운 책은 읽게 되면 신기하고 재미있는 느낌이 든다, 신기하다, 더 읽을 수 있어서 좋아	좋아요(5), 재미있고 실감나, 재미있다, 읽고 싶어
부정적 정서	별로 안 좋다, 복잡하다, 글이 너무 많다	짜증난다, 억지로 읽는 것은 기분 안 좋아, 읽기 싫어	읽기 싫다, 우울하다, 재미없다, 지루하다2, 억지스럽다, 짜증나, 재미가 없고 다른 것 하고 싶다, 왜 읽어야 하는지 모르겠다, 놀고 싶은데 읽으라고 하면 읽기 싫다. 놀랍다, 긴장된다.
보통	그냥 그렇다, 나쁠 건 없다		그냥, 그저 그렇다(2)
몰입	독서중일 때는 재미, 독서중일 때는 기대감		독서 중에 몰입
상호작용	주인공의 느낌 생각		
책의 특정성	책의 종류에 따라 기분이 달라져	만화책이라면 더 좋아	책에 따라 다를 것(좋기도 하고 나쁘기도 해)
조건	지루한 책을 읽으면 지루, 재미있는 책을 읽으면 즐거워, 어려운 책은 기분 나빠, 쉽고 재미있는 책, 빨리 읽을 수 있는 책	어려운 책은 읽기 싫지만(짜증) 그렇지 않은 책이라면 궁금, 재미있는 책은 기분 좋고 재미없는 책은 기분 나빠, 재미있는 책은 기분이 좋다	심심할 때 읽겠다
읽다보면 좋아	처음에는 읽기 싫지만 읽다보면 책에 빠져들어 재미있을 것, 귀찮지만 읽다보면 재미있을 것, 재미있으면 또 읽어	귀찮을 것 같지만 적응하면 좋을 것 같다	처음에는 재미없지만 읽다보면 재미있다, 저도 책을 안 좋아하는데 읽다보면 좋아해, 처음에는 놀고 싶지만 읽다보면 재미있어 계속 읽어
자율성		놀고 싶을 것 같지만 내가 고른 책이라면 읽겠다	내 의지로 읽으면 재미있을 것 같아, 원하는 책은 괜찮다, 억지로 읽으면 안 좋아

구분	상	중	하
관심, 흥미	궁금하다, 내용이 궁금하고 기대, 내용이 궁금	궁금(2), 흥미, 생겨, 재미있을지 궁금, 내용이 궁금(2), 호기심	내용이 궁금(4)
적극성	빨리 읽고 싶다, 읽어야겠다		빨리 읽고 싶다
판단	내가 읽고 싶은지 생각		
기타	자주 보는 책이나 재미있을 것 같은 책 읽어		게임하지 말라고 해서

<표 39>를 보면, 학생들은 책을 읽어야 한다고 생각할 때의 기분을 부정적인 정서보다 긍정적인 정서로 응답하고 있음을 알 수 있다. 그러나 독서능력에 따른 정서적 강도는 다르게 나타났다. 독서능력이 상인 그룹의 학생들은 독서능력이 중·하인 그룹의 학생들보다 보다 긍정적인 정서를 가지고 있었다. 반면에 독서능력이 하인 그룹의 학생들은 다른 집단들보다 부정적인 정서로 많이 응답하였다.

학생들은 책에 따라 기분이 달라질 것이라고 하는 물리적인 책의 특정성을 언급하였으며 재미있는 책과 재미없는 책 등으로 책을 구분하여 특정한 책에 대해서만 긍정적인 정서를 나타냈다. 또한 몇몇 학생들은 처음에는 책을 읽고 싶지 않지만 읽으면 재미있을 것이라고 응답하였다. 이러한 현상은 학생의 독서태도 상태에 따라 다른 독서 프로그램을 제공해야 함을 의미한다. 또한 책을 읽다보면 독서가 재미있을 것이라는 응답은 학생들이 책이 재미있는 것으로 느끼고 있으나 어떤 이유 등으로 책장을 넘기는 것을 어려워하고 있음을 알려 주고 있다. 이는 개별 아동독자에게 적합한 독자상담서비스를 제공하기 위해서는 학생들의 독서태도뿐만 아니라 실제 독서행동을 관찰할 필요가 있음을 의미한다.

바) 책 선택 기준

책을 읽을 때의 선택 기준에 대한 학생들의 응답은 <표 40>과 같다.

〈표 40〉 읽을 책을 선택하는 기준-학생

구분	상	중	하
제목	제목(12)	제목(11)	제목(11)
표지	표지(표지 그림)(9)	표지(5)	표지(8)
요약글		표지 줄거리(요약글)(4)	
저자	저자(2)	저자	
추천	추천 도서(5)	추천해준 책(2)	
친구가 읽은 책	친구가 본 책(2)	친구들이 읽은 책	
내용	내용(스토리)을 훑어봐(7), 줄거리(3)	내용을 훑어봐(4)	내용을 훑어봐(2)[12], 내용, 줄거리
주제	주제(6), 좋아하는 분야(과학 등), 상황별 도서	주제(2), 주제(내용) 검색	만화책은 안보고 역사과학, 요리 같은 거, 학습만화, 위인전, 음악, 역사책 등을 고려(*독서자료, 주제 고려), 좋아하는 분야
계획		계획을 세워 읽는다	
훑어보기		책을 훑어봐	책을 훑어봐
책	종류, 독서자료-만화책	안 읽었던 책	독서자료-만화인지
목적	목적	학습(숙제)에 도움(3)	
차례	차례(2)		
그림		책 속 그림, 그림이 조금 있는 것	책 속 그림 많은 것, 그림만 많은 책 싫어, 책 속 그림, 책 속 그림도 재미있는 것
쪽수	쪽수		
두께	책의 두께(2)		
글	글이 많은 책(2)	되도록 글이 없는 것, 글씨가 많은지 적은지	글자 수, 글이 짧은 책
수준	어른들 책		읽기 어려운 책은 피하고
글자 크기			책 속 글씨 큰 것
이상행동		아무거나 집어서 그냥 넘겨	그냥 골라, 손이 가는대로,
느낌			책에 대한 느낌, 재미있겠다 싶으면
기타			책장을 훑어봐, 내가 원하는 책은 아무거나

<표 40>을 보면, 독서능력이 상인 그룹의 학생들의 경우는 책의 스토리를 살펴보는데 반하여 독서능력이 하인 그룹의 학생들은 책의 물리적인 형태나 표현 방법, 독서자료의 종류 등과 같은 것을 보다 중요시 하고 있음을 알 수 있다. 그러나 독서능력과 상관없이 학생들이 책의 두께나 책의 쪽수, 책 속 글자의 수 등을 고려하고 있다는 사실은 독서태도가 책을 읽기 전에 책에 대한 태도에 관련되어 있음을 이론적으로 뒷받침하고 있으며 책을 대한 태도를 반영하고 있는 영역을 독서태도에 포함시켜야 함을 의미한다.

사) 영향을 미치는 인물

학생에게 영향을 미치는 인물은 <표 41>과 같다.

<표 41>을 보면, 초등학교 4학년부터 6학년 학생들은 친구들의 책 추천을 가장 많이 희망하였다. 그리고 대부분의 학생들이 추천받은 책을 읽겠다고 답하였음으로 초등학교 4학년부터 6학년 학생들에게 있어 친구들(또래집단)은 학생들의 독서행동을 이끌 수 있는 가장 영향력이 큰 인물이라고 추정할 수 있다. 이는 초등학교 6학년 학생들의 독서태도와 문식성 환경과의 상관관계를 분석한 결과 독서태도와 교우관계가 가장 높은 상관계수를 가지고 있는 것과도 일치된 결과이다(옥정인 1999, 42).

이와 같이 또래집단이 가장 큰 영향력을 가진 이유는 학생들의 경험이 반영된 것으로 보인다. 면담 결과, 학생들은 부모가 학업과 관련된 두껍거나 재미없는 책을 추천하는 것을 곤란하게 생각하고 있었다. 이는 부모를 포함한 성인이 추천한 책을 읽는 활동이 학생들에게 즐겁지 않았었던 경험으로 남아 있기 때문으로 보인다. 따라서 자신의 수준과 비슷하고 또는 자신의 취향을 잘 알고

---

12 독서능력인 하인 그룹에서 '내용을 훑어본다는 것'이 글자 수나 그림 등이 포함되어 있다는 것인지 아니면 등장인물이나 이야기 형식 등의 스토리를 살펴본다는 것인지는 분명하지 않음.

〈표 41〉 학생들이 책을 추천해 주었으면 하는 인물

인물 \ 학년	4	5	6	합계(명)
친구	27	20	24	71
담임	8	5	6	19
사서	9	5	6	20
선생님	4	7	7	18
과거 담임	1			1
학부모(보호자)	8	14	6	28
엄마	6	7	4	17
아빠	2			2
가족	5	1	2	8
형제자매	8	1		9
조부모	1	2		3
사촌 및 친척	1	3		4
아는 누나나 동생	2			2
작가	1			1
누구나			1	1
학원 선생님		1		1
교수		1		1
합계(명)	83	67	56	206

있고, 사회적으로 또래 문화를 공유하고 있는 친구가 추천한 책을 보다 쉽게 받아들이고 있다고 추정할 수 있다. 또 누군가에게 추천 받은 책을 단순히 읽는 것을 넘어 책의 내용을 이해해야 한다고 하였을 때 학생들은 또래가 추천한 책이 독서하기 쉽고 독서할 만하다고 인식하고 있는 것이다.

학생들은 친구 뒤를 이어 부모와 교사로부터 책을 추천받고 싶어 하였다. 초등 담임교사는 초등학교 학생들과 같은 공간에서 함께 상당한 시간을 보내는 사람으로 초등학교 학생들에게 학업뿐만 아니라 학교생활 전반에 걸쳐 많은 영향을 미친다. 그런데 이와 동등하게 사서교사가 담임교사만큼의 영향력을 나타내고 있었다. 이는 담임교사의 사서교사에 대한 인식과 마찬가지로 학생들도 사서교사가 책의 내용에 대한 전문가라고 인식하고 있기 때문으로 보인다. 즉 학생들은 자신의 발달단계에 맞으며 자신이 원하는 책을 사서교사가 추천 해줄 수 있을 것으로 믿기 때문이다. 그리고 또 하나의 특징은 아빠의 비중이 매우 낮게 나타나고 있는 것이다. 이는 아빠와 독서관련 대화를 하거나 활동을 같이 한 경험이 없었기 때문으로 보인다.

읽을 책을 추천해 주기를 희망하는 추천이가 추천한 책을 읽을 것인지에 대한 응답은 <표 42>와 같다.

자신이 희망하는 사람이 추천한 책을 읽겠다는 응답은 86.27%인데 반해 읽기 않겠다고 응답한 학생은 1.47%에 불과하였다. 그리고 조건에 따라 책을 읽겠다고 응답한 학생은 12.25%였다. 조건에 따라 추천한 책을 읽겠다고 응답한 학생들의 답변을 살펴보면, 그 책이 어른 책인지, 너무 두껍지는 않은지 혹은 어려운 교과목과 관련된 책인지 등으로 이러한 조건에 해당하는 책이 아니라면 대부분 그 책을 읽겠다고 응답하였다. 이러한 결과는 책 추천이가 학생들의 실질적인 독서행동을 이끄는 자극제가 될 수 있음을 의미하고 독서태도와 독서행동에 있어 인물의 중요성을 보여준다. 따라서 독서태도의 구조와 모형에 이러한 인물에 대한 영역을 포함시키고 그에 따른 문항을 개발할 필요가 있다.

〈표 42〉 추천한 책의 독서 의지 여부

학년 / 응답내용	4	5	6	총합계(%)
읽는다	77	60	39	176(86.27%)
조건에 따라 읽는다	4	6	15	25(12.25%)
읽지 않는다	1	1	1	3(1.47%)
총합계(명)	82	67	55	204(100%)

다. 연구문제 검증

1) 연구문제 검증 결과

면담을 통해 얻고자 하는 연구문제에 대한 검증 결과는 다음과 같다.

연구문제1의 결과로, 학생과 교사들은 본인들이 관찰한 언어적 신체적 표현과 행동, 학생들과의 대화를 통해 습득한 정보를 기준으로 책을 즐겨 읽는 학생과 책을 즐겨 읽지 않는 학생들을 구분하였다. 이는 학생들의 독서태도를 측정하는 데에 겉으로 드러나는 표현과 행동에 대한 관찰이 중요한 방법임을 시사한다.

연구문제2의 결과로, 학생과 교사들은 독서태도에 대한 특성을 겉으로 드러나는 표현이나 행동뿐만 아니라 능력과 성격, 인간관계 등 다양한 특성들과 연계하여 인식하고 있었다. 이는 학생과 교사들이 독서태도를 단지 책을 빈번하게 읽는 독서활동을 넘어 독서태도가 능력과 인격의 차원과도 연계된 개념으로 받아들이고 있다는 의미로 해석할 수 있다. 교사가 독서태도를 능력과 인격적인 차원과 연관된 개념으로 인식하고 있다면 학생의 독서태도를 진단함에 있어 다른 측면으로부터 편견이 교사에게 개입될 수 있음을 의미한다. 특히 독자상담이 필요한 학생들에 대한 담임교사와 사서교사의 인식이 불일치하다는 사실은 교사들의 편견이 개입될 여지를 더욱 분명히 보여주는 결과이다. 즉 특정한 환경에서만 관찰한 특정한 행동을 토대로 담임교사나 사서교사가 학생들의 독서태도를 진단한다면 잘못된 독서교육과정과 독서 프로그램을 운영할 수도 있다. 이와 같은 사실은 다양한 측면으로부터 정보를 얻을 수 있는 독서태도 검사도구가 개발되어야 할 필요성을 지지하며 개발된 검사도구가 독자상담서비스에 어떻게 기능할 수 있는지를 보여주는 결과가 된다.

연구문제3의 결과로, 학생들은 책을 즐겨 읽을 수 있는 방법으로 학교도서관을 활용하는 다양한 활동들을 언급하였다. 또한 학생들은 책 소개와 같은 독서

활동, 책을 읽도록 하는 설득과 보상, 흥미를 높일 수 있도록 하는 방법, 쉬운 책부터 어려운 책으로 읽도록 하는 지도 단계 과정 등을 제시하였다. 또한 학생들은 단지 학교도서관 방문이 아니라 '학교도서관에서 담임교사가 독서활동 기록장을 점검한다', '재미있는 책을 학급문고에 비치한다'와 같이 여러 변인들이 조합된 특정한 상황에서의 구체적인 내용으로 책을 즐겨 읽을 수 있는 방법에 대해 언급하였다. 이러한 결과는 특정 상황에서의 활동에 따라 아동의 독서태도가 달라질 수 있음을 의미한다. 따라서 독서태도를 측정할 때에는 보다 구체적인 상황을 제시하여야 한다. 또한 많은 학생들이 책과 관련된 그들의 응답에 '재미있는'이라는 형용사를 붙여 사용하고 있었다. 이는 개인마다 재미있는 책에 대한 기준은 다를 수 있지만 그 책이 재미있는 책이라면 많은 학생들이 그 책을 읽을 것임을 의미한다. 따라서 개별 학생들마다 선호하는 책의 특정성을 확인할 필요가 있고 이를 측정할 수 있는 문항을 개발할 필요가 있다.

연구문제4의 결과로, 전체적으로 학생들은 독서의 필요성을 인식하고 있었다. 그러나 독서 자체를 즐기는 것보다는 학업을 위한 목적에 따른 필요성 때문에 독서가 필요하다고 인식하고 있었다. 특히 이러한 현상은 독서능력이 하인 그룹의 학생들에게서 보다 뚜렷이 나타났다. 따라서 학생들의 독서의 필요성에 대한 인식과 더불어 독서 자체를 즐기기 위해서 독서를 하는지 아니면 학업을 위한 목적으로 독서를 하는지를 확인하고 그에 따른 독자상담서비스를 계획하고 제공할 필요가 있다.

연구문제5의 결과로, 전체적으로 학생들은 본인들이 책을 읽어야 한다고 생각하는 것에 대해서 긍정적인 정서를 가지고 있는 것으로 나타났다. 그러나 독서능력이 하인 그룹의 학생들은 다른 그룹의 학생들에 비해서 부정적인 정서를 가진 학생들이 많았다. 특히 몇몇 학생들은 책을 읽기 전에는 그 책을 읽고 싶지 않지만 읽다보면 재미있게 읽을 것이라고 말하였다. 이는 독서에 대한 즐거운 경험이 학생들에게 내재되어 있기 때문에 책을 읽다보면 책이 재미있을 것이라고 생각한 것이다. 따라서 이러한 현상에 대한 원인을 파악할 필요가 있다. 따라서 독서가 습관화되지 않았거나 독서보다 선호하는 활동이 있거나 아니면 독해능력과 같이 독서를 방해하는 어떤 방해물 때문에 독서 전에 독서하는 것이 즐겁지 않다는 것인지에 대한 추가적인 정보가 제공 받을 수 있는 검사 문항을 개발할 필요가 있다. 그리고 이러한 검사 문항들을 분석하여 책을 읽기 전에는 책읽기가 귀찮지만 막상 책을 읽으면 책이 재미있다고 응답하고 있는 아동들이 실질적으로 독서할 수 있는 기회를 가질 수 있도록 독서교육과정을 운영해야 한다. 또한 몇몇 학생들은 즐겁게 책을 읽기 위한 조건으로 책의 종류나 내용 등, 책의 특정성과 자율적 책 선택 등을 언급하였다. 따라서 독서태도를 보다 정확히 진단하기 위해서는 태도의 대상이 되는 책을 단순히 책으로 기술하기 보다는 책의 종류나 내용, 책 선택 등의 책의 구체적인 특성과 상황이 설정된 문항으로 개발할 필요가 있다.

연구문제6의 결과로, 학생들은 책을 선택할 때 책 제목과 주제, 내용과 같은 책의 이야기를 가장 중요시하였다. 또한 학생들은 책 선택 시에 내용과 상관없이 겉으로 보이는 책의 표지, 책에 글씨가 많은지 그림이 많은지와 같은 구성 형식, 책의 두께와 같은 물리적인 형태를 고려하였으며 책을 추천하는 이가 누구인지와 책을 읽는 목적 등도 고려하는 것으로 나타났다. 따라서 책을 선택하는 데에 고려되는 주요 사항들을 확인할 필요가 있다. 또한 책의 내용을 중요시 하고 있는 독서능력이 상인 그룹의 학생들에 비해 독서능력이 하인 그룹의 학생들은 다른 그룹의 학생들보다 책의 물리적인 형태나 독서자료의 종류를 중요시하고 있는 것으로 나타났기 때문에 책 선택 시 고려사항과 더불어 학생들의 독서효능감을 측정할 필요가 있다.

연구문제7의 결과로, 학생들의 독서행동에 영향을 미치는 인물은 친구, 선생님, 가족과 친척인 것으로 나타났다. 이중에서도 특히 친구가 책을 선택하고 그 책을 읽는 실질적인 행위에 가장 큰 영향을 미치고 있었다. 이는 부모 등의 성인이 추천한 책과 친구들이 추천한 책을 읽었던 경험이 내재된 결과로 부모가 추천한 책보다는 친구들이 추천하는 책이 자신들의 관심이 잘 반영되어 있고 또 자신이 읽을 수 있을 만한 책이라고 인식하고 있기 때문인 것으로 보인다. 또한 친구 외에도 학부모와 교사들이 학생들의 독서행동에 상당한 영향을 미치고 있었다. 따라서 독서태도의 구조와 독서태도 모형을 개발함에 있어 인물을 요인으로 반영할 필요가 있다. 그리고 이러한 결과는 독자상담서비스 측면에서 학부모나 담임교사와 연계한 독서교육 방안을 고려해야 하며, 더불어 사서교사가 보다 많은 학생들에게 다양한 방법으로 책을 추천하고 책의 내용으로 학생들과 대화할 수 있는 독서 활동이 운영되어야함을 알려준다.

연구문제8의 결과로, 학생들은 책을 즐겨 읽는 학생들의 특성을 학업성취도와 가장 많이 연계하여 응답하였고 뒤를 이어 친구들과 사이좋게 지낸다는 등의 대인관계와 연계하였다. 반면, 교사들은 책을 즐겨 읽는 학생들의 특성을 의사소통을 포함한 능력이나 표현활동과 가장 많이 연계하여 응답하였다. 그리고 학생들은 책을 즐겨 읽지 않는 학생들의 특성을 부정적인 행동과 가장 많이 연계하여 생각하고 있었으며 능력과 성격과도 연계하여 생각하고 있었다. 반면, 교사들은 책을 즐겨 읽지 않는 학생들의 특성을 행동에 기반을 두기보다는 부정적인 능력이나 성격에 기반하여 생각하고 있는 것으로 나타났다. 이는 학생들에 비해서 교사들이 능력 등에 기반한 편견을 가지고 학생들의 독서태도를 평가할 수 있다는 의미로, 이러한 결과는 객관적인 독서태도 검사도구의 필요성을 지지하는 근거가 될 수 있다.

연구문제9의 결과로, 사서교사들이 응답한 내용을 토대로 독서태도를 정의하면 "독서태도란 다양한 책을 대하는 자세와 관심, 의지 등의 마음가짐으로 시작하여 자율적으로 책을 선정하고 선정한 책을 읽는 방법과 몰입을 통해 긍정적인 독서경험이 습관화 되어 있는 것"으로 정의할 수 있다. 그리고 초등교사들이 응답한 내용을 토대로 독서태도를 정의하면 "독서태도란 책에 대한 관심을 가지고 스스로 읽을 책을 선택하고 그 책을 몰입해서 이해하고 감상하며 읽고 즐기며 실천하려는 것"으로 정의할 수 있다. 이러한 사서교사와 초등교사들의 정의에는 책에 대한 태도와 그 책을 읽는 태도가 모두 독서태도에 포괄되어 있다. 그리고 교사들은 책에 대한 관심, 읽을 책을 스스로 선택하는 능력, 책을 즐기는 자세, 내용 이해력과 집중력, 감상력, 독서생활화(습관), 자율적 독서, 다양한 책 읽기, 도서관 방문, 긍정적인 독서경험 등을 독서태도의 개념으로 언급하였다. 이와 같이 교사들이 언급한 독서태도의 개념을 차원으로 구분해 보면, 독서태도는 독서전, 독서중, 독서후의 활동으로 구분될 수 있고 또한 겉으로 드러나지 않는 기저와 겉으로 드러나는 행동으로 구분될 수도 있으며, 태도의 3요소인 인지, 정서, 행동적 요인으로 구분될 수도 있다.

연구문제10의 결과로, 사서교사와 초등교사들은 독서태도에 영향을 미치는 요인으로 학부모의 관심과 독서에 대한 태도 등과 같은 가정의 독서환경을 가장 많이 언급하였다. 그 밖에도 학교와 또래집단, 책이나 인물과의 상호작용을 일으킬 수 있는 독서환경과 독서에 대한 관심과 흥미, 독서 습관, 책, 독서경험, 독서활동 등을 언급하였다. 이와 같이 교사들이 환경요인을 가장 많이 언급하고 있다는 사실은 아동의 개인적인 능력보다는 다양한 환경에 따라 아동의 독서태도와 독서행위가 변화할 수 있다는 점을 시사한다. 따라서 학생들의 독서태도와 독서행동에 영향을 미치는 환경 변인을 독서태도 검사 구조에 설정하고 그에 따른 영향력을 측정할 필요가 있다.

연구문제11의 결과로, 교사들은 바람직한 독서태도를 가진 학생들을 성격과 능력, 행동과 연관하여 언급하였다. 교사들은 바람직한 독서태도를 가진 학생들이 읽을 책을 스스로 선택하며 몰입해서 읽고, 독서하는 습관이 되어 있으며 표현하고 의사소통 하는 능력이 있고 원만한 대인관계 등을 가지고 있을 것으로 생각하였다. 이와 같이 바람직한 독서태도를 가진 학생들의 특징으로 파악된 도달점 변인을 활용하여 개별 학생의 도달점 변인에 따른 준거를 제시하고 그에 따른 진단 정보를 제시할 필요가 있다.

2) 면담 결과의 시사점

사서교사는 독서를 즐겨하지 않는 학생보다 독서에 대해 어느 정도의 관심이 있는 학생들에게 더 큰 영향을 미치고 있었다. 이는 학생이나 담임교사와의 면담 내용은 물론, 사서교사가 책을 즐겨 읽지 않는 아동들에 비해서 책을 즐겨 읽는 아동들에 대해서 보다 상세히 알고 있었다는 데에서도 이러한 사실이 드러난다. 따라서 사서교사는 책을 즐겨 읽고 있는 학생이 지속적으로 책을 읽을 수 있도록 하는 독자서비스 외에도 책읽기에 대한 관심이 부족하고 독서태도가 좋지 못한 아동들이 독서에 대한 즐거움을 느끼고 경험할 수 있도록 하는 다양한 독자서비스를 제공해야 한다. 그리고 이와 같이 특정한 아동에게 적합한 독자상담서비스를 제공하기 위해서는 사서교사가 개별 아동독자의 독서태도의 다양한 기저와 겉으로 드러나는 독서행동에 대한 정보를 획득할 수 있는 독서태도 검사도구가 필요함을 의미한다.

면담 결과 담임교사, 사서교사는 물론 학급 학생들도 책을 즐겨 읽는 아동 몇몇의 특성을 상당히 부정적으로 언급하였다. 이처럼 책을 즐겨 읽는 아동임에도 불구하고 부정적인 특성을 지닌 것으로 언급된 아동들은 일반적인 독서행동의 범위를 넘어선 경우로 독서에 대한 문제를 가지고 있는 독서 이상아로 판단할 수 있다. 이와 같은 독서 이상아들은 대체로 독서시간이 아닌 수업 시간 중에 책을 읽고, 친구들과 잘 어울리지 못하는 것으로 드러났다. 이는 단순히 책을 즐겨 읽는 현상만으로는 그 아동의 독서태도가 바르다고 말할 수 없음을 의미한다. 나아가 바른 독서태도에는 책을 읽을 수 있는 상황에 맞는 독서활동과 더불어 독서를 통한 원만한 의사소통(대인관계) 행위도 포함되어야 함을 의미한다. 이와 같은 이유로 책을 즐겨 읽는 항목 외에 특정 상황에서의 책읽기와 관련된 문항과 의사소통과 관련된 문항을 독서태도 검사도구에 포함할 필요가 있다. 이에 수업 중에 책을 읽은 경험이 있는지의 여부와 의사소통(대인관계)을 하고 있는지 등의 여부를 측정하여 독서 이상아를 진단할 필요가 있다.

앞선 사례에서처럼 독서 이상아는 겉으로 드러난 행동이 일반적인 범위를 넘어서 어떤 문제를 가지고 있다고 판단할 수 있다. 따라서 문제가 되는 행동을 감소시키고 이상적인 독서행동을 형성시켜주기 위해서는 몸짓으로 드러나는 독서행동 외에도 아동독자의 기저에 있는 독서태도를 확인해야 한다. 예를 들어, 친구들이 놀아주지 않기 때문에 책만 읽는 회피의 현상을 보이거나, 쉬는 시간을 포함하여 하루 7-8번 학교도서관에 가는 학생이 나는 독서를 좋아하고 책을 읽는 것은 훌륭한 일이라고 자기를 합리화할 수도 있다. 따라서 이상행동을 보이는 독자를 진단하기 위해서는 독서태도와 독서행동을 모두 면밀히 확인할 필요가 있다.

면담 결과 독서의 중요성 차원을 넘어 책을 많이 그리고 자주 읽어야 한다는 중압감을 느끼는 아동이 있었다. 이러한 중압감은 책읽기를 지속적으로 좋아하는 데에 방해가 될 것이다. 이러한 잘못된 인식을 가진 아동에게는 설득적 서비스를 제공할 필요가 있다. 이에 중압감을 느끼는 학생을 찾을 수 있는 문항을 검사도구에 추가해야 한다.

독서의 목적에 대해 잘못된 인식을 하는 아동들도 있었다. "책은 꼭 읽어야 하지만 공부를 잘하면 안 읽어도 된다."고 답한 경우가 하나의 사례이다. 이는 독서를 학습을 위한 수단으로만 생각하고 있는 것으로 이러한 아동에게 독서를 통한 즐거운 감상의 경험을 제공할 필요가 있다. 이에 이러한 아동을 확인할 수 있는 문항을 추가할 필요가 있다.

면담결과 사서교사나 담임교사는 독서태도를 정의할 때, 스스로 책에 관심을 갖는 것, 책을 선정하는 것, 책의 내용, 책을 대하는 자세나 마음가짐 등과 같이 물리적인 매체인 책 자체의 특성을 언급하였다. 이와 같이 책 자체를 중요하게 생각하는 현상은 학생들에게 보다 빈번하게 언급되고 있었다. 이러한 점에서 아동들에게는 책 자체의 특성이 독서를 결정하는 데에 중요하게 작용되고 이를 통해 책 자체가 독서태도에 매우 큰 영향을 미치고 있음을 파악할 수 있다. 이를 토대로 아동의 독서태도는 책에 대한 태도가 선행된 후에 읽기에 대한 태도가 후행하여 발생한다고 할 수 있다.

특히 읽기에 어려움을 가진 학생들이 책 자체에 더욱 민감한 반응을 보였다. 이들은 보다 읽기 쉬운 책을 선정하는 경향이 있었는데 이들이 생각하는 읽기 쉬운 책의 기준은 스토리를 기준으로 한 것보다는 책의 물리적인 형태와 책 내용의 표현 형식이었다. 이들은 읽을 책을 선택할 때에 책의 크기나 책 내용의 표현 형식 등을 고려하며 책 속에 그림은 많은지 글씨의 크기는 적당한지, 글자 수가 많지는 않는지 등을 확인하였다. 이와 같은 현상은 책의 물리적 형태와 책 내용의 표현 형식이 책을 선정하는 중요한 요인으로 작용함을 의미한다. 책의 선정이라는 독서전 단계가 없다면 독서중·후 단계는 일어나지 않는다는 점에서 책의 선정과 관련한 문항이 검사문항에 추가되어야 한다. 특히 학생들이 만화책을 가장 많이 언급하고 있고 독서 이상아들이 주로 만화책만을 편협하게 읽었기 때문에 만화책과 같이 특정한 도서를 독서태도 검사 문항에 반영할 필요가 있다.

면담 결과 자기 스스로 읽을 책을 선택하는지 아니면 강제로 읽을 책을 부여받는지가 독서태도의 정서적인 면에 영향을 미치고 있었다. 또 책을 읽어야 한다고 생각할 때 책이 재미있는지의 여부를 가장 크게 고려하고 있었으며 그 다음은 책의 주제였다. 그러나 학생들이 말하는 재미있는 책은 개인의 취향으로 만화책과 같은 책의 표현 방법일 수도 있고 등장인물이나 스토리와 같은 책의 내용일수도 있으며 추리나 모험과 같은 책의 주제(장르)가 될 수도 있다. 이와 같이 재미있는 책이라는 인식은 전적으로 개인적 판단에 따른 결과이다. 그러나 재미있는 책에 대한 판단이 개인의 취향이라고 하더라도 재미있는 책이 학생들이 인식하고 있는 특정한 조건이라면 문항에 직접적으로 '재미있는 책'이란 단어를 포함하여 그에 따른 독서태도와 독서행동을 파악할 필요가 있다.

아동들이 "슬픈 책을 읽으면 슬프고 기쁜 책을 읽으면 기쁠 것이다"라고 말하는 것처럼 책의 내용에 따라 드러나는 감정은 다를 수밖에 없다. 따라서 책의 내용을 고려하지 않고 단순히 책을 읽을 때의 감정만을 묻는 것은 아동이 잘못 표현한 감정을 측정할 수 있다. 이에 특정한 상황과 내용을 문항에 반영하여 그에 따라 반응하는 정서를 측정해야 한다.

면담 결과 부모가 독서에 관심을 갖지 않는다는 의견이 다수 있었다. 그리고 아동은 학부모에게 책을 읽으라고 말해주거나 아동들이 읽을 수 있도록 부모가 어떤 행동(설득적 몸짓, 책 추천, 보상 등)을 보여주거나 책을 읽는 모범(학부모의 책읽기)을 보여주거나 아동과 함께 책과 관련된 활동하기(책 읽어주기, 함께 책 읽기, 도서관 같이 가기)를 희망하였다. 이를 통해 학부모의 독서에 대한 관심과 행동이 아동들의 독서태도에 영향을 미치고 있음을 확인할 수 있었다. 이는 학부모의 독서에 대한 관심은 물론 학부모의 설득과 행동에 대한 인식과 경험이 독서태도 검사문항에 추가되어야 함을 의미한다.

학부모 외에도 담임교사와 사서교사, 또래집단이 아동들의 독서태도에 영향을 미치고 있었다. 따라서 학부모, 담임교사, 사서교사, 또래집단이 구체적인 상황으로 등장하는 문항을 독서태도 검사도구에 포함시킬 필요가 있다.

독서태도 검사도구는 독서상담을 위한 독서태도와 독서행동에 관한 기초 정보를 얻는 데에 그 목적이 있다. 이에 아동에게 독서상담을 제공해줄 수 있는 환경적인 배경과 텍스트, 독서경험, 독서목적 등의 기초 정보에 대한 문항이 검사도구에 포함되어야 한다.

담임과 사서들은 스스로 찾아서 읽는 것을 이상적인 독서태도의 특성으로 인식하고 있었으나 몇몇 학생들은 스스로 읽을 책을 찾는 데에 어려움을 느끼고 있었다. 이는 사서교사가 아동에게 읽을 책을 찾는 방법에 대해 교육할 필요가 있는 것으로 책을 찾는 것에 어려움을 느끼는 아동을 확인할 수 있는 문항이 필요하다.

누가 책을 추천해줬으면 좋겠느냐는 질문에 아동들은 '아빠'를 잘 대답하지 않았다. 이는 아빠가 책을 추천해줬으면 하는 바람이 다른 가족구성원에 비하여 적은 것으로 아빠와 함께 독서활동을 한 경험이 적은 것이 그 이유이다. 그리고 독서능력이 상인 그룹의 학생들은 다른 그룹의 학생들보다 담임교사나 사서교사가 책을 읽어주기를 더 많이 희망하였다. 이는 독서능력이 상인 그룹의 학생들이 책읽어주기를 경험하였고 이와 같은 책읽어주기를 긍정적으로 인식하고 있기 때문으로 보인다. 이와 같은 사례는 독서태도에 있어 독서경험의 중요성을 알려준다.

학생, 담임교사, 사서교사의 면담에 대한 응답을 독서과정을 기준으로 분류하면 독서전, 독서중, 독서후로 구분할 수 있었다. 또한 공부나 어떤 문제를 해결하는 목적으로 책을 읽는지 아니면 책을 즐기고 감상하기 위해서 책을 읽는지와 같이 책을 읽는 목적으로도 구분할 수도 있었다. 또 희망 책 추천인인 친구, 부모님, 선생님으로도 구분할 수 있었고 읽을 책을 선택하는 기준인 책의 스토리나 글자 수, 만화 여부 등으로도 구분할 수 있었다. 이는 독서태도가 다양한 상황과 내용으로 구분될 수 있고 다양한 측면에서 이해될 수 있다는 것으로 독서태도를 측정할 때에도 다양한 차원에서 측정해야 함을 의미한다.

바람직한 독서태도를 가진 학생의 특징을 통해 독자상담서비스의 도달점행동을 고찰할 수 있다고 할 때 도달점행동의 특징들을 독서태도 구조와 모형에 반영할 필요가 있다.

5 독서태도의 구성요인 설정과 모형 개발

가. 독서태도의 구조와 구성요인 설정

1) 독서태도의 구조

앞서 이론적 배경을 통해 사회심리학적인 태도는 대상을 가지고 있고 인지, 정서, 행동적 요인으로 구성되어 있다고 하였다. 그리고 태도의 행동적 요인을 행동의지로만 한정하여 몸짓으로 드러나는 독서행동과 구별한다고 하였다. 따라서 이 연구에서는 독서태도의 대상을 책과 책에 대한 사태(책에 대한 읽기 행위)인 책읽기로 정하고 그에 따른 구성요인을 인지, 정서, 행동의지로 설정하였다. 독서태도는 기본적으로 독자라는 개체 내에서 가상으로 존재하는 특성이며 독서환경에 영향을 받는다. 이러한 독서태도는 인지, 정서, 행동의지라는 3가지 요인을 가지고 있고 일정한 독서 경험을 가진 아동 독자는 자체적으로 기초 독서태도가 형성되어 있기 때문에 독서환경 등으로부터 생성된 외부자극과 자체 독서태도에 의해 목적을 가지고 독서를 하게 된다.

따라서 이 연구에서는 독서태도를 1차원인 태도영역 요인, 2차원인 환경영역 요인, 3차원인 목적영역 요인으로 구성된 구조를 통해 설명하고자 한다. 이와 같은 차원 설정에 따라 개발한 독서태도의 3차원 구조는 <그림 10>과 같다.

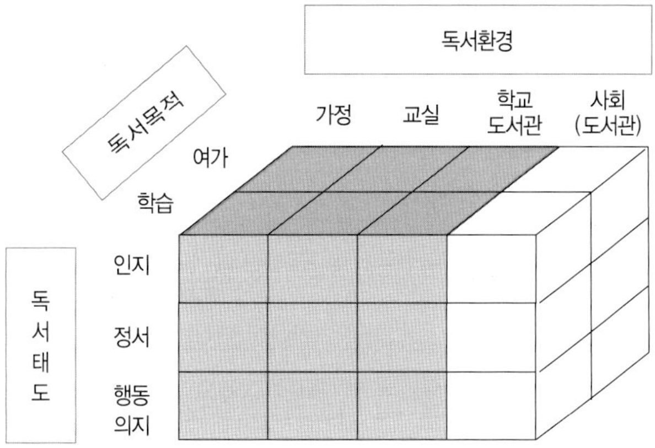

〈그림 10〉 독서태도의 3차원 구조와 연구 영역

독서태도의 주요 차원은 독서태도의 3요소이며 다른 차원인 독서환경과 독서목적은 독서태도를 통해 드러나는 것으로 구조화하였다. 독서태도는 인지, 정서, 행동의지로 구성되어 있고, 독서환경은 가정, 학교(교실, 학교도서관), 사회와 국가(도서관)로 범주화 되어 있다. 독서목적은 학습과 여가로 구성된다. 그러나 이 연구에서는 사회와 국가(도서관)의 영향력은 연구 내용이 아니기 때문에 연구 영역에서 제외한다.

이 연구에서 설계한 독서태도의 3차원 구조에서 핵심적인 차원으로 설정된 구성요인은 인지, 정서, 행동의지이다. 이때 행동의지는 독자 내에 기저로 자리하고 있다. 그런데 태도가 아동의 행동을 반영하기 때문에(Rowell 1972, 442) 태도를 보다 구체적으로 측정할수록 태도가 특정한 행동의지와 관련될 가능성이 높고 또한 행동의지가 보다 특정화 될수록 태도가 실제 행동을 더 잘 예언해 줄 가능성이 높게 된다(Phil 2001, 109-113).

따라서 독서태도를 측정할 때, 겉으로 드러나는 독서행동을 포함할 필요가 있다. 이에 관찰가능하고 다양한 측면에서 독서태도가 드러나는 양상을 측정할 수 있도록 독서행동을 포함하여 독서태도의 구조를 재설계할 필요가 있다.

또한 이렇게 독서행동을 독서태도의 차원에 포함해야 텍스트와 책읽기라는 구체적인 상황과 이러한 상황으로부터 드러나는 양상을 보다 구체적으로 설명할 수 있게 된다. 이에 독서행동이 포함된 독서태도의 4차원 구조는 <그림 11>과 같다.

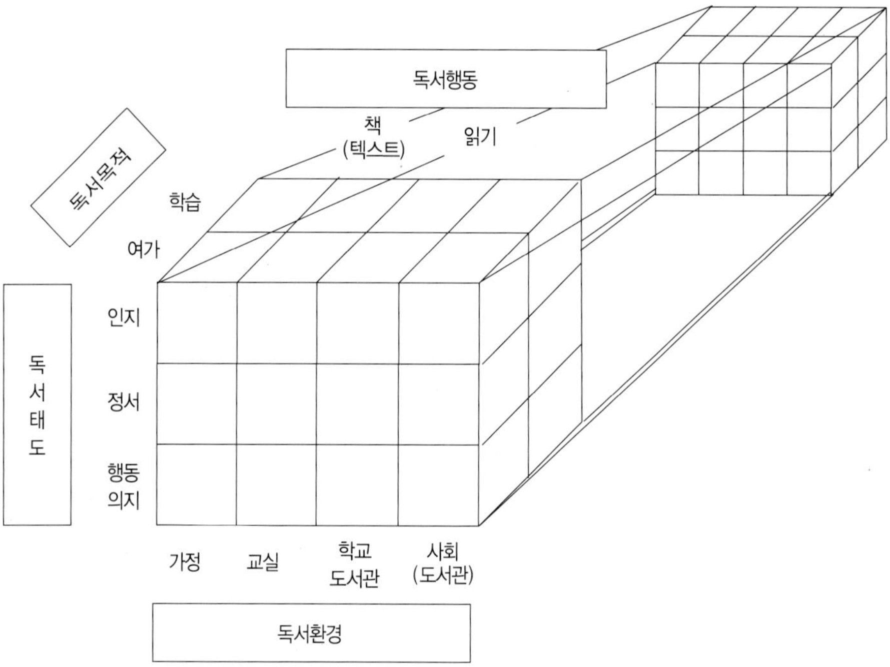

〈그림 12〉 독서행동이 포함된 독서태도의 4차원 구조

아동들은 자신이 인식하고 느끼고 행동하고자 하는 의지를 자기평가식 검사 도구에 응답하지 않을 수 있기 때문에(Tullock-Rhody and Alexander 1980, 613), 4차원 구조를 통한 측정은 아동의 자기평가식 응답 검사 결과에 객관성을 부여할 수 있다는 장점이 있다. 그리고 독서태도의 구성요인에는 정의적 요소가 많이 포함되어 있어 독서태도 조사를 위한 설문의 내용에는 추상적인 것이 많이 있기 때문에 설문지를 이용하여 독서태도를 조사할 경우에는 설문 방

식 이외에도 독자의 독서생활을 직접 파악할 수 있는 활동 결과를 관찰하고 조사할 필요가 있다(변우열 2012, 157). 따라서 아동의 실질적인 행동이 포함된 4차원 구조는 측정 도구의 타당성을 높여준다. 또한 독서태도 측정의 이유가 아동이 이상적인 독자가 될 수 있도록 돕는 독자상담과 독서 프로그램의 제공에 있다면 독서태도의 도달점행동과의 관계 속에서 독서태도를 측정할 필요가 있다. 다만 이 연구에서 독서태도의 한 차원을 담당하는 영역으로 설정된 독서행동은 독서태도의 영향력을 확인하고 독서태도가 겉으로 드러나는 행위에 대한 예측을 설명하는 데 있어 필요한 정보를 획득하기 위한 보조적 수단으로 사용된다.

2) 구성요인 설정

독서태도의 측정 구조는 1차원으로 사회심리학적 태도의 구성요인인 인지, 정서, 행동의지로 설정되었고 2차원으로 목적요인인 여가와 학습으로 설정되었으며 3차원으로 환경요인인 가정, 교실, 학교도서관으로 설정되었다. 그리고 4

〈표 43〉 독서태도의 구성요인과 내용

영역	요인	내용
독서태도	인지	• 독서에 대한 여러 가지 신념으로 독서에 대한 독자와 환경에 대한 인식 • 인지는 독서의 기저를 어떻게 바라보는지에 대한 생각으로 독서를 얼마나 중요하게 생각하는지, 독서의 결과에 대한 신념을 가지고 있는지, 자신의 독서능력을 어떻게 평가하고 있는 지로 설명된다. • 구성 : 독서중요성, 독서효용성, 독서효능감
	정서	• 대상에 대한 좋고 싫음 등의 감정 그리고 그러한 감정에 대한 강도 • 정서는 기본적으로 "좋고 나쁘다, 긍정적이고 부정적이다"와 같이 대상에 대한 감정평가와 매우 좋다, 조금 싫다와 같은 강도를 가지고 있는 것으로 특정 상황에서의 감정평가와 그 강약을 의미한다. • 이 연구에서는 환경요인과 독자요인, 독서(텍스트+읽기)요인이 결합된 특정 상황에서의 정서를 측정한다.
	행동의지	• 인지와 정서에 기반하여 직접적으로 독서행동을 유발시키는 독서의지로 독서행위의 직전 단계

차원으로는 책과 읽기요인으로 설정되었다. 이와 같은 차원의 설정에 따른 차원별 독서태도의 구성요인과 구성요인에 따른 내용은 <표 43>, <표 44>, <표 45>, <표 46>과 같다.

〈표 44〉 독서목적의 구성요인과 특징

영역	요인	내용
독서 목적	학습	• 독서를 도구로 어떻게 활용하는지에 대한 다양한 양상 또는 태도 • 양상 : 공부, 숙제, 문제해결, 직장, 말하기·쓰기, 독서퀴즈대회 등을 위한 독서 또는 태도
	여가	• 독서 자체를 즐기기 위한 목적으로 활용하는지에 대한 다양한 양상 또는 태도 • 양상 : 자유, 감동, 삶, 마음, 즐거운 시간 등을 위한 독서 또는 태도

〈표 45〉 독서환경의 구성요인과 특징

영역	요인	특징
독서 환경	공간	학교(교실, 학교도서관), 가정, 도서관
	인물	담임교사, 사서교사, 부모, (또래)친구
	활동내용	독서모임, 책 추천, 함께 읽기, 책 읽어주기, 책 선물, 함께 방문, 책이야기 등

〈표 46〉 독서행동의 구성요인과 내용

영역	요인		내용
독서 행동	텍스트	물리적 형태	아동들이 접하게 되는 물리적인 책의 형태 구성 : 책의 크기, 글자 크기, 책의 두께
		표현 형식	책의 내용이 어떻게 표현되어 있는가에 대한 형식 구성 : 글자 수, 만화, 그림, 사진
		독서자료	아동이 주로 활용하는 일반적인 독서자료에 대한 분류 구성 : 만화책, 동화책, 위인전, 잡지, 교과서
		주제	아동들이 주로 이용하는 일반적인 주제에 대한 분류 문학·사회·역사, 자연·과학, 판타지·미스터리·모험, 스포츠·연예, 언어(영어 등)
	책 읽기	적극성	독서를 수행·유지·발전시키기 위해 노력하는 행위
		표현	독서에 대한 표현으로 독서전, 독서중, 독서후 표현으로 구분할 수 있으나 이 연구에서는 독서후 표현만으로 한정함
		경험	독서행동에 대한 유무로 독서행동은 모두 경험으로 대변될 수 있으나 이 연구에서는 인지구조와 만족감의 변화에 대한 문항으로만 한정함

영역	요인		내용
독서 행동	책 읽기	보상	보상은 환경적 요인으로부터 발현되어 아동에게 책읽기에 대한 자극이 됨
		빈도	빈도는 행동의 빈번한 정도로 대표적으로는 독서시간과 독서량으로 나타냄
		몰입	독서중의 활동으로 독서에 빠져들어 독해에 집중한 상태
		상황	환경 변인이 독서행동에 작용된 상태
		활동내용	환경 변인을 통해 제공받는 다양한 내용
		선호	비교 대상 중에서 선택하는 활동으로 여기서는 책에만 적용됨
		목적	검사틀의 '목적'이 기저로 작용했을 때 드러나는 목적적 독서행동
		독해	독서중에 일어나는 텍스트와 독자사이의 상호작용으로 책 내용에 대한 이해를 의미
		독서 효능감	독서효능감(책 선정, 독해)이 드러난 양상
		이상행동	독서행위가 부정적으로 드러난 양상

나. 독서태도의 검사틀과 모형 개발

1) 독서태도의 검사틀

차원과 차원에 따른 요인을 토대로 이 연구에서 설정한 독서태도와 독서행동에 대한 검사틀은 <표 47>과 같다.

〈표 47〉 독서태도와 독서행동의 검사틀

영역	구성요인	하위범주	내용
독서 태도	인지	독서중요성	독서에 대한 여러 가지 신념으로 독서에 대한 독자인식과 독서환경에 대한 인식 • 아동이 관찰과 학습, 경험을 통해 습득한 서를 중요하게 생각하는 가치
		독서효용성	독서의 효과에 대한 인식 • 독서 결과에 대한 가치 인식으로 독서가 유용할 것이라는 믿음이다.
		독서효능감	독자의 독서 수행 정도의 강도 • 자신이 독서를 잘 수행할 수 있다는 평가신념이다.

영역	구성요인	하위범주	내용
독서태도	정서	독서즐거움	독서를 즐거워하고 좋아하는 정도
		목적	검사틀 '목적'이 기저로 작용했을 때 드러나는 정서
		상황	검사틀 '환경'이 요인으로 작용했을 때 드러나는 정서
		텍스트	검사틀 '텍스트'이 요인으로 작용했을 때 드러나는 정서
		몰입	독서중 책읽기에 집중하여 독해에 집중하였을 때의 정서
		선호	비교 대상 중에서 더 좋아하는 정도
	행동의지	적극성	긍정적이고 능동적으로 독서하려는 희망과 바램
		상황	'환경'이 요인으로 작용했을 때 드러나는 행동의지 • 환경 변인이 특정한 상황으로 드러났을 때 독자가 반응하는 행동의지 • 장소, 인물, 텍스트, 자유 시간 등의 구체적인 상황, 보상과 자극 등의 하위영역으로 표현됨
		선호	비교 대상 중에서 더 행하고자 하는 희망과 바램
		표현	말이나 글로 독서활동을 표현하고자 하는 정도
		인식	인식에 따른 독서의지
		목적	목적에 따른 독서의지
		빈도	빈번히 독서하고자 하는 의지
		텍스트	검사틀 '텍스트'가 요인으로 작용하여 독서하려는 의지와 강도
		보상	강화제로서 보상이 주어졌을 때의 독서의지의 강도
		규칙	강화제로서 규칙이 주어졌을 때의 독서의지와 강도
독서행동	적극적행동		독서를 수행·유지·발전시키기 위한 행위에 대한 노력이나 그러한 노력이 쌓인 상태로 빈도, 추천, 완독, 능동성, 계획, 텍스트 등의 하위영역으로 표현됨
	표현행동		독서에 대한 표현으로 독서전, 독서중, 독서후 활동으로 구분할 수 있으나 여기서는 독서 후에 독서와 관련된 표현만으로 한정함
	몰입행동		독서중의 활동으로 독서에 빠져들어 독해에 집중한 상태
	활동내용		환경 변인을 통해 제공받는 다양한 내용
	선호행동		비교 대상 중에서 선택하는 활동으로 여기서는 텍스트에만 적용됨
	목적적행동		검사틀의 '목적'이 기저로 작용했을 때 드러나는 목적적 독서행동
	독서효능감행동		독서 전중후에 일어나는 독서에 대한 자기효능감이 드러난 행동 양상
	이상행동		독서행위가 부정적으로 드러난 행동 양상
	경험		독서행동에 대한 유무로 독서행동은 모두 경험으로 대변될 수 있으나 여기서는 인지구조와 만족감의 변화에 대한 문항으로만 한정함

2) 독서태도 모형 개발

선행연구와 암묵적 지식 이론을 토대로 독서환경 변인과 독자 변인 그리고 독서 변인으로 구성된 독서태도 모형을 개발하였다. 독서태도 모형은 독서태도 검사도구 개발에 필요한 구성요인 및 측정 준거가 된다는 점에서 의의가 있다. 또한 독서태도 모형은 독서태도의 4차원 구조를 이루는 구성요인과의 관계를 시각적으로 파악하고 독서태도의 형성 및 작동 과정을 설명할 수 있다는 점에서 중요한 의의를 갖는다. 개발된 독서태도 모형은 <그림 12>와 같다.

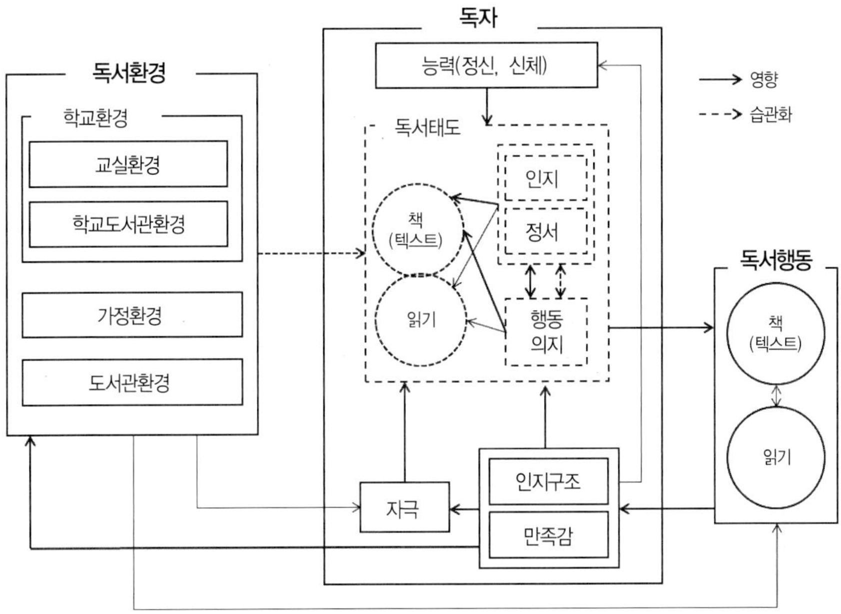

〈그림 13〉 독서태도 모형

가) 독서환경 변인

독서환경 변인은 가정, 학교, 사회로 구분된다. 그리고 각각의 환경영역은 다시 장소, 인물, 독서활동 등의 하위영역으로 구체화된다. 가정환경에서는 먼저 가정이라는 장소의 환경, 부모나 형제 등의 인물, 독자가 장소나 인물들과 행하는 독서활동으로 구분된다. 학교환경은 교실과 학교도서관으로 구분되고 학교도서관의 시설이나 독서자료와 같은 물리적인 환경, 담임교사나 사서교사 또는 또래집단과 같은 인물, 그리고 인물간의 상호작용을 유발하는 다양한 독서활동으로 구체화된다. 그리고 사회환경은 공공도서관과 같은 장소의 환경, 유명한 연예인과 같은 인물, 그리고 지역 독서모임과 같은 활동 등으로 구체화될 수 있다.

이러한 독서환경 변인은 독자의 독서태도와 독서행동에 직·간접적인 영향을 미친다. 재미있는 책은 설득적 의사소통의 중심 경로이며 사서교사는 설득적 의사소통의 주변 경로로 독서태도에 영향을 미치기 때문에 특정한 책과 그 책을 읽도록 권하는 설득적 활동 등은 독자에게 자극제가 되어 독자의 인지, 정서에 영향을 미치게 된다(Mathewson 1994, 1145-1149). 그러나 독서가 습관화되어 있는 독자의 경우에는 특별한 자극이 없어도 독자의 독서태도와 독서행동에 직접적인 영향을 미치게 된다. 예를 들어, 어떤 학생들은 집에 돌아오자마자 자신의 방문 앞에 있는 책을 어떠한 의식 없이도 그 책을 살펴 볼 수 있으며 독서할 수 있다. 따라서 독서가 습관화 되어 있는 경우에는 독서 과정에 필요한 몇몇 단계가 생략되거나 독자가 그러한 단계를 인식할 수 없을 만큼 빨리 처리되는 것으로 간주할 수 있다.

독자의 인지구조의 변화와 만족감 또한 독서환경에 영향을 미친다. 독서를 통해 새로운 사실을 알게 되었거나 만족감을 얻은 독자는 부모와 함께 서점에서 책을 사거나 사서교사가 추천한 책을 대출할 수도 있을 것이다. 이는 장소, 인물, 책 추천 활동 등에 대한 독서환경을 조정한 것으로 이해될 수 있다. 그리고 조정되고 변화된 독서환경이 다시 독자의 독서태도에 영향을 미치게 된다.

나) 독자 변인

독자변인에는 독서태도 및 독서경험과 자극을 수용하는 처리 시스템이 있고 텍스트를 읽을 수 있는 신체적인 능력과 이해할 수 있는 정신적인 능력을 처리하는 시스템이 있다.

독서태도는 기본적으로 책과 읽기, 또는 책과 읽기의 연합에 대한 인지와 정서로 구성되어 있고 인지구조나 만족감을 얻은 경험과 자극이 인지와 정서에 영향을 미친다. 그리고 독서에 대한 축적된 인지와 정서가 행동의지를 축적시키고 변형시킨다. 그러나 독자는 인지와 정서, 행동의지에 대한 형성된 틀을 이미 가지고 있기 때문에 독서에 대한 경험은 인지, 정서, 행동의지에 대한 각각의 영역을 변화시키고 발전시킨다.

인지구조와 만족감은 책과 읽기에 대한 스키마로 작용한다. 즉 특정한 책으로부터 얻은 정보를 통해 인지구조가 바뀌었거나 특정한 책을 읽은 경험이 매우 즐거워 독서활동에 대해 만족감을 얻었다면 독자의 스키마가 변화하게 되고 이는 곧 독서태도가 변화함을 의미한다. 이때 독서태도의 대상이 책과 읽기임으로 인지적이고 정서적인 스키마도 책과 읽기 그리고 책읽기에 대한 각각의 영역에 영향을 미친다. 그리고 이와 같은 스키마의 변화는 독서하고자 하는 행동의지를 높이는 등의 동기부여로 작용하여 독서태도에 영향을 미친다.

정보의 내용을 정교화 할 수 있는 능력(ability)이 있으면 중심 경로를 통해 설득이 되기 때문에 정신적인 인지적 능력은 태도변화에 있어 중요하게 작용된다(Petty and Cacioppo 1981; 1986). 또한 글을 읽을 수 있는 시력, 읽어 주는 말을 들을 수 있는 청력, 음독과 관련된 발성 및 발음기관뿐만 아니라 전체적인 독자의 건강은 독서행위와 밀접한 관련을 갖는다(변우열 2009, 48-49). 그러나 이 연구가 사회심리학적 태도를 차용한 독서태도의 모델을 개발하는 데에 초점이 있음으로 개발한 모델에서는 독자의 정신적이고 신체적인 능력을 구체적인 요인으로 구분하지 않고 독서태도에 영향을 미치는 포괄적 영향요인으로 간주하여 해석하였다.

다) 독서행동 변인

독서행동은 독서행위로 구체적으로 드러나는 몸짓을 의미한다. 이때 행위는 구체적인 책과 텍스트에 따라 다른 양상을 보이게 된다. 예를 들어, 학생들이 좋아하는 만화책을 접했을 때, 그 책을 읽는 행위와 어른들이 읽는 작은 글씨로 쓰인 두꺼운 책을 접했을 때, 그 책을 읽는 행위는 다른 양상을 보이게 된다. 그리고 물리적인 책에 따른 독서 양상이 독자의 독서선택과 독서과정을 설명할 수 있다는 점에서 독서행동에 물리적인 책이 포함되었다.

독서행위에 대한 결과는 독자의 인지구조를 변화시키고 독자에게 만족감을 제공하게 된다. 예를 들어, 특정 만화책을 읽고 즐거운 경험을 하게 된 독자는 물리적인 만화책과 책 속의 내용 그리고 그 내용을 이해하는 과정과 결과에 대한 인식과 정서, 행동의지를 축적시킨다. 만화책은 쉽게 읽을 수 있다는 인식, 만화책은 재미있다는 정서, 재미있는 만화책을 읽고 싶다는 행동의지가 독자에게 쌓이게 된다. 이때 만화책과 같은 물리적인 책에 대한 독서태도는 물론 독서상황과 독서목적, 내용 이해 과정에 대한 독서태도도 함께 축적되고 변화된다. 즉 새로운 정보와 지식을 얻거나 감상을 통한 즐거움은 독자의 스키마를 변화시킨다. 그리고 이러한 스키마의 변화가 자극제가 되어 독서태도에 영향을 미친다. 또한 새로운 정보와 지식에 대한 스키마의 변화는 독서능력에도 영향을 미친다.

라) 독서 프로그램 적용에 대한 함의

개발된 독서태도 모델은 독자에게 독서 프로그램을 제공함에 있어 방법적인 측면을 제고하는 데에 도움을 준다.

개발된 독서태도 모델을 보면 독서태도는 인지, 정서, 행동의지로 구성되어 있다. 따라서 독서태도의 변화를 이끌 수 있는 접근 방법도 3가지가 된다. 즉 사서교사는 독자가 가지고 있는 독서에 대한 평가적인 신념과 같은 인지적 영역을 변화시키거나 독서가 즐겁거나 재미있다는 느낌과 같은 정서적인 영역을 변화시키거나 독서에 대한 의지를 강화시켜 독자의 독서태도를 변화시킬 수 있다. 그리고 이러한 접근은 사서교사가 독서에 대한 신념 등의 인지적 영역을 변화시키기 위한 설득적 서비스를 제공하거나 독서에 대한 즐거운 느낌 등의 정서적 영역을 변화시키기 위한 긍정적인 독서경험을 제공하거나 독서하고자 하는 의지를 변화시키기 위한 시상 등의 강화제를 제공할 수 있는 이론적 기반을 제공한다.(변우열 2012, 151; 한국독서학회 2003, 117-118).

환경변인을 조작하여 아동에게 관찰에 대한 경험을 제공함으로서 아동들의 독서태도 형성에 도움을 줄 수 있다. 이상적이거나 바람직한 독서태도를 가진 인물의 독서행동을 빈번히 노출시키고 아동에게 바람직한 독서태도를 가진 인물을 관찰하고 경험할 수 있도록 하여 아동이 인물을 모방할 수 있는 과정을 운영함으로써 독서태도를 긍정적으로 변화시킬 수 있다. 이와 같이 사서교사는 영향력 있는 인물들의 독서행동을 노출시킬 수 있는 독서활동을 통해 아동의 경험을 유발시키고 독서태도를 변화시킬 수 있다. 그리고 빈번한 행동을 통한 긍정적인 경험을 지속화 시킬 수 있는 독서 프로그램을 제공하여 스키마의 변화를 이끌고 독서를 강화시킬 수 있다.

독서행동 변인은 책과 읽기 그리고 책과 읽기의 연합인 책읽기를 통해 몸짓으로 드러나는 양상으로 설계되었다. 이는 사서교사가 독서교육과정을 운영함에 있어 독자의 책과 읽기에 대한 독서태도 및 겉으로 드러나는 구체적인 독서양상에 따라 독서교육의 내용과 방법을 달리해야 함을 의미한다. 이는 사서교사가 독자의 독서행위뿐만 아니라 독자가 읽는 독서 자료의 종류와 텍스트의 내용에도 관심을 가져야함을 시사한다.

그리고 인지적인 영역을 포함하고 있는 독서태도와 몸짓으로 드러난 독서행동의 관계를 설정한 독서태도 모델은 독자에게 책의 중요성이나 독서 결과에 대한 이점을 설명하고 설득시켜 독자의 신념이나 가치관의 수정 등과 같은 독자의 인지적인 영역으로의 접근을 통해 독서태도를 향상시키고 강화제를 투여하는 등의 행동적인 영역으로의 접근 방법을 통해 독서행동을 경험하고 학습하여 긍정적인 독서태도를 강화시킬 수 있는 이론적인 근거를 제시하고 있다는 점에서 의의가 있다.

6 독서태도 검사도구의 개발

가. 독서태도 검사도구의 개발 절차와 예비 문항 구성

문항 개발은 표준화 검사도구 제작 절차(성태제 2004, 316-321), 심리검사도구 제작 절차(탁진국 2007, 77-94), 정서적 측면의 독서 평가도구 개발시 참고사항(최연미 2006, 193-198)을 기준으로 독서태도 측정 내용과 목표를 설정하였고 이론적 측정 내용의 특성과 행동을 규명하였다. 이후 구성요인별 검사 목표를 구체화하였고 검사도구 제작을 위한 계획과 문항 개발 및 검토, 사전 검사 실시, 문항 분석을 통한 타당도와 신뢰도 검증 및 검사의 표준화 과정을 거쳤다.

1) 독서태도 검사도구의 개발 절차

독서태도를 측정하기 위한 검사도구의 명칭을 '한국 아동용 독서태도 검사도구(Korean Reading Attitude Survey for Children)'이라고 명명하였으며, 영문약자로는 'KoRAS for Children'이라고 한다.

독서태도 검사도구의 개발 절차는 크게 검사도구 개발 기준 설정, 문항개발, 검사 실시, 최종 검사도구 개발, 검사도구의 평정기준 및 활용사례 제시의 과정으로 구성된다. 이와 같은 독서태도 검사도구의 개발 절차를 제시하면 <표 48>과 같다.

〈표 48〉 독서태도 검사도구의 개발 절차

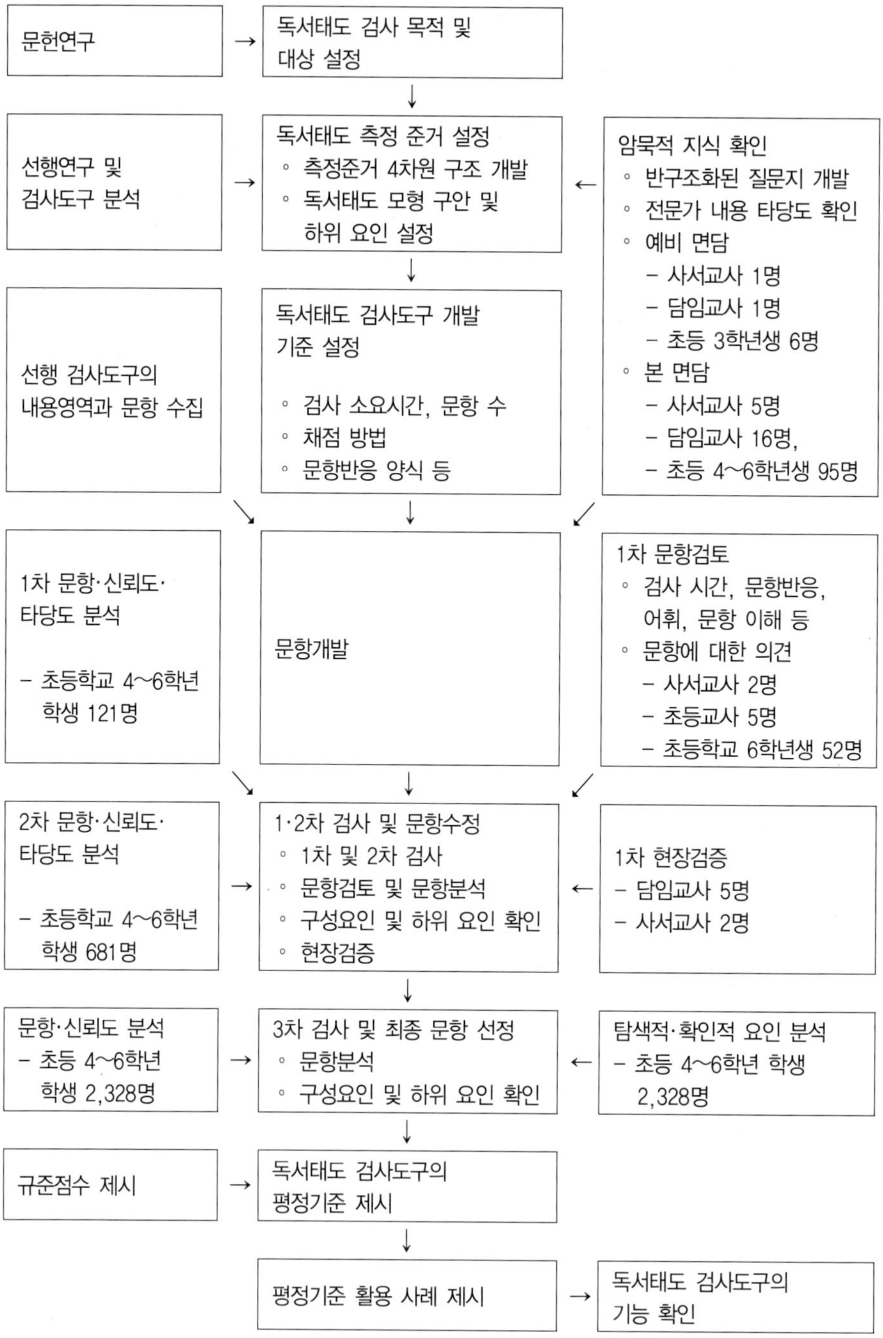

가) 독서태도 검사 목적 및 대상 설정

독서태도를 검사하는 목적은 아동들의 독서태도에 대한 기초정보와 진단정보를 얻고 아동의 독서교육 방법을 제고하고자 함이다. 이에 이 연구에서는 초등학교 4-6학년 학생을 연구대상으로 선정하였다. 초등학교 4-6학년 학생들은 지필검사에 대한 경험이 있고 리커트 척도를 이해하여 지필 문항을 읽고 리커트 척도에 응답할 수 있는 것으로 나타났다. 그리고 그림책뿐만 아니라 다양한 독서자료를 읽으며 독서에 대한 자신의 생각을 말로 표현할 수 있다. 또한 학교에서 학교도서관을 자유롭게 방문하여 책을 선정하고 독서할 수 있기 때문에 초등학교 4-6학년 학생을 연구대상으로 선정하였다.

나) 독서태도 측정 준거 설정

이 연구에서는 독서태도의 이론적 고찰, 선행 검사도구 분석 결과와 암묵적 지식의 결과를 토대로 독서태도의 측정 요소를 선정하였다. 그리고 이를 토대로 구성 요인을 설정하였으며 측정준거의 구조와 독서태도 모형을 구안하였다. 측정 구조는 4가지의 차원인 독서태도 요인, 독서환경 요인, 목적 요인, 독서행동 요인으로 구성되었다. 독서태도의 1차원은 태도의 3요인을 중심으로 인지, 정서, 행동의지 영역으로 구성되고 다른 차원들과의 조합을 통해 하위요인을 추출하였다. 추출된 하위요인은 독서효용성, 독서효능감, 여가, 자극, 몰입, 표현, 목적, 적극성요인이다. 그리고 아동의 독서태도에 대한 독자상담서비스 제공을 위해 독서행동과 이상행동, 배경환경 영역, 텍스트 영역이 추가되었다. 전체 독서태도 검사도구의 효율성을 위해 독서태도의 구성요인을 중심으로 중첩되는 하위 영역을 제거하여 독서행동의 구성요인을 학교도서관, 경험, 독서능력, 표현, 활동내용으로 구성하고 배경영역을 가정, 학교, 담임교사로 구성하였다. 그리고 텍스트영역을 물리적 형태, 표현 형식, 선정 기준으로 구성하였다. 그리고 가정보유 책 수, 대출권수, 독서량을 추가하였다.

다) 독서태도 검사도구 개발 기준 설정

검사도구 제작을 위해 필요한 검사 소요시간, 문항 수, 문항 반응 유형, 검사도구의 어휘수준, 문항배정에 대한 기준을 설정하였다. 연구의 대상자가 초등학교 4-6학년 학생이고 사서교사가 검사도구를 활용한다고 하였을 때 검사에 필요한 소요시간은 초등학교 학생들의 1차시 수업시간을 넘지 않아야 한다. 따라서 검사 소요시간을 40분으로 설정하였고 문항 수는 1,2차 검사와 3차 검사를 토대로 최종적으로 95개를 선정하였고 문항 반응 유형은 리커트 5점 척도로 제작하였다. 그리고 사서교사와 초등교사 및 초등학생들을 대상으로 한 문항 검토를 통해 검사도구의 어휘를 보완하고 수정하였다.

라) 문항 개발과 검토

선행연구 및 검사도구를 분석하였고 검사도구의 검사자와 피검사자의 암묵적 지식을 확인하여 독서태도의 4차원 구조와 모형을 바탕으로 문항을 제작하였다. 문항 제작은 1차원 요인인 인지, 정서, 행동의지를 중심으로 다른 차원과 모형을 통해 조합 가능한 문장으로 개발되었다. 하위영역이 다수 중첩되는 문장은 특정한 하위영역에 따라 문장을 구분하여 단일한 하위영역으로 구조화하였다. 최종적으로 개발된 검사도구는 이상행동 영역을 제외하고는 모두 긍정적 문항으로 제시하였다. 이는 1,2차 조사 결과 특정한 구성요인을 이루는 문항들 중에서 부정형 문항의 문항분석 결과 값이 좋지 않게 나타났기 때문이다. 다만 피검사자의 무성의한 반응을 확인하기 위하여 거짓 응답을 확인할 수 있는 문항 1개를 추가하였다. 독서행동 영역의 문항은 주로 관찰한 내용을 기록하여 측정할 수 있도록 개발되었으나 다수의 아동을 대상으로 측정될 수 있도록 자기보고(평가)식 문항으로 대체되었다.

그리고 초등학교 6학년 2개 학급 52명의 학생들과 사서교사 5명, 담임교사 2명을 대상으로 문항을 검토하였다. 문항검토로 검사시간과 검사지에 적절히 응답할 수 있는지의 여부, 검사 문항에 쓰여 있는 어휘에 대한 이해도와 검사 문항에 대한 읽기의 용이성과 이해도를 확인하였고 사서교사와 초등교사를 통해 문항에 대한 전체적인 의견을 수렴하였다. 그리고 제시된 의견을 종합적으로 검토하여 검사 문항을 수정하였다.

마) 1·2차 검사 및 문항수정

독서태도의 구성요인에 따라 개발된 문항을 토대로 2차례에 걸쳐 예비 검사를 실시하였다. 예비 검사 자료를 토대로 검사도구의 타당도과 신뢰도를 높이기 위하여 결측 응답값 분석, 문항분석, 신뢰도 분석, 탐색적 요인분석, 상관관계분석을 실시하였고 결과 값이 좋지 못한 문항을 삭제하거나 수정하였다. 1차 검사는 광주광역시에 소재하고 있는 1개의 초등학교 4-6학년 6개 학급 121명의 학생을 대상으로 2015년 6월에 실시되었다. 2차 검사는 광주광역시에 소재하고 있는 5개의 초등학교 4-6학년 26개 학급 681명의 학생을 대상으로 2015년 7월에 실시되었다. 1차 및 2차 검사지 수집 현황은 <표 49>와 같다.

〈표 49〉 1·2차 검사지 수집 현황

차수	초등학교	학년										분석대상 (명)
		4			5			6			합계 (명)	
		남	여	결측	남	여	결측	남	여	결측		
예비1	광주a	12	21	·	27	20	·	18	23	·	121	121
예비2	광주f	21	22	1	24	23	1	22	20	·	134	681
	광주g	24	25	1	25	24	·	21	27	1	148	
	광주h	12	11	2	11	13	·	8	11	3	71	
	광주k	22	24	8	24	25	1	28	22	2	156	
	광주m	26	18	14	29	25	3	29	28	·	172	

주 : 결측은 피검사자가 자신의 성별 정보를 기입하지 않은 것임.

담임교사 4명, 사서교사 2명과 함께 독서태도 1차 검사도구의 결과로 생성된 이상행동 지표를 포함한 독서태도 지표들이 학생들의 특성을 잘 반영하고 있는지를 확인하였다. 확인 결과를 바탕으로 문항을 삭제 및 수정하거나 새로운 문항을 추가하였다.

바) 3차 검사 및 최종 문항 선정

독서태도 검사는 2015년 9월에 서울, 경기, 경북, 광주 등 4개 지역 초등학교 4–6학년 학생 2,328명을 대상으로 실시되었다. 3차 검사 자료를 토대로 문항분석, 신뢰도 분석, 상관관계 분석, 변량 분석, 타당도 분석 및 탐색적 요인분석과 확인적 요인분석을 통해 검사도구의 타당도와 신뢰도를 확인하였다. 3차 검사지 수집 현황은 <표 50>과 같다.

〈표 50〉 3차 검사지 수집 현황

차수	지역	학교수	학년										분석대상 (명)
			4			5			6			합계 (명)	
			남	여	결측	남	여	결측	남	여	결측		
3차	서울	7	73	77	6	66	63	1	75	72	5	438	2,328
	경기	5	111	115	7	128	120	5	135	97	5	723	
	경북	9	94	103	4	89	71	2	101	88	6	558	
	광주	5	93	89	24	102	96	5	100	97	3	609	

사) 독서태도 검사도구의 평정기준 및 활용 사례 제시

초등학교 4–6학년 학생들의 독서태도의 정도를 알아보기 위해 독서태도 검사를 실시한 후 검사점수의 평균과 표준편차를 이용하여 검사점수를 표준화 점수인 Z점수로 환산하였다. Z점수는 정규분포 가정 하에서 원점수에 해당하는 상대적 서열 정보를 제공하는 점수로 평균을 0으로, 표준편차를 1로 한 점수이다. 여기에 상대적 위치를 쉽게 알 수 있도록 1-9까지 9개의 범주로 독서태도의 점수를 제시한다. 그리고 9개의 범주에 따른 각각의 비율은 4%, 7%, 12%, 17%, 20%, 17%, 12%, 7%, 4%로 설정하였다(성태제 2004, 316-321).

아) 독서태도 검사도구의 기능 확인

개발된 독서태도 검사도구가 기초정보를 제공하고 진단도구로 기능하는지를 확인한다. 독서태도 검사도구의 구성요인과 하위영역별 평정기준을 활용하여 특정학교의 학년별, 성별, 개별 학생의 독서태도의 수준이 전체 학년별, 성별, 개별 학생의 독서태도 수준과 비교하여 상대적으로 어떤 위치에 있는지에 대한 정보를 얻고 그에 따른 독서교육 방법을 제고하는 데에 도움이 되는지를 확인한다.

2) 독서태도 검사도구의 예비 문항 구성

가) 예비 문항

이 연구에서는 학생들의 독서태도 수준을 정교하게 측정하기 위해 정의된 독서태도의 개념을 바탕으로 개발된 독서태도 모형과 4차원에 입각한 독서태도 구조에 기반을 두어 사회심리학적 태도의 구성요인, 구체적인 환경, 독서하는 목적, 특정한 책의 읽기행위를 토대로 조합 가능한 요인을 중심으로 독서태도를 측정하기 위한 문항을 작성하였다. 그러나 차원에 따른 조합은 중복된 하위요인을 가질 수 있고 조합 순서에 따라 동일한 내용을 묻는 문항이 단어의 순서에 따라 다른 문항으로 구성될 수도 있다. 따라서 1차원 요인으로 인지, 정서, 행동의지를 선정하고 1차원 요인을 중심으로 하위요인을 구성하고 다른 차원의 요인들은 특정 상황을 설정하는 요인으로 구성하였다.

그리고 독서태도 검사를 보완하고 독자 상담에 필요한 정보를 추가적으로 획득하기 위하여 독서행동과 배경환경 영역의 문항도 작성하였다. 독서행동 영역은 아동의 행동을 관찰하고 기록할 수 있는 일반적인 독서행동 문항, 이상행동을 파악할 수 있는 문항과 책행동 및 도달점행동을 확인할 수 있는 문항으로 개발되었다. 배경환경 영역은 아동의 독서 배경환경에 대한 문항과 가정 보유 책 수에 대한 문항으로 개발되었다. 이에 따라 전체적인 독서태도 검사도구의 검사 영역은 독서태도, 독서행동, 배경환경으로 구성된다.

이와 같은 독서태도 검사도구의 검사 영역에 따라 작성된 독서태도 영역, 독서행동 영역 및 배경환경 영역의 질문 문항은 각각 <표 51>, <표 52>, <표 53>과 같다.

〈표 51〉 독서태도 영역의 질문 문항

문항번호	질문 문항
1	나는 책을 읽는 것이 중요하다고 생각한다.
2	부모님은 책을 읽는 것을 중요하게 여기신다.
3	숙제나 문제를 해결하기 위해서는 책을 읽어야 한다.
4	나는 만화책을 읽는 것보다 동화책을 읽는 것이 더 중요하다고 생각한다.
5	독서는 우리가 삶을 살아가는 데에 도움을 준다고 생각한다.
6	나는 책을 많이 읽으면 공부를 잘하게 된다고 생각한다.
7	나는 책을 읽으면 글쓰기와 말하기에도 도움이 된다고 생각한다.
8	독서는 우리들에게 즐거운 감동을 준다고 생각한다.
9	책을 많이 읽으면 마음이 넓어진다고 생각한다.
10	독서는 우리가 즐거운 시간을 보내게 해준다.
11	책은 우리에게 꼭 필요한 유용한 도구이다.
12	나는 책을 잘 읽을 수 있다.
13	나는 다른 친구들이 떠드는 것과는 상관없이 책을 집중해서 읽을 수 있다.
14	나는 다른 친구들만큼 책의 내용을 잘 이해할 수 있다.
15	나는 독서시험에서 높은 점수를 받을 수 있다.
16	나는 수업시간에 다른 친구들 앞에서도 책을 소리 내어 잘 읽을 수 있다.
17	나는 내가 읽을 만한 책을 혼자서 고를 수 있다.
18	나는 책을 읽는 것이 즐겁다.

문항번호	질문 문항
19	책을 막상 읽으려고 하면 귀찮아진다.
20	동화책을 읽는 것은 지루하다.
21	나는 교과서를 읽는 것이 즐겁다.
22	나는 새 책을 읽기 시작할 때면 기분이 설렌다.
23	책을 읽으면서 시간을 보내는 것이 즐겁다.
24	내가 독서골든벨에 참여한다고 생각하면 기분이 신날 것이다.
25	공부를 위해서 책을 읽는 것이 즐겁다.
26	책을 읽으면 다양한 감동을 얻을 수 있어서 좋다.
27	독서는 나의 취미 중 하나이다.
28	담임선생님이 책을 읽을 수 있는 시간을 충분히 주었으면 좋겠다.
29	독서활동에 참여할 때 행복하다.
30	선생님이 내게 책을 읽어주시면 기분이 좋을 것이다.
31	나는 학교도서관에서 책을 읽는 것이 좋다.
32	학교도서관에 책을 읽으러 가는 것은 즐거운 일이다.
33	학교도서관에 재미있는 책이 많이 있었으면 좋겠다.
34	집에서 독서를 하는 것은 즐거운 일이다.
35	나는 집에서 책 읽는 것을 좋아한다.
36	집에 읽을 책이 많이 있었으면 좋겠다.
37	가족들이 내게 책을 읽어주었으면 좋겠다.
38	나는 내가 읽은 책에 대하여 친구들과 이야기하는 것이 즐겁다.
39	나는 책 선물을 받으면 기분이 좋다.
40	누군가가 독서를 잘한다고 인정해주면 기분이 좋을 것이다.
41	내가 책을 읽었다고 선생님이 칭찬스티커(상점)을 주면 좋겠다.
42	나는 재미있다는 책을 추천받으면 신날 것이다.
43	나는 부모님이 책을 읽으라고 말해주면 좋겠다.
44	나는 부모님이나 선생님이 내가 읽을 책을 정해주면 좋겠다.
45	나는 선생님이 독서 규칙을 정해서 책을 읽게 하면 좋겠다.
46	슬픈 책을 읽고 있다면 내 기분도 조금 우울해 질 것이다.
47	책을 읽고 있으면 주인공이나 등장인물이 마치 나인 것 같다.
48	나는 재미있는 책을 읽는 것보다 재미있는 스마트폰을 이용하는 것이 좋다.
49	나는 TV를 보는 것보다 책을 읽는 것이 좋다.
50	나는 TV보다 판타지나 모험, 추리에 관한 책이 더 흥미진진하다고 생각한다.

문항번호	질문 문항
51	나는 운동을 하는 것보다 책을 읽는 것이 좋다.
52	나는 자유시간에 그림을 그리는 것보다 책을 읽는 것이 좋다.
53	나는 책의 글자보다 그림이나 사진을 보는 것이 더 좋다.
54	나는 동화책보다는 만화책을 읽는 것이 좋다.
55	나는 재미있는 책을 자주 읽고 싶다
56	재미있는 책을 빨리 찾아 읽고 싶다.
57	나는 학교에서 자유시간이 주어진다면 재미있는 책을 읽을 것이다.
58	나는 집에서 즐거운 시간을 보내기 위해 재미있는 책을 읽고 싶다.
59	선생님이나 친구들이 읽은 책을 나도 읽어 보고 싶다.
60	나는 독서모임(책읽어주기, 책이야기하기, 도서부 등)에 참여하고 싶다.
61	나는 친구들이 재미있다고 추천해 주는 책은 꼭 읽을 것이다.
62	사서선생님이 내 수준에 맞는 책을 추천해 주면 나는 그 책을 읽을 것이다.
63	부모님이나 선생님이 칭찬해주면 나는 책을 더 자주 읽을 것이다.
64	책을 읽어야 한다는 규칙이 있다면 나는 책을 더 자주 읽을 것이다.
65	책을 읽으라고 말해 준다면 나는 책을 더 자주 읽을 것이다.
66	담임선생님이 학급 학생들과 함께 재미있는 책을 다 같이 읽자고 하자면 나는 그 책을 끝까지 읽을 것이다.
67	나는 TV나 스마트폰이 없다면 지금보다는 책을 더 많이 읽을 것이다.
68	나는 판타지, 모험, 스포츠, 연예, 고전동화 등 책의 주제를 보고 읽을 책을 선택할 것이다.
69	나는 담임선생님이 책을 읽으라고 하면 내용과 상관없이 쉽게 읽을 수 있는 책을 선택할 것이다.
70	나는 동화책을 한 달에 한권이라도 읽고 싶다.
71	나는 앞으로 책을 더 잘 읽고 싶다.
72	나는 글자가 많은 책보다는 그림이나 만화가 많이 있는 책을 읽고 싶다.
73	재미있는 책을 읽으면 친구들과 그 책에 대해 이야기하고 싶어진다.
74	나는 내가 읽은 책을 다른 친구에게 소개하고 싶다.
75	나는 재미있게 읽은 책을 글이나 그림으로 남기고 싶다.
76	책은 읽어야 하는 것이기 때문에 나는 책을 열심히 읽을 것이다.
77	나에게 독서는 그다지 도움이 되지 않기 때문에 나는 책을 읽고 싶지 않다.
78	책의 내용을 이해하기 어렵기 때문에 나는 그다지 책을 읽고 싶지 않다.
79	나는 시간을 즐겁게 보내기 위해서 책을 읽고 싶다.
80	나는 시험점수를 올리기 위해서 책을 읽고 싶다.
81	나는 사서선생님이나 담임선생님께 독서상담을 받을 필요가 있다.

〈표 52〉 독서행동 영역의 질문 문항

문항번호	질문 문항
82	나는 책을 자주 읽는다.
83	나는 집에서 자주 독서를 한다.
84	나는 학교도서관에 자주 간다.
85	나는 학교도서관에서 책을 자주 빌린다.
86	나는 아침 자율 학습 시간이나 쉬는 시간에 책을 읽는다.
87	나는 읽을 책을 가지고 다닌다.
88	나는 다른 사람이 좋다고 추천하는 책은 챙겨 읽는다.
89	나는 친구들이 재미있다고 이야기하는 책은 읽는다.
90	나는 내가 읽을 책을 누군가에게 추천해달라고 말한다.
91	나는 읽기 시작한 책은 대부분 끝까지 읽는다.
92	나는 한 종류의 책만 읽지 않고 다양한 분야(주제)의 책을 읽는다.
93	나는 계획적으로 책을 읽는다.
94	나는 내가 원해서 스스로 책을 읽는다.
95	나는 혼자 있는 시간에는 거의 책을 읽지 않는다.
96	나는 내가 읽은 책에 대해 다른 사람에게 자주 이야기 한다.
97	책속 이야기나 주인공에 대해 느낀 점을 글로 쓰거나 그림으로 그린다.
98	나는 책을 읽을 때 옆에서 누가 불러도 모를 때가 있다.
99	나는 친구들이 떠드는 것에 신경 쓰지 않고 책을 읽는다.
100	나는 책을 집중해서 읽는다.
101	책을 읽다보면 책속 주인공 때문에 화나기도 하고 즐겁기도 하다.
102	나는 독서모임(책이야기, 독서토론, 책읽어주기, 도서부 등)에 참여하겠다고 신청을 한다.
103	나는 독서행사에 참여하겠다고 신청을 한다.
104	나는 만화책보다는 동화책을 읽는다.
105	나는 게임을 하거나 TV를 시청하는 시간보다 책을 읽는 시간이 많다.
106	나는 책을 고를 때 책에 글자 수가 많은지 아니면 그림이나 만화가 들어가 있는지를 확인한다.
107	나는 책을 읽으러 학교도서관에 간다.
108	나는 숙제나 필요한 정보를 얻기 위해서 책을 읽는다.
109	나는 책속 이야기가 궁금해서 책을 읽는다.
110	나는 학교도서관이나 학급문고에서 내가 읽을 책을 어렵지 않게 찾을 수 있다.
111	사서선생님이 읽은 책의 내용을 물어보았을 때, 나는 책의 내용을 설명할 수 있다.
112	담임선생님이 동화책을 소리 내어 읽으라고 하였을 때, 나는 별다른 문제없이 책을 소리 내어 읽을 수 있다.
113	나는 다른 과목수업시간에도 책을 읽는다.
114	나는 교실에 있기 싫어서 학교도서관에 가서 책을 읽는다.
115	나는 학교에서 친구들과 놀지 않고 시간이 날 때마다 만화책을 읽는다.
116	나는 대화할 사람이 없어서 책을 읽는다.

문항번호	질문 문항	
117	나는 내가 어떤 책을 읽어야 할지 망설이다 책을 선택하지 못한다.	
118	공부를 잘하면 책은 조금만 읽어도 된다.	
119	나의 독서행동과 독서습관에는 문제가 있다.	
120	책은 무조건 매일매일 자주 읽고 많이 읽을수록 좋다.	
121	나는 숙제나 공부하기 싫어서 책을 읽는다.	
122	나는 책을 통해 새로운 사실을 안 적이 있다.	
123	나는 책을 통해 숙제나 문제를 해결하는 데 도움을 받은 적이 있다.	
124	나는 책을 통해 깊은 감명을 받은 적이 있다.	
125	나는 동화책을 끝까지 읽고 나면 마음이 뿌듯할 때가 있다.	
143	여러분은 지난 3월부터 6월까지 대략 하루에 평균 몇 분씩이나 책을 읽었나요?	
144	지난 3월부터 6월까지의 책을 읽은 하루 평균 시간 중에서 취미(즐기거나 감상하기 위하여)로 책을 읽은 시간은 대략 몇 분 정도 인가요?	
142	읽을 책을 선택할 때, 다음의 내용을 어느 정도나 고려합니까?	
	a	책의 크기
	b	글자 크기
	c	책의 두께
	d	글자수
	e	만화
	f	그림
	g	사진
	h	제목
	i	줄거리
	j	표지 그림
	k	지은이
	l	추천한 사람
145	다음의 자료를 최근 1년 동안 대략 얼마나 자주 읽었습니까?	
	a	그림책
	b	만화책
	c	동화책
	d	위인전
	e	잡지
	f	교과서
	g	문학, 사회, 역사
	h	자연, 과학
	i	판타지, 미스터리, 모험
	j	스포츠, 연예
	k	언어(영어 등)

〈표 53〉 배경환경 영역의 질문 문항

문항번호	질문 문항
126	부모님께서는 재미있는 책을 추천해 주신다.
127	부모님과 함께 도서관에 간 적이 있다.
128	어른들(부모님, 담임·사서선생님)이 재미있는 책을 추천해 주신다.
129	(담임, 사서)선생님은 다양한 독서활동(수업, 행사)을 진행해 주신다.
130	부모님께서는 내가 무슨 책을 읽고 있는지에 관심을 가져주신다.
131	담임선생님께서는 내가 책을 읽는다고 칭찬해 주신다.
132	사서선생님께서는 내가 책을 읽을 수 있도록 격려(말, 행동)해 주신다.
133	담임선생님께서는 교실에서 책을 즐겨 읽으신다.
134	부모님께서는 집에서 책을 즐겨 읽으신다.
135	우리 학교에는 이용하기 편리한 학교도서관이 있다.
136	학급에 읽을 만한 책이 많다.
137	나는 나의 책을 별로 가지고 있지 않다.
138	우리 학교도서관에는 읽을 만한 책이 별로 없다.
139	우리 학교는 학생들이 책을 즐겨 읽을 수 있도록 노력하는 것 같다.
140	나는 학원수업과 숙제 때문에 바빠서 책을 읽을 시간이 없다.
141	집에 책이 몇 권이나 있습니까?

나) 예비 문항 개발 근거

개발된 독서태도 검사 문항이 4차원 독서태도 구조, 독서태도 모형 및 선행 검사도구, 암묵적 지식 연구와 어떤 관련성을 가지고 있는지를 고찰하여 검사도구의 내용타당도에 대한 근거를 제시하고자 한다. 독서태도와 독서행동 및 배경환경 영역의 문항 개발 근거는 각각 <표 54>, <표 55>, <표 56>과 같다.

〈표 54〉 독서태도 영역의 문항 개발 근거

문항 번호	구성 요인	하위 영역	하위요인 및 내용			선행도구											암묵적 지식
			1	2	3	1	2	3	4	5	6	7	8	9	10	11	
1	인지	독서 중요성								Rhody		Denver	PISA	정혜승		옥정인	O
2			환경	부모님										정혜승	변우열	옥정인	O
3			목적	학습						Rhody					변우열	옥정인	O
4			텍스트	동화책	선호												O
5		독서 효용성	목적		삶					Rhody		Denver	PISA	정혜승	변우열		O
6			목적	학습	공부					Rhody				정혜승	변우열	옥정인	O
7			목적	학습	쓰기 등					Rhody		Denver			변우열		O
8			목적	여가	감동					Rhody					변우열	옥정인	O
9			목적	여가	마음					Rhody		Denver			변우열		O
10			목적	여가	시간			H1975		Rhody				정혜승	변우열		O
11			텍스트	필요성													O
12		독서 효능감	독서능력								8factor	Denver				옥정인	O
13			몰입	환경	친구			H1975						정혜승		옥정인	O
14			독해	친구							8factor	Denver		정혜승		옥정인	O
15			독해	학교	독서시험						8factor						O
16			발음	독서활동		ERAS	HA1978	H1975	Rowell		8factor	Denver		정혜승			
17			선정	자율성													O
18	정서	독서 즐거움	텍스트	즐거움		ERAS		H1975		Rhody	8factor			정혜승			O
19			텍스트	귀찮음				H1975		Rhody							O
20			텍스트	동화책	지루함												O
21			텍스트	교과서	즐거움	ERAS			Rowell					정혜승			
22			텍스트	새책	설렘	ERAS										옥정인	O

문항 번호	구성 요인	하위 영역	하위요인 및 내용			선행도구											암묵적 지식
			1	2	3	1	2	3	4	5	6	7	8	9	10	11	
23	정서	목적				ERAS		H1975		Rhody	8factor					옥정인	○
24			목적	독서활동			HA1978										○
25			목적	학습		ERAS			Rowell	Rhody				정혜승			○
26			여가	감동							8factor					옥정인	○
27			여가	취미		ERAS					8factor		PISA				○
28		상황	교실	담임교사	활동내용												○
29			학교	활동내용			HA1978	HA1978	Rowell								○
30			학교	선생님	활동내용				Rowell								○
31			학교도서관				HA1978		Rowell				PISA	정혜승			○
32			학교도서관	방문			HA1978		Rowell				PISA				○
33			학교도서관	책보유량													○
34			가정			ERAS				Rhody	8factor						○
35			가정			ERAS		H1975		Rhody	8factor			정혜승			○
36			가정	책보유량				H1975			8factor			정혜승			○
37			가정	가족	활동내용				Rowell							옥정인	○
38			표현	말	친구		HA1978		Rowell	Rhody	8factor		PISA	정혜승			○
39			보상	선물	선호	ERAS				Rhody	8factor		PISA	정혜승			○
40			보상	독서능력													○
41			보상	상점	선생님												○
42			환경	추천받기							8factor		PISA				○
43			설득	말	부모님												○
44			규칙	지정													○
45			규칙	선생님													○

문항 번호	구성 요인	하위 영역	하위요인 및 내용			선행도구											암묵적 지식
			1	2	3	1	2	3	4	5	6	7	8	9	10	11	
46	정서	몰입	감정이입	텍스트	독서중												○
47			동일화		독서중											옥정인	○
48		선호		스마트폰		ERAS				Rhody							○
49				TV		ERAS		H1975		Rhody				정혜승			
50			책	TV		ERAS		H1975		Rhody							
51			책	운동		ERAS	HA1978	H1975		Rhody							
52			책	자유시간	그림	ERAS	HA1978		Rowell	Rhody	8factor						○
53			책	사진				H1975									○
54			책	만화책							8factor						○
55	행동 의지	적극성	빈도					H1975							변우열		○
56			찾아읽기														○
57		상황	학교	자유시간		ERAS	HA1978	H1975	Rowell	Rhody	8factor						○
58			가정	여가		ERAS		H1975		Rhody					변우열		○
59			학교	책	선정								PISA	정혜승	변우열		○
60			활동내용	독서모임			HA1978		Rowell	Rhody			PISA		변우열		○
61			친구	책	추천					Rhody			PISA	정혜승	변우열	옥정인	○
62			사서선생님	책	추천								PISA	정혜승	변우열		○
63			보상								8factor				변우열		○
64			규칙														○
65			설득												변우열		○
66			담임	설득	완독		HA1978	H1975						정혜승	변우열		○

문항 번호	구성 요인	하위 영역	하위요인 및 내용			선행도구											암묵적 지식
			1	2	3	1	2	3	4	5	6	7	8	9	10	11	
67		선호	TV, 폰			ERAS		H1975						정혜승			
68			책	주제													○
69			책	선정	담임 선생님												○
70	행동 의지	선호	빈도	책	동화책												
71			독서능력														○
72			책	글자	그림, 만화						8factor						○
73		표현	친구				HA1978	H1975	Rowell	Rhody	8factor		PISA	정혜승	변우열	옥정인	○
74			친구	소개			HA1978	H1975	Rowell	Rhody				정혜승	변우열	옥정인	○
75			기록	글,그림										정혜승b		옥정인	○
76		인식	독서중요성												변우열	옥정인	○
77			독서효용성												변우열		○
78			독서효능감														○
79		목적	여가			ERAS					8factor		PISA		변우열		○
80			학습			ERAS			Rowell				PISA				○
81	독서상담 필요성 인식																

H1975: Heathington(1975), HA1978 : Heathington and Alexander(1978), 8factor : Ergin, Wallbrown and Brown(1976), PISA : PISA 2009.

〈표 55〉 독서행동 영역의 문항 개발 근거

문항 번호	구성 요인	하위 영역	하위요인 및 내용 1	하위요인 및 내용 2	하위요인 및 내용 3	선행도구 1	선행도구 2	선행도구 3	선행도구 4	선행도구 5	선행도구 6	선행도구 7	선행도구 8	선행도구 9	선행도구 10	선행도구 11	암묵적 지식
82	일반적 독서 행동	적극성	빈도					H1975		Rhody				정혜승			○
83			빈도	가정				H1975									○
84			빈도	학교도서관	방문		HA1978	H1975	Powell								○
85			빈도	학교도서관	대출		HA1978	H1975		Rhody				정혜승			○
86			자유시간	학교													○
87			접근성											정혜승			○
88			추천	타인									PISA	정혜승		옥정인	○
89			추천	요구									PISA				○
90			추천	재미						Rhody			PISA	정혜승			○
91			완독				HA1978	H1975					PISA	정혜승			○
92			책	주제		ERAS								정혜승b			○
93			계획														○
94			능동성														○
95			능동성	취미													
96		표현	말				HA1978	H1975	Rowell	Rhody			PISA	정혜승		옥정인	○
97			기록													옥정인	○
98		몰입	집중											정혜승			○
99			집중					H1975									○
100			집중										PISA	정혜승			○
101			감정이입												변우열		○

문항 번호	구성 요인	하위 영역	하위요인 및 내용			선행도구											암묵적 지식
			1	2	3	1	2	3	4	5	6	7	8	9	10	11	
102	일반적 독서 행동	활동 내용	적극성				HA1978		Rowell	Rhody			PISA			옥정인	○
103			적극성				HA1978		Rowell							옥정인	○
104		선호 행동	책	만화책							8factor						○
105				게임,TV				H1975						정혜승			
106			책	글자수							8factor						○
107		목적	학교도서관				HA1978	H1975	Powell				PISA	정혜승			○
108			학습						Rowell	Rhody			PISA	정혜승			○
109			여가									Denver					○
110	일반적 독서 행동	효능감	선정														○
111			독해						Rowell		8factor						○
112			발음			ERAS	HA1978	H1975			8factor						○
122		경험	인지구조	학습											변우열	옥정인	○
123			인지구조	학습						Rhody					변우열	옥정인	○
124			만족감	정서											변우열	옥정인	○
125			만족감	책	동화책										변우열		
113	이상 행동	·	이상상황														○
114			기피	교실													○
115			책	만화책													○
116			사회성	외톨이													○
117			독서효용성	책선택													○

문항 번호	구성 요인	하위 영역	하위요인 및 내용			선행도구											암묵적 지식
			1	2	3	1	2	3	4	5	6	7	8	9	10	11	
118	이상 행동	·	인식	공부													○
119			자기평가														○
120			중압감														○
121			회피														○
143	도달점 행동	독서량	하루 평균 독서량														○
144			하루 평균 취미독서량										PISA				○
142	책행동	책 선택시 고려 사항	책의 크기														○
			책의 두께														○
			책 속 글자의 크기														○
			책 속 글자 수														○
			책 속의 만화														○
			책 속의 그림														○
			책 속의 사진														○
			제목														○
			줄거리														○
			표지 그림														○
			책을 쓴 지은이														○
			책을 추천한 사람														○
			주제(위인, 전래동화, 추리)														○

문항 번호	구성 요인	하위 영역	하위요인 및 내용			선행도구											암묵적 지식
			1	2	3	1	2	3	4	5	6	7	8	9	10	11	
145	책행동	독서 권수	그림책														○
			만화책										PISA				○
			동화책										PISA				○
			위인전										PISA				○
			잡지										PISA				
			교과서														○
			문학, 사회, 역사														○
			자연, 과학														○
			판티지, 신화, 모험, 추리														○
			음악, 미술, 여행, 스포츠										PISA				○
			언어														

〈표 56〉 배경환경 영역의 문항 개발 근거

문항 번호	구성 요인	하위 영역	하위요인 및 내용			선행도구											암묵적 지식
			1	2	3	1	2	3	4	5	6	7	8	9	10	11	
126	배경 환경	·	활동내용	부모님	책추천										변우열	옥정인	○
127			활동내용	부모님	도서관방문										변우열	옥정인	○
128			활동내용	어른	책추천										변우열	옥정인	○
129			활동내용	선생님									PISA		변우열	옥정인	○
130			관심	부모님	활동내용										변우열		○
131			보상	담임교사	활동내용										변우열	옥정인	○
132			보상	사서교사	격려										변우열		○
133			독서롤모델	담임교사	독서행동											옥정인	○
134			독서롤모델	부모님	독서즐거움								PISA		변우열	옥정인	○
135			학교도서관	이용용이성									PISA		변우열	옥정인	○
136			교실	적합도서											변우열	옥정인	○
137			가정	책보유량				H1975		Rhody	8factor		PISA		변우열	옥정인	○
138			학교도서관	적합도서											변우열	옥정인	○
139			학교	독서교육											변우열	옥정인	○
140			가정														○
141			가정보유 책 수										PISA				○

나. 독서태도 검사도구의 구성요인

개발된 독서태도 검사도구는 아동의 독서태도에 관한 다양한 측면을 확인하

〈표 57〉 개발된 독서태도 검사도구의 영역과 구성요인

<table>
<tr><th rowspan="2">검사도구</th><th rowspan="2">영역</th><th rowspan="2" colspan="2">구성요인[13]</th><th rowspan="2">하위요인</th><th colspan="4">문항수</th></tr>
<tr><th>하위요인</th><th colspan="2">구성요인</th><th>영역</th></tr>
<tr><td rowspan="27">독서태도</td><td rowspan="8">독서태도</td><td rowspan="2" colspan="2">인지</td><td>독서효용성</td><td>6</td><td rowspan="2" colspan="2">9</td><td rowspan="8">33</td></tr>
<tr><td>독서효능감</td><td>3</td></tr>
<tr><td rowspan="3" colspan="2">정서</td><td>여가</td><td>5</td><td rowspan="3" colspan="2">10</td></tr>
<tr><td>자극</td><td>3</td></tr>
<tr><td>몰입</td><td>2</td></tr>
<tr><td rowspan="3" colspan="2">행동의지</td><td>표현</td><td>6</td><td rowspan="3" colspan="2">14</td></tr>
<tr><td>학습</td><td>3</td></tr>
<tr><td>적극성</td><td>5</td></tr>
<tr><td rowspan="14">독서행동</td><td rowspan="4" colspan="2">일반적 독서행동</td><td>학교도서관</td><td>2</td><td rowspan="4" colspan="2">18</td><td rowspan="14">47</td></tr>
<tr><td>경험</td><td>6</td></tr>
<tr><td>능력</td><td>3</td></tr>
<tr><td>표현 및 참여</td><td>7</td></tr>
<tr><td rowspan="3" colspan="2">이상행동*</td><td>독서과다</td><td>1</td><td rowspan="3" colspan="2">3</td></tr>
<tr><td>회피독서</td><td>1</td></tr>
<tr><td>이상인식</td><td>1</td></tr>
<tr><td rowspan="5">책행동*</td><td rowspan="3">책선택시 고려사항*</td><td>물리적 형태</td><td>4</td><td rowspan="3">13</td><td rowspan="5">24</td></tr>
<tr><td>표현형식</td><td>3</td></tr>
<tr><td>선정기준</td><td>6</td></tr>
<tr><td rowspan="2">독서권수</td><td>자료별</td><td>6</td><td rowspan="2">11</td></tr>
<tr><td>주제별</td><td>5</td></tr>
<tr><td rowspan="2" colspan="2">도달점행동*</td><td>학교도서관대출권수</td><td>1</td><td rowspan="2" colspan="2">2</td></tr>
<tr><td>취미독서량</td><td>1</td></tr>
<tr><td rowspan="4">배경환경</td><td rowspan="3" colspan="2">배경환경인식</td><td>학부모</td><td>4</td><td colspan="2">4</td><td rowspan="4">15</td></tr>
<tr><td>학교</td><td>7</td><td colspan="2">7</td></tr>
<tr><td>담임교사</td><td>3</td><td colspan="2">3</td></tr>
<tr><td colspan="2">가정보유책수*</td><td>가정보유책수*</td><td>1</td><td colspan="2">1</td></tr>
<tr><td colspan="4">합계</td><td colspan="4">95</td></tr>
</table>

13 *는 문항 내용의 차이점, 문항반응 형식의 측정값 기준의 차이점으로 상위영역에 합산하지 않고 개별적으로 분석되는 영역임.

기 위하여 독서태도, 독서행동, 배경환경 영역으로 구성되었다. 이에 따라 최종적으로 개발된 독서태도 검사도구의 영역과 구성요인은 <표 57>과 같다.

독서태도 영역은 독서태도 검사도구의 주요 영역으로 독서태도 영역만으로도 독서태도 검사가 가능하도록 개발되었다. 그리고 독서태도를 측정함에 있어 겉으로 보이는 독서행동을 관찰하고 측정할 필요가 있다는 점에서 독서태도 영역에 더하여 독서행동 영역을 추가하여 독서태도 검사도구를 활용할 수 있도록 개발하였고 추가적으로 아동의 독서태도와 독서행동을 해석하고 설명하기 위한 부수적 영역으로 배경환경 영역을 개발하였다.

다. 독서태도 검사도구의 문항

독서태도와 일반적 독서행동 및 가정보유 책 수를 제외한 배경환경영역의 문항 반응은 리커트 5점 척도로 "매우 그렇지 않다, 그렇지 않다, 보통이다, 그렇다, 매우 그렇다"로 측정되었다. 최종적으로 개발된 독서태도 검사도구의 구성요인과 하위영역 및 검사 문항은 <표 58>과 같다.

독서태도 영역은 인지, 정서, 행동의지로 구성된다. 인지영역의 문항을 통해 아동이 독서의 가치와 효능을 어떻게 평가하는지 그리고 독서를 잘할 수 있다는 믿음을 측정한다. 정서영역의 문항을 통해 아동이 여가시간에 독서를 선호하는지 또한 규칙이나 독서에 대한 권유와 같이 독서할 수 있도록 하는 자극을 선호하는지 그리고 책을 몰입해서 읽는지를 측정한다. 행동의지영역의 문항을 통해 아동이 독후표현활동의 의지와 학습을 위한 독서의지 그리고 적극적으로 독서하고자 하는 의지를 측정한다.

독서행동 영역은 일반적 독서행동과 이상행동, 책행동, 도달점행동으로 구성된다. 독서행동 영역은 독서태도 영역과는 다르게 사실적으로 드러난 독서행동을 측정한다. 일반적 독서행동은 학교도서관, 경험, 독서능력, 표현 및 참여 영

〈표 58〉 개발된 독서태도 검사도구의 영역과 문항

<table>
<tr><th>영역</th><th>구성 요인</th><th>하위 요인</th><th>문항 번호</th><th>질문 문항</th></tr>
<tr><td rowspan="33">독서 태도</td><td rowspan="9">인지</td><td rowspan="6">독서 효용성</td><td>1</td><td>나는 삶을 살아가는 데에 독서가 도움이 된다고 생각한다.</td></tr>
<tr><td>2</td><td>나는 책을 많이 읽으면 공부를 잘하게 된다고 생각한다.</td></tr>
<tr><td>3</td><td>나는 책을 읽는 것이 글쓰기와 말하기에도 도움이 된다고 생각한다.</td></tr>
<tr><td>4</td><td>나는 책을 많이 읽으면 마음이 넓어진다고 생각한다.</td></tr>
<tr><td>5</td><td>우리가 즐거운 시간을 보내는 데에 있어 독서는 도움이 된다.</td></tr>
<tr><td>6</td><td>책은 우리에게 꼭 필요한 유용한 도구이다.</td></tr>
<tr><td rowspan="3">독서 효능감</td><td>7</td><td>나는 책을 잘 읽을 수 있다.</td></tr>
<tr><td>8</td><td>나는 다른 친구들이 떠드는 것과는 상관없이 책을 집중해서 읽을 수 있다.</td></tr>
<tr><td>9</td><td>나는 다른 친구들만큼 책의 내용을 잘 이해할 수 있다.</td></tr>
<tr><td rowspan="10">정서</td><td rowspan="5">여가</td><td>10</td><td>나는 학교에서 운동을 하는 것보다 책을 읽는 것이 좋다.</td></tr>
<tr><td>11</td><td>나는 집에서의 자유시간에 그림을 그리는 것보다 책을 읽는 것이 좋다.</td></tr>
<tr><td>12</td><td>나는 학교에서의 자유시간에 재미있는 책을 읽는 것이 좋다.</td></tr>
<tr><td>13</td><td>나는 시간을 즐겁게 보내기 위해서 재미있는 책을 읽는 것이 좋다.</td></tr>
<tr><td>14</td><td>나는 집에서 TV를 보는 것보다 책을 읽는 것이 좋다.</td></tr>
<tr><td rowspan="3">자극</td><td>15</td><td>나는 선생님이 책을 읽어야 한다는 독서 규칙을 정해주면 좋겠다.</td></tr>
<tr><td>16</td><td>나는 부모님이 책을 읽으라고 말해주면 좋겠다.</td></tr>
<tr><td>17</td><td>나는 학교도서관에서 책을 읽거나 빌려야 하는 규칙이 있었으면 좋겠다.</td></tr>
<tr><td rowspan="2">몰입</td><td>18</td><td>슬픈 책을 읽고 있다면 내 기분도 조금 우울해 질 것이다.</td></tr>
<tr><td>19</td><td>책을 읽고 있으면 주인공이나 등장인물이 마치 나인 것처럼 느껴진다.</td></tr>
<tr><td rowspan="14">행동 의지</td><td rowspan="6">표현</td><td>20</td><td>내가 읽은 재미있는 책을 친구들과 함께 이야기하고 싶다.</td></tr>
<tr><td>21</td><td>나는 내가 읽은 책을 다른 친구들에게 소개하고 싶다.</td></tr>
<tr><td>22</td><td>나는 재미있게 읽은 책을 글이나 그림으로 남기고 싶다.</td></tr>
<tr><td>23</td><td>내가 읽은 책 속의 주인공(사람, 동물 등)이 등장하는 역할극에 참여하고 싶다.</td></tr>
<tr><td>24</td><td>독서활동(독서신문, 책 소개, 책읽어주기, 독서방송 등)에 참여하고 싶다.</td></tr>
<tr><td>25</td><td>독서모임(책이야기하기, 도서부, 독서토론 등)에 참여하고 싶다.</td></tr>
<tr><td rowspan="3">학습</td><td>26</td><td>나는 시험점수를 올리기 위해서 책을 읽고 싶다.</td></tr>
<tr><td>27</td><td>나는 공부를 잘하기 위해서 책을 읽고 싶다.</td></tr>
<tr><td>28</td><td>나는 국어(읽기, 말하기, 듣기, 쓰기)를 잘하기 위하여 책을 읽고 싶다.</td></tr>
<tr><td rowspan="5">적극성</td><td>29</td><td>선생님이나 친구들이 읽은 책을 나도 읽어 보고 싶다.</td></tr>
<tr><td>30</td><td>나는 친구들이 재미있다고 추천해 주는 책은 꼭 읽을 것이다.</td></tr>
<tr><td>31</td><td>나는 재미있는 책을 자주 읽고 싶다.</td></tr>
<tr><td>32</td><td>담임선생님이 특정 책을 학급 학생들과 함께 다 같이 읽자고 말한다면 나는 그 책을 끝까지 읽을 것이다.</td></tr>
<tr><td>33</td><td>나는 선물 받은 책을 끝까지 읽을 것이다.</td></tr>
</table>

영역	구성 요인	하위 요인		문항 번호	질문 문항
독서 행동	일반적 독서 행동	학교 도서관		34	나는 학교도서관에 자주 간다.
				35	나는 학교도서관에서 자주 책을 빌린다.
		경험		36	나는 책을 통해 새로운 사실을 안 적이 있다.
				37	나는 책을 통해 숙제나 문제를 해결하는 데 도움을 받은 적이 있다.
				38	나는 책을 통해 친구나 부모님의 마음을 이해한 적이 있다.
				39	나는 책을 통해 깊은 감명을 받은 적이 있다.
				40	나는 동화책을 끝까지 읽고 나서 마음이 뿌듯한 적이 있다.
				41	나는 책을 읽다가 책속 주인공 때문에 화가 나거나 즐겁기도 한 적이 있다.
		독서 능력		42	나는 친구들이 떠드는 것에 신경을 쓰지 않고 책을 읽는다.
				43	나는 책을 읽는 중에 딴 짓을 하지 않고 집중해서 읽는다.
				44	나는 읽기 시작한 책은 대부분 끝까지 읽는다.
		표현 및 참여		45	나는 책속 이야기나 주인공에 대해 느낀 점을 글로 쓰거나 그림으로 그린다.
				46	나는 내가 읽은 재미있는 책을 다른 사람들(친구, 선생님, 부모님)에게 소개한다.
				47	내가 읽고 있는 책속 주인공이 그려진 그림이나 배경사진 등을 친구에게 보여준다.
				48	나는 독서모임(책이야기, 독서토론, 독서부 등)에 참여하겠다고 신청을 한다.
				49	나는 독서행사(미니북 만들기, 작가와의 만남, 도서관 행사 등)에 참여하겠다고 신청을 한다.
				50	나는 도서관활동(대출 및 반납, 도서관 이용 안내, 책 찾기 등)에 참여하겠다고 신청을 한다.
				51	나는 독서방송(아침방송시간 등에 책과 관련된 내용 소개)에 참여하겠다고 신청을 한다.
	이상 행동	과다		52	나는 책읽기와 관련 없는 수업시간에도 몰래 책을 읽는다.
		회피		53	나는 교실에서 함께 놀 친구가 없어 학교도서관에 가서 책을 읽는다.
		인식		54	공부를 많이 잘하면 책은 안 읽어도 된다.
	책 행동	책 선택시 고려 사항	물리적 형태	72	책의 크기
				73	책의 두께
				74	책 속 글자의 크기
				75	책 속 글자 수
			표현 형식	76	책 속의 만화
				77	책 속의 그림
				78	책 속의 사진

영역	구성 요인	하위 요인		문항 번호	질문 문항	
독서 행동	책 행동	책 선택시 고려 사항	선정 기준	79	제목	
				80	줄거리	
				81	표지 그림	
				82	책을 쓴 지은이(글쓴이, 그림그린이)	
				83	책을 추천한 사람(친구, 선생님, 부모님 등)	
				84	주제(위인, 전래동화, 추리, 역사, 동물 등)	
		독서 권수	자료별	85	그림책	1: 1년에 0-2권 2: 1년에 3-10권 3: 1년에 11-30권 4: 1년에 31-50권 5: 1년에 51권 이상
				86	만화책	
				87	동화책	
				88	위인전	
				89	잡지	
				90	교과서	
			주제별	91	문학, 사회, 역사	
				92	자연(지구, 환경 등), 과학(동·식물 등)	
				93	판타지, 신화, 모험, 추리, 전래동화	
				94	음악, 미술, 요리, 여행, 스포츠(체육)	
				95	언어(사투리, 영어, 중국어 등)	
	도달점 행동	학교도서관 대출권수		70	학교도서관에서 몇 권의 책을 빌렸나요? 1: 0권, 2: 1-4권, 3: 5-10권, 4: 11-29권, 5: 30권 초과	
		취미독서량		71	하루에 취미(즐기거나 감상하기 위하여)로 책을 평균 몇 분씩이나 읽었나요? 1: 하루에 5분 이하, 2: 하루에 6-10분, 3: 하루에 16-30분 4: 하루에 31-60분, 5: 하루에 1시간 초과	
배경 환경	학부모	책추천		55	부모님께서는 재미있는 책을 추천해 주신다.	
		도서관방문		56	부모님과 함께 (학교, 공공)도서관에 간 적이 있다.	
		책관심		57	부모님은 내가 무슨 책을 읽고 있는지에 관심을 가져 주신다.	
		즐겨읽기		58	부모님께서는 집에서 책을 즐겨 읽으신다.	
	학교	교육과정		59	우리 학교는 학생들이 책을 즐겨 읽을 수 있도록 노력하는 것 같다.	
				60	(담임, 사서)선생님은 다양한 독서활동(수업, 행사)을 진행해 주신다.	
		학교도서관		61	우리 학교도서관에는 읽을 만한 책이 많이 있다.	
				62	우리 학교에는 이용하기 편리한 학교도서관이 있다.	
		사서교사		63	사서선생님은 우리를 친절하게 대해준다.	
				64	사서선생님께서는 내가 책을 읽도록 격려(말, 행동)해 주신다.	
		학급문고		65	학급에 읽을 만한 책이 많다.	
	담임 교사	칭찬		66	담임선생님께서는 내가 책을 읽는다고 칭찬해 주신다.	
		즐겨읽기		67	담임선생님께서는 교실에서 책을 즐겨 읽으신다.	
		설득		68	담임선생님께서는 책을 읽으라고 말씀하신다.	
	가정보유책수			69	집에 책이 몇 권 있습니까? 1: 0-50권, 2: 51-200권, 3: 201-400권, 4: 401-800권, 5: 800권 초과	

역으로 구성된다. 학교도서관영역은 아동이 학교도서관을 이용하는 정도를 측정하고 경험영역은 독서에 대한 인지적이고 정서적인 경험을 측정하며 독서능력영역은 독서에 대한 집중력과 완독력을 측정한다. 그리고 표현 및 참여영역은 현상세계에서 아동의 독서활동에 대한 표현행동과 참여행동을 측정한다. 이상행동은 독서과다, 독서회피, 독서인식을 측정한다. 그러나 이상행동영역의 문항은 일반적이지 않은 독서행동을 측정하기 위한 문항이기 때문에 독립적으로 해석하지 않고 소수의 독서이상아를 선별하기 위한 부수적인 정보로 활용된다. 책행동영역은 책 선택시 고려행동과 독서권수로 구성된다. 그리고 책 선택시 고려행동영역은 다시 물리적 형태, 표현형식, 선정기준으로 나눠지고, 독서권수는 자료별 독서권수와 주제별 독서권수로 나눠진다. 물리적 형태는 책의 내용과 상관없는 요인으로 책의 크기와 두께 등을 의미하며, 표현형식은 텍스트가 만화나 그림 또는 사진으로 구성되었는지를 의미한다. 그리고 선정기준은 아동의 책 선택의 형태를 파악하기 위한 것으로 제목, 주제 등으로 구성된다. 자료별 독서권수영역은 아동이 독서 자료별로 몇 권의 책을 읽었는지를 측정하고 있으며, 주제별 독서권수영역은 아동이 주제별로 몇 권의 책을 읽었는지를 측정하고 있다. 그리고 도달점행동영역은 학교도서관에서 책을 대출한 권수와 하루 동안에 취미로 책을 읽은 평균 시간을 측정하고 있다.

배경환경 영역은 학부모, 학교, 담임교사로 구성된다. 학부모영역의 문항은 학부모의 아동에 대한 책 추천, 아동과 함께 도서관에 방문한 경험, 아동의 독서에 대한 관심, 학부모의 독서태도와 습관을 측정하고 학교영역의 문항은 학교의 교육과정, 학교도서관, 사서교사, 학급문고를 측정한다. 그리고 담임교사영역의 문항은 담임교사의 아동에 대한 칭찬, 담임교사의 독서태도와 습관 그리고 아동에 대한 독서 권유활동을 측정한다.

라. 독서태도 검사도구의 타당성 검증

1) 문항변별도 검증

최종적으로 개발된 독서태도 검사도구의 측정 가능한 영역별 문항변별도는 <표 59>와 같다.

〈표 59〉 독서태도 검사도구의 문항변별도

구분				문항변별도(r)													
독서태도			문항번호	1	2	3	4	5	6	7	8	9	10	11	12	13	14
			r	.64	.59	.53	.60	.70	.68	.63	.59	.60	.57	.57	.62	.72	.67
			문항번호	15	16	17	18	19	20	21	22	23	24	25	26	27	28
			r	.58	.51	.58	.57	.63	.69	.70	.64	.55	.69	.70	.54	.58	.62
			문항번호	29	30	31	32	33									
			r	.74	.71	.66	.69	.62									
독서행동	일반적 독서행동		문항번호	34	35	36	37	38	39	40	41	42	43	44	45	46	47
			r	.60	.63	.58	.70	.69	.71	.69	.68	.67	.70	.66	.64	.72	.67
			문항번호	48	49	50	51										
			r	.67	.70	.70	.65										
	이상 행동		문항번호	52	53	54											
			r	.76	.72	.59											
	책 행동	책선택시 고려사항	문항번호	72	73	74	75	76	77	78	79	80	81	82	83	84	
			r	.62	.66	.68	.68	.62	.71	.71	.57	.55	.61	.49	.52	.52	
		독서권수	문항번호	85	86	87	88	89	90	91	92	93	94	95			
			r	.58	.54	.66	.72	.58	.53	.73	.75	.74	.73	.66			
배경 환경	배경환경인식		문항번호	55	56	57	58	59	60	61	62	63	64	65	66	67	68
			r	.62	.61	.66	.56	.68	.70	.68	.69	.65	.65	.58	.59	.48	.52

모든 영역에서 문항내적상관계수가 0.40 이상으로 나타났다. 따라서 개발된 독서태도 검사도구의 문항변별도는 양호한 것으로 검증되었다.

2) 신뢰도 검증

독서태도 검사도구의 영역별 신뢰도 계수는 <표 60>과 같다.

최종적으로 개발된 독서태도 검사도구의 독서태도 영역의 신뢰도 계수

〈표 60〉 독서태도 검사도구의 신뢰도 계수

<table>
<tr><th rowspan="2">영역</th><th rowspan="2" colspan="2">구성요인</th><th rowspan="2">하위요인</th><th rowspan="2">문항수</th><th colspan="3">신뢰도 계수</th></tr>
<tr><th>하위영역</th><th>구성요인</th><th>영역</th></tr>
<tr><td rowspan="8">독서
태도</td><td rowspan="2" colspan="2">인지</td><td>독서효용성</td><td>6</td><td>.864</td><td rowspan="2">.885</td><td rowspan="8">.954</td></tr>
<tr><td>독서효능감</td><td>3</td><td>.800</td></tr>
<tr><td rowspan="3" colspan="2">정서</td><td>여가</td><td>5</td><td>.840</td><td rowspan="3">.863</td></tr>
<tr><td>자극</td><td>3</td><td>.790</td></tr>
<tr><td>몰입</td><td>2</td><td>.724</td></tr>
<tr><td rowspan="3" colspan="2">행동의지</td><td>표현</td><td>6</td><td>.875</td><td rowspan="3">.917</td></tr>
<tr><td>학습</td><td>3</td><td>.880</td></tr>
<tr><td>적극성</td><td>5</td><td>.876</td></tr>
<tr><td rowspan="14">독서
행동</td><td rowspan="4" colspan="2">일반적
독서행동</td><td>학교도서관</td><td>2</td><td>.908</td><td rowspan="4">.928</td><td rowspan="14">·</td></tr>
<tr><td>경험</td><td>6</td><td>.870</td></tr>
<tr><td>능력</td><td>3</td><td>.838</td></tr>
<tr><td>표현 및 참여</td><td>7</td><td>.889</td></tr>
<tr><td rowspan="3" colspan="2">이상행동</td><td>독서과다</td><td>1</td><td>·</td><td rowspan="3">.383</td></tr>
<tr><td>회피독서</td><td>1</td><td>·</td></tr>
<tr><td>이상인식</td><td>1</td><td>·</td></tr>
<tr><td rowspan="5">책
행
동</td><td rowspan="3">책선택시
고려사항</td><td>물리적형태</td><td>4</td><td>.874</td><td rowspan="3">.855</td></tr>
<tr><td>표현형식</td><td>3</td><td>.904</td></tr>
<tr><td>선정기준</td><td>6</td><td>.795</td></tr>
<tr><td rowspan="2">독서자료별
독서권수</td><td>자료별</td><td>6</td><td>.756</td><td rowspan="2">.874</td></tr>
<tr><td>주제별</td><td>5</td><td>.841</td></tr>
<tr><td rowspan="2" colspan="2">도달점행동</td><td>학교도서관대출권수</td><td>1</td><td>·</td><td>·</td></tr>
<tr><td>취미독서량</td><td>1</td><td>·</td><td>·</td></tr>
<tr><td rowspan="4">배경
환경</td><td rowspan="3" colspan="2">배경환경
인식</td><td>학부모</td><td>4</td><td>.773</td><td rowspan="3">.864</td><td rowspan="3">·</td></tr>
<tr><td>학교</td><td>7</td><td>.817</td></tr>
<tr><td>담임교사</td><td>3</td><td>.615</td></tr>
<tr><td colspan="2">가정보유책수</td><td>가정보유책수</td><td>1</td><td>·</td><td>·</td><td>·</td></tr>
</table>

Cronbach α값은 0.954로 나타났으며 일반적 독서행동 요인의 신뢰도 계수 Cronbach α값은 0.928로 나타났다. 그리고 배경환경인식 요인의 Cronbach α값은 0.864로 나타났고 책선택시 고려사항의 Cronbach α값은 0.855, 독서자료별 독서권수의 Cronbach α값은 0.874로 나타났다. 이와 같이 이상행동 요인을 제외한 모든 영역과 요인에서 신뢰도 계수 Cronbach α값이 0.70을 넘어서고 있기 때문에 개발된 검사도구는 신뢰도가 양호한 것으로 검증되었다.

3) 타당도 검증

탐색적 요인분석 결과를 토대로 확인적 요인분석(Confirmatory Factor Analysis)을 위해 설정한 독서태도와 독서행동 영역에 대한 확인적 요인분석 모형은 <그림 13>과 같다.

분석 모형의 적합도로 절대적합지수중에 하나인 GFI(Goodness of Fit Index)

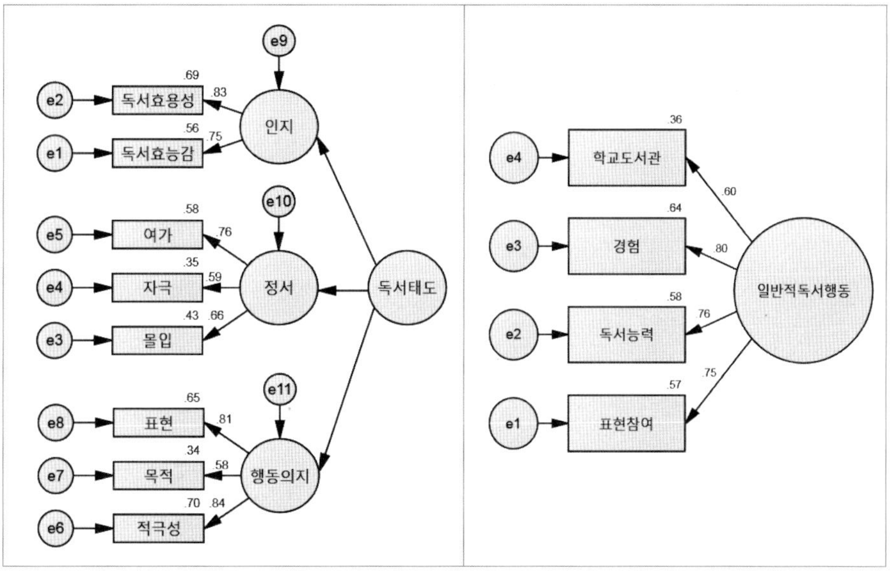

〈그림 13〉 독서태도 영역과 일반적 독서행동 영역에 대한 확인적 요인분석 모형

와 증분적합지수중에 하나인 NFI(Normed Fit Index) 지수를 사용하였다. GFI와 NFI가 0.9이상이면서 1에 가까울수록 적합한 모형이라고 판단할 수 있다(이병기 2013, 194). 이러한 기준에 근거하여 독서태도 영역에 대한 모형은 확인적 요인분석 모형으로 적합하였다(GFI=.952, NFI=.948). 타당성 분석 결과, 잠재변수를 구성하는 관측변수와의 표준화 계수 값이 0.5이상으로 측정의 개념타당도를 확보하였으나 잠재변수 간에 밀접한 상관관계가 있었기 때문에 판별타당도는 확보하기 어려웠다(r>0.8). 그러나 이론적 배경을 바탕으로 하나의 구성개념이 다른 구성개념을 어느 정도 예측하는지를 나타내는 법칙타당도는 확보하였음을 알 수 있다(우종필 2012, 164).

일반적 독서행동 요인에 대한 모형은 확인적 요인분석 모형으로 적합하였다(GFI=.971, NFI=.957). 일반적 독서행동 요인의 표준화된 요인부하량 값이 0.6이상으로 일반적 독서행동의 관측변수 설명량이 36%에서 64%로 나타나 개념타당도를 확보한 것으로 나타났다.

이 연구에서는 타당도를 확보하기 위해서 다양한 방법을 활용하였다. 선행검사도구의 문항과 요인을 토대로 독서태도 검사문항을 개발함으로써 내용 타당도를 확보하였다. 초등 사서교사와 담임교사, 피험자인 학생들을 대상으로 확인한 암묵적 지식이론을 토대로 태도 측정 구조와 문항을 개발하였고 이후 사서교사와 초등교사로부터 문항검토를 실시하여 안면 타당도와 내용 타당도를 확보하였다. 독서태도 구조와 모형을 설정하고 측정영역의 특성을 설명하였으며 이러한 측정영역을 요인분석을 실시하여 구인타당도를 확보하였다. 탐색적 요인분석 결과 독서태도 영역에서 8개의 하위요인을 추출하였고 8개의 하위요인은 전체변량의 68.85%를 설명하였다. 일반적 독서행동 요인에서 4개의 하위요인을 추출하였고 4개의 하위요인은 전체변량의 67.65%를 설명하였다. 그리고 확인적 요인분석 결과 설계한 구성요인 모형이 적합한 모형으로 확인되었으며 개념타당도와 법칙타당도를 확보한 것으로 나타났다.

참고문헌

성은현 외. 2007. "한국대학생이 생각하는 한국과 미국의 암묵적 창의성에 대한 비교 연구." 영재교육연구, 제17권, 제2호, pp.365-391.

성태제. 2004. 문항제작 및 분석의 이론과 실제. 서울 : 학지사.

변우열. 2009. 독서교육의 이해. 고양 : 조은글터.

변우열. 2012. "독서태도 모형 분석을 통한 독서태도 조사 설문 내용 개발." 한국도서관·정보학회지, 제43권, 제4호, pp.139-159.

옥정인. 1999. 읽기 태도 형성에 영향을 미치는 요인 연구. 석사학위논문, 한국교원대학교 교육대학원 국어교육전공.

우종필. 2012. 구조방정식모델 개념과 이해. 서울 : 한나래.

이병기. 2013. "길포드의 지능구조모형에 의한 정보활용능력 검사도구 개발 및 타당성 연구." 한국문헌정보학회지, 제47권, 제2호, pp.181-200.

정혜승. 2007. "읽기 태도 평가를 위한 점검표(checklists) 개발 연구 : 학생과 교사의 읽기 태도에 대한 인식 조사를 중심으로." 한국초등국어교육, 제33집, pp.272-291.

최연미. 2006. "독서평가도구에 관한 연구." 한국비블리아학회지, 제17권, 제1호, pp.183-200.

탁진국. 2007. 심리검사 개발과 평가방법의 이해, 2판. 서울 : 학지사.

한국독서학회. 2003. 21세기 사회와 독서지도, 서울 : 박이정.

戈木クレイグヒル滋子. 2006. グラウンデッド·セオリー·アプローチ—理論を生みだすまで. 東京都 : 新曜社.

Choe, I. S. 2006. "Creativity-A Studden Rising Star in Korea." In: *International Handbook of Creativity*. edited by J. C. Kaufman & R. J. Sternberg. Cambridge

: Cambridge University Press. pp.395–420.

Heathington, Betty Sue. and Alexander, J. E. 1978. "A Child–Based Observation Checklists to Assess Attitudes Toward Reading." *The reading Teacher*, Vol.31, No.7, pp.761–771.

Mathewson, G. C. 1994. "Model of Attitude Influence upon Reading and Learning to Read." In: *Theoretical Models Processes of Reading.* edited by R. B. Ruddell, M. R. Ruddell, H. Singer. 4th ed. Delaware: International Reading Association, pp.1131–1161.

Petty, R. E. and Cacioppo, J. T. 1981. *Attitudes and Persuasion : Classic and Contemporary Approaches.* Dubuque, Iowa : W.C. Brown Publishers.

Petty, R. E. and Cacioppo, J. T. 1986. *Communication and Persuation : Central and Peripheral Routes to Attitude Change.* New York : Springer–Verlag.

Phil, Erwin. 2001. *Attitudes and persuasion.* NY : Psychology Press.

Polanyi, M. 1966. *The Tacit Dimension. Garden City*, N.Y. : Doubleday Anchor.

Rowell, C. Glennon. 1972. "An Attitude Scale for Reading." *The Reading Teacher*, Vol.25, No.5, pp.442–447.

Runco, M. A., Johnson, D. and Bear, P. 1993. "Parents' and Teachers' Implicit Theories of Children's Creativity." *Child Study Journal*, Vol.23, Issue 2, pp.91–113.

Sternberg, R. J. 1985. "Implicit Theories of Intelligence, Creativity, and Wisdom." *Journal of Personality and Social Psychology*, Vol.49, No.3, pp.607–627.

Tullock–Rhody R. and Alexander, J. E. 1980. "A scale for assessing attitudes toward reading in secondary schools." *Journal of Reading*, Vol.23, No.7, pp.609–614.

제3부 독서태도 검사의 실제

7 독서태도의 평정기준

이 연구에서 개발된 독서태도 검사도구는 초등학교 4-6학년 학생을 대상으로 한 검사도구이다. 따라서 현장에서 이들 학생들을 대상으로 다양한 독자상담서비스를 제공하고 있는 사서교사들이 개발된 독서태도 검사도구를 유용하게 활용할 수 있도록 측정된 점수를 바탕으로 피검사자의 독서태도의 수준을 알아보고 그에 따른 독자상담서비스 제공을 위한 기초 및 진단 정보를 제공하고자 한다. 독서태도 평정 점수를 제시하기 위해 각 학년 학생들의 점수가 정상분포의 형태를 가지고 있는지를 확인하고 표준화 점수를 통해 표준 편차상의 개별 아동의 점수가 어떤 위치를 차지하는지를 나타내기 위해 Z값을 사용하였다. 그리고 검사 점수를 Z점수로 변환하여 9단계로 나누고, 다시 원점수를 환산하여 원점수를 기준으로 학년별 독서태도에 대한 평정기준을 9단계로 제시하였다.

가. 독서태도 영역의 평정기준

독서태도 영역의 구성요인과 하위요인에 따른 점수는 <표 61>과 같다.

독서태도 영역의 구성요인은 인지, 정서, 행동의지로 구분된다. 인지 요인은 독서효용성과 독서효능감으로 구분되고, 정서 요인은 여가, 자극, 몰입으로 구분되며, 행동의지 요인은 표현, 학습, 적극성으로 구분된다. 하위요인별 점수는 문항 당 1-5점으로 독서효용성은 6문항 30점, 독서효능감은 3문항 15점, 여가는 5문항 25점, 자극은 3문항 15점, 몰입 2문항 10점, 표현 6문항 30점, 학습 3문항 15점, 적극성 5문항 15점이다.

〈표 61〉 독서태도 영역의 하위요인별 점수 구간

구성요인	하위요인	문항번호	점수 구간		
			하위요인	구성요인	독서태도
인지	독서효용성	1-6	6-30점	9-45점	33-165점
	독서효능감	7-9	3-15점		
정서	여가	10-14	5-25점	10-50점	
	자극	15-17	3-15점		
	몰입	18-19	2-10점		
행동의지	표현	20-25	6-30점	14-70점	
	학습	26-28	3-15점		
	적극성	29-33	5-25점		

〈표 62〉 독서태도 영역의 하위요인에 대한 기술통계량

영역			평균	합계평균	표준편차	왜도	첨도	최저점수	최고점수
독서태도			3.32	109.61	24.325	-.215	-.238	35	165
	인지		3.80	34.23	6.604	-.359	-.196	9	45
		독서효용성	3.87	23.20	4.607	-.479	.011	6	30
		독서효능감	3.67	11.00	2.681	-.303	-.469	3	15
	정서		2.88	28.78	8.163	.023	-.182	10	50
		여가	2.84	14.20	4.811	.068	-.538	5	25
		자극	2.64	7.91	2.953	.300	-.247	3	15
		몰입	3.34	6.68	2.215	-.273	-.638	2	10
	행동의지		3.32	46.45	11.696	-.265	-.203	14	70
		표현	3.03	18.16	5.892	.008	-.559	6	30
		학습	3.15	9.44	3.280	-.091	-.621	3	15
		적극성	3.76	18.82	4.629	-.593	-.034	5	25

N : 2096-2309

평정기준에 이용된 초등학교 4–6학년 학생 2,328명의 검사 점수의 기술통계량은 <표 62>와 같다.

왜도와 첨도가 ±2를 기준으로 하였을 때(배정민 2012), 독서태도의 모든 영역의 검사 점수는 정규분포를 그리고 있다. 따라서 정규분포를 가정하고 있는 평정기준을 제시할 수 있다. 이에 학년과 성별에 따른 기술통계량을 확인하였다. 학년에 따른 기술통계량은 <표 63>과 같다.

<표 63>을 보면 학년이 올라감에 따라 모든 독서태도 영역의 평균점수가 하락하고 있음을 알 수 있다. 이에 학년간 평균점수의 차이가 통계적으로 유의미한지를 확인하기 위해 일변량 분산분석을 통해 확인하였다. 분석 결과는 <표 64>와 같다.

〈표 63〉 학년에 따른 독서태도 영역의 하위요인에 대한 기술통계량

영역			4학년					5학년					6학년				
			평균	합계평균	표준편차	최저점수	최고점수	평균	합계평균	표준편차	최저점수	최고점수	평균	합계평균	표준편차	최저점수	최고점수
독서태도			3.54	116.7	22.6	43	165	3.54	108.7	25.0	40	165	3.14	103.7	23.5	35	165
	인지		3.93	35.33	6.32	13	45	3.93	34.12	6.87	11	45	3.69	33.24	6.47	11	45
		독서효용성	3.99	23.93	4.29	8	30	3.99	23.09	4.87	6	30	3.76	22.57	4.56	6	30
		독서효능감	3.79	11.37	2.62	3	15	3.79	11.00	2.76	3	15	3.54	10.63	2.62	3	15
	정서		3.11	31.12	7.68	10	50	3.11	28.36	8.34	10	50	2.69	26.87	7.90	10	50
		여가	3.08	15.42	4.47	5	25	3.08	13.98	4.95	5	25	2.64	13.18	4.74	5	25
		자극	2.94	8.82	2.88	3	15	2.94	7.75	2.95	3	15	2.38	7.15	2.78	3	15
		몰입	3.43	6.86	2.19	2	10	3.43	6.64	2.24	2	10	3.27	6.54	2.21	2	10
	행동의지		3.56	49.86	10.8	14	70	3.56	46.16	12.0	14	70	3.10	43.4	11.3	14	70
		표현	3.29	19.72	5.67	6	30	3.29	18.21	6.09	6	30	2.76	16.54	5.48	6	30
		학습	3.32	9.97	3.24	3	15	3.32	9.34	3.33	3	15	3.00	9.00	3.20	3	15
		적극성	4.01	20.06	4.26	5	25	4.01	18.61	4.69	5	25	3.55	17.76	4.64	5	25

〈표 64〉 학년에 따른 독서태도 영역의 변량 분석

영역			학년	평균	표준편차	F값	유의확률	사후검증결과
독서태도			4	116.71	22.626	53.938	.000	4〉5,6, 5〉6 (Dunnett T3검증)
			5	108.65	25.039			
			6	103.74	23.519			
	인지		4	35.33	6.316	19.795	.000	4〉5,6 (Scheffe검증)
			5	34.12	6.868			
			6	33.24	6.471			
		독서효용성	4	23.93	4.289	17.470	.000	4〉5,6 (Dunnett T3검증)
			5	23.09	4.867			
			6	22.57	4.564			
		독서효능감	4	11.37	2.618	15.119	.000	4〉5,6, 5〉6 (Scheffe검증)
			5	11.00	2.760			
			6	10.63	2.621			
	정서		4	31.12	7.684	55.284	.000	4〉5,6, 5〉6 (Scheffe검증)
			5	28.36	8.335			
			6	26.87	7.897			
		여가	4	15.42	4.474	44.645	.000	4〉5,6, 5〉6 (Dunnett T3검증)
			5	13.98	4.951			
			6	13.18	4.741			
		자극	4	8.82	2.885	67.223	.000	4〉5,6, 5〉6 (Scheffe검증)
			5	7.75	2.949			
			6	7.15	2.781			
		몰입	4	6.86	2.190	4.338	.013	4〉6 (Scheffe검증)
			5	6.64	2.242			
			6	6.54	2.207			
	행동의지		4	49.86	10.843	61.005	.000	4〉5,6, 5〉6 (Dunnett T3검증)
			5	46.16	11.984			
			6	43.38	11.343			
		표현	4	19.72	5.670	58.606	.000	4〉5,6, 5〉6 (Dunnett T3검증)
			5	18.21	6.089			
			6	16.54	5.484			
		학습	4	9.97	3.243	17.773	.000	4〉5,6 (Scheffe검증)
			5	9.34	3.327			
			6	9.00	3.202			
		적극성	4	20.06	4.258	51.138	.000	4〉5,6, 5〉6 (Dunnett T3검증)
			5	18.61	4.689			
			6	17.76	4.643			

독서태도의 구성요인과 하위요인의 평균점수의 차이는 학년에 따라 통계적으로 유의미한 차이가 있는 것으로 나타났다($p<0.05$). 이러한 결과는 ERAS를 번안하여 개발한 KERAS(Korean Elementary Reading Attitude Survey)를 이용하여 여가를 위한 독서태도와 학습을 위한 독서태도의 합산 점수가 초등학교 4학년 학생부터 초등학교 6학년 학생 간에 통계적으로 의미 있는 차이가 있었던 윤준채, 이형래(2007)의 연구 결과와 일치한다. 또 인지, 정서, 행동적 요인으로 구성된 독서태도 검사 점수가 초등학교 4학년부터 6학년으로 학년이 올라감에 따라 감소했다는 정혜승, 서수현(2011)의 연구 결과와도 일치한다. 따라서 독서태도 점수에 대한 평정기준을 학년별로 제시할 필요가 있다.

성별에 따른 기술통계량은 <표 65>와 같다.

〈표 65〉 성별에 따른 독서태도 영역의 기술통계량

영역			남자					여자				
			평균	합계 평균	표준 편차	최저 점수	최고 점수	평균	합계 평균	표준 편차	최저 점수	최고 점수
독서태도			3.18	104.99	24.52	35	165	3.48	114.73	23.26	38	165
	인지		3.72	33.47	6.76	11	45	3.90	35.10	6.38	11	45
		독서효용성	3.78	22.69	4.75	6	30	3.96	23.77	4.41	6	30
		독서효능감	3.58	10.73	2.74	3	15	3.77	11.31	2.60	3	15
	정서		2.74	27.41	8.24	10	50	3.04	30.35	7.83	10	50
		여가	2.73	13.64	4.83	5	25	2.97	14.87	4.72	5	25
		자극	2.52	7.57	2.91	3	15	2.76	8.29	2.96	3	15
		몰입	3.11	6.22	2.25	2	10	3.60	7.19	2.07	2	10
	행동의지		3.14	43.95	11.61	14	70	3.52	49.21	11.24	14	70
		표현	2.78	16.70	5.70	6	30	3.29	19.75	5.74	6	30
		학습	3.03	9.10	3.34	3	15	3.29	9.86	3.16	3	15
		적극성	3.62	18.09	4.76	5	25	3.92	19.61	4.35	5	25

<표 65>를 보면 성별에 따라 모든 독서태도의 영역별 평균점수가 차이가 나고 있음을 알 수 있다. 독서태도의 모든 영역에서 여학생의 평균점수가 높게 나타났다. 이에 성별간 평균점수의 차이가 통계적으로 유의미한지를 t검정을 통해 확인하였다. t검정 결과 독서태도의 모든 하위요인의 평균점수의 차이는 성별에 따라 통계적으로 유의미한 차이가 있었다($p<0.05$). 따라서 독서태도 점수에 대한 평정기준을 성별에 따라 제시할 필요가 있다.

결론적으로 학년과 성별에 따라 독서태도의 평균 점수는 유의미한 차이가 있었다. 따라서 구체적으로 학년별로 남학생과 여학생의 독서태도 영역별 평균 점수의 차이가 통계적으로 유의미한지를 확인할 필요가 있다. 이를 확인하기 위해 다변량 분석을 실시하였다. 독서태도 영역의 학년별 성별 기술통계량은 <표 66>과 같고 다변량 분석 결과는 <표 67>과 같다.

〈표 66〉 독서태도 영역의 학년별 성별 기술통계량

영역			4학년						5학년						6학년					
			남자			여자			남자			여자			남자			여자		
			평균	합계 평균	SD	평균	합계 평균	SD	평균	합계 평균	SD	평균	합계 평균	SD	평균	합계 평균	SD	평균	합계 평균	SD
독서태도			3.41	112.5	23	3.68	121.6	22	3.09	102.0	25	3.51	115.9	23	3.07	101.4	24	3.23	106.7	23
	인지		3.82	34.35	6.5	4.05	36.44	6.0	3.68	33.14	7.1	3.91	35.20	6.5	3.66	32.98	6.6	3.73	33.56	6.3
		독서 효용성	3.89	23.36	4.4	4.10	24.62	4.1	3.75	22.47	5.1	3.96	23.76	4.5	3.72	22.29	4.6	3.81	22.87	4.5
		독서 효능감	3.65	10.95	2.7	3.93	11.79	2.5	3.54	10.61	2.8	3.81	11.44	2.7	3.54	10.63	2.7	3.55	10.66	2.5
	정서		2.98	29.82	7.8	3.27	32.66	7.4	2.63	26.31	8.3	3.06	30.61	7.6	2.63	26.32	8.1	2.77	27.69	7.6
		여가	2.95	14.73	4.5	3.26	16.32	4.3	2.62	13.10	4.9	2.99	14.93	4.8	2.64	13.19	4.9	2.66	13.29	4.6
		자극	2.85	8.54	2.9	3.05	9.16	2.9	2.40	7.19	2.9	2.79	8.37	2.9	2.36	7.07	2.7	2.43	7.28	2.8
		몰입	3.27	6.53	2.2	3.60	7.21	2.1	3.02	6.03	2.3	3.66	7.31	2.0	3.06	6.12	2.2	3.53	7.05	2.1
	행동의지		3.40	47.55	11	3.74	52.37	10	3.05	42.76	12	3.56	49.86	11	2.99	41.90	11	3.24	45.31	11
		표현	3.05	18.32	5.6	3.54	21.21	5.4	2.74	16.43	6.0	3.36	20.13	5.7	2.58	15.51	5.2	2.97	17.85	5.6
		학습	3.24	9.71	3.3	3.44	10.31	3.2	2.93	8.80	3.4	3.31	9.94	3.1	2.94	8.83	3.2	3.09	9.28	3.1
		적극성	3.88	19.40	4.4	4.15	20.77	4.0	3.51	17.56	4.9	3.95	19.77	4.2	3.48	17.42	4.7	3.64	18.21	4.5

〈표 67〉 독서태도 영역의 학년과 성별에 따른 차이 검증

구분			학년		성별		학년*성별		사후검증 (Scheffe)
			제Ⅲ유형 제곱합	p	제Ⅲ유형 제곱합	p	제Ⅲ유형 제곱합	p	
독서태도			57703.00	.000	45404.00	.000	6450.00	.003	
	인지		1687.83	.000	1370.64	.000	278.11	.038	
		독서효용성	753.99	.000	599.37	.000	59.14	.240	4>5,6
		독서효능감	197.93	.000	179.30	.000	79.62	.004	
	정서		6700.51	.000	4347.88	.000	778.29	.002	
		여가	1998.87	.000	762.67	.000	325.95	.001	
		자극	1059.78	.000	245.65	.000	87.51	.005	
		몰입	31.57	.034	514.26	.000	34.22	.026	
	행동의지		14556.66	.000	13894.24	.000	1237.95	.007	
		표현	3510.86	.000	4835.23	.000	171.27	.064	4>5,6, 5>6
		학습	351.09	.000	296.57	.000	48.11	.100	4>5,6
		적극성	1947.82	.000	1170.47	.000	189.13	.009	

<표 67>을 보면, 독서효능감, 인지, 여가, 자극, 몰입, 정서, 적극성, 행동의지, 독서태도 영역에서 학년과 성별 간에는 상호작용 효과가 있는 것으로 나타났다($p<0.05$). 따라서 독서효능감, 인지, 여가, 자극, 몰입, 정서, 적극성, 행동의지, 독서태도 영역에 있어 학년에 따른 남학생과 여학생의 평균점수 간에는 통계적으로 유의미한 차이가 있다. 반면에 독서효용성, 표현, 학습 요인에서 학년과 성별 간에는 상호작용 효과가 나타나지 않았다($p>0.05$). 그러나 학년과 성별이 독서효용성, 표현, 학습 요인에 영향을 미치고 있었다($p<0.05$). 그리고 이들 요인에 대한 학년에 따른 집단 간 차이는 <표 64>과 동일하게 나타났다. 이러한 결과는 학년별 성별에 따라 초등학교 4학년부터 6학년 학생들의 독서태도의 평균 점수에 차이가 있다는 선행연구 결과와 일치한다(정혜승, 서수현 2011). 따라서 독서태도 점수에 대한 평정기준을 학년과 성별에 따라 제시할 필요가 있다.

이 연구에서는 독서태도 영역의 평정 기준을 위해 원점수의 편차를 표준편차로 나누어 원점수의 평균이 0이 되고, 표준편차가 1이 되는 Z점수에 10을 곱하고 50을 더한 표준점수인 T점수를 평정기준에 이용하였다. 그리고 아동들의 독서태도 수준을 쉽게 파악할 수 있도록 T점수를 정상분포 안에서 비율에 따라 9단계로 나누어 평정기준을 제시하였다. T점수에 따른 평정기준은 <표 68>과 같다(성태제 2004, 316-321).

〈표 68〉 T점수에 따른 평정기준

평정 점수	평정	비율(%)	백분위(%)	T점수	Z점수
1	극히 높다	4	96%이상	68이상	+1.75이상
2	매우 높다	7	89이상~96미만	63이상~68미만	+1.25이상~+1.75미만
3	대체로 높다	12	77이상~89미만	58이상~63미만	+0.75이상~+1.25미만
4	약간 높다	17	60이상~77미만	53이상~58미만	+0.25이상~+0.75미만
5	보통이다	20	40이상~60미만	47이상~53미만	−0.25이상~+0.25미만
6	약간 낮다	17	23이상~40미만	42이상~47미만	−0.75이상~−0.25미만
7	대체로 낮다	12	11이상~23미만	37이상~42미만	−1.25이상~−0.75미만
8	매우 낮다	7	4이상~11미만	32이상~37미만	−1.75이상~−1.25미만
9	극히 낮다	4	4 미만	32미만	−1.75미만

평정 점수는 독서태도 점수를 기준으로 9단계로 구분되었다. 백분위를 기준으로 상위 4%에 1을 부여하고 그 다음 7%에 2을 부여하고 그 다음 12%, 17%, 20%, 17%, 12%, 7%에 차례대로 3,4,5,6,7,8을 부여하고 하위 4%에 9을 부여하여 자신의 위치를 쉽게 확인할 수 있도록 하였다. 독서태도 영역에 대한 9단계 평정 기준은 <표 69>와 같다.

학년에 따른 독서태도 영역의 9단계 평정 기준은 <표 70>과 같다.

성별에 따른 독서태도 영역의 검사 점수의 평정기준은 <표 71>과 같다.

〈표 69〉 독서태도 영역별 검사 점수의 평정기준

평정점수	독서태도											
		인지			정서				행동의지			
			독서효용성	독서효능감		여가	자극	몰입		표현	학습	적극성
1	152	45	30	15	44	23	14	10	66	29	15	25
2	140	43	29	15	39	20	12	10	61	26	14	25
3	129	40	27	13	35	18	10	8	56	23	12	23
4	116	36	25	12	31	15	9	7	50	19	10	20
5	104	33	22	10	27	13	7	6	43	17	9	18
6	93	29	20	9	23	10	6	5	38	14	7	15
7	79	26	18	8	18	8	4	4	32	11	5	13
8	64	22	15	6	14	5	3	2	25	7	3	10
9	63	21	14	5	13	5	3	2	24	6	3	9

〈표 70〉 학년에 따른 독서태도 영역별 검사 점수의 평정기준

학년	평정점수	독서태도											
			인지			정서				행동의지			
				독서효용성	독서효능감		여가	자극	몰입		표현	학습	적극성
4	1	153	45	30	15	45	23	15	10	67	30	15	25
	2	145	44	30	15	41	21	13	10	63	27	15	25
	3	135	41	28	14	36	19	11	9	58	24	13	24
	4	123	37	25	12	33	17	9	8	53	21	11	22
	5	112	34	23	11	29	14	8	6	47	18	9	19
	6	100	30	21	9	26	12	7	5	42	16	8	17
	7	90	28	19	8	22	10	5	4	37	12	6	15
	8	75	24	16	7	17	7	3	2	29	9	3	11
	9	74	23	15	6	16	6	3	2	28	8	3	10
5	1	151	45	30	15	44	23	14	10	66	29	15	25
	2	139	43	29	15	39	21	11	10	62	26	14	25
	3	129	40	27	13	34	18	10	8	55	23	12	23
	4	116	36	25	12	30	15	8	7	49	20	10	20
	5	103	32	22	10	27	13	7	6	43	17	9	17
	6	93	29	20	9	22	10	6	5	38	14	7	15
	7	78	25	17	7	18	7	3	4	31	10	5	13
	8	60	21	14	6	13	5	3	2	24	7	3	9
	9	59	20	13	5	12	5	3	2	23	6	3	8

학년	평정점수	독서태도											
			인지			정서				행동의지			
				독서 효용성	독서 효능감		여가	자극	몰입		표현	학습	적극성
6	1	148	44	30	15	41	23	13	10	64	27	15	25
	2	134	42	29	14	36	19	11	10	57	23	13	24
	3	121	39	26	13	32	17	9	8	52	20	11	22
	4	110	35	24	11	29	14	8	7	46	18	9	19
	5	98	32	21	10	25	12	6	6	41	15	9	17
	6	87	28	19	9	21	10	5	5	35	12	6	15
	7	74	26	17	7	17	7	3	4	29	10	5	12
	8	61	22	14	6	13	5	3	2	22	6	3	9
	9	60	21	13	5	12	5	3	2	21	6	3	8

〈표 71〉 성별에 따른 독서태도 영역별 검사 점수의 평정기준

성별	평정점수	독서태도											
			인지			정서				행동의지			
				독서 효용성	독서 효능감		여가	자극	몰입		표현	학습	적극성
남	1	148	45	30	15	43	22	13	10	64	28	15	25
	2	135	42	29	14	37	20	11	9	58	24	14	24
	3	123	39	27	13	33	17	9	8	53	21	12	22
	4	111	35	24	12	30	15	8	7	47	18	10	20
	5	99	32	22	10	25	12	7	6	41	15	9	17
	6	88	28	19	9	21	10	5	4	36	12	6	15
	7	74	25	17	7	17	7	3	3	30	10	5	12
	8	59	21	14	6	12	5	3	2	22	6	3	9
	9	58	20	13	5	11	5	3	2	21	6	3	8
여	1	153	45	30	15	45	23	14	10	67	30	15	25
	2	146	43	30	15	41	21	12	10	64	27	15	25
	3	134	41	28	14	36	18	10	9	58	24	12	24
	4	121	37	25	12	32	16	9	8	53	21	10	21
	5	109	33	23	10	28	14	7	7	46	18	9	19
	6	98	30	20	9	25	11	6	6	42	16	7	16
	7	87	27	18	8	21	9	5	5	35	12	6	14
	8	71	24	16	7	16	6	3	3	27	8	3	11
	9	70	23	15	6	15	5	3	2	26	7	3	10

학년에 따른 남학생과 여학생의 독서태도 영역의 평정기준은 <표 72>와 같다.

〈표 72〉 학년과 성별에 따른 독서태도 영역별 검사 점수의 평정기준

구분		평정 점수	독서태도											
				인지			정서				행동의지			
					독서 효용성	독서 효능감		여가	자극	몰입		표현	학습	적극성
4	남	1	152	45	30	15	43	23	14	10	66	28	15	25
		2	140	43	29	14	39	20	12	10	61	25	14	25
		3	130	40	27	13	36	18	11	8	56	22	13	23
		4	119	36	25	12	32	16	9	7	51	20	11	21
		5	109	33	23	10	28	14	8	6	45	18	9	18
		6	98	29	20	9	24	11	7	5	40	14	7	16
		7	83	26	18	7	20	9	5	4	35	11	6	15
		8	68	23	16	6	14	6	3	2	26	7	3	10
		9	67	22	15	5	13	5	3	2	25	6	3	9
	여	1	155	45	30	15	46	24	15	10	68	30	15	25
		2	150	44	30	15	42	22	13	10	65	28	15	25
		3	139	42	29	14	38	20	11	9	61	26	13	25
		4	130	39	26	13	34	17	9	8	55	23	11	23
		5	115	35	24	11	31	15	8	7	50	20	9	20
		6	106	31	21	10	28	13	7	6	45	18	8	17
		7	96	29	19	9	24	11	6	5	41	14	6	16
		8	82	26	17	7	20	8	4	3	33	11	3	13
		9	81	25	16	6	19	7	3	2	32	10	3	12
5	남	1	148	45	30	15	43	22	13	10	65	29	15	25
		2	133	43	29	15	36	20	11	9	58	25	14	24
		3	122	39	27	13	32	17	9	8	52	21	12	22
		4	108	35	24	11	28	14	8	7	45	18	9	19
		5	96	31	22	10	24	12	6	6	40	14	8	16
		6	85	28	19	9	20	9	5	4	34	12	6	14
		7	69	24	16	7	16	7	3	3	28	10	4	12
		8	55	20	13	6	11	5	3	2	21	6	3	8
		9	54	19	12	5	10	5	3	2	20	6	3	7

구분		평정 점수	독서태도											
				인지			정서				행동의지			
					독서 효용성	독서 효능감		여가	자극	몰입		표현	학습	적극성
5	여	1	152	45	30	15	45	23	14	10	67	29	15	25
		2	144	43	30	15	41	21	12	10	64	27	14	25
		3	135	41	28	14	36	18	10	9	59	25	13	23
		4	123	37	25	13	33	16	9	8	53	22	10	22
		5	110	34	23	11	28	14	8	7	48	19	9	19
		6	101	31	21	9	25	11	6	6	43	16	8	17
		7	92	27	19	8	21	9	5	5	37	13	6	15
		8	69	23	15	7	16	5	3	4	26	8	4	12
		9	68	22	14	6	15	5	3	3	25	7	3	11
6	남	1	142	44	30	15	41	23	13	10	62	26	15	25
		2	133	42	29	14	36	19	10	9	56	22	13	24
		3	119	38	26	13	32	17	9	8	50	19	11	21
		4	109	35	24	11	29	14	8	7	44	17	9	19
		5	96	32	21	10	24	12	6	6	39	14	8	17
		6	85	28	19	9	20	9	5	4	34	12	6	14
		7	71	25	17	7	16	7	3	3	28	9	5	11
		8	59	21	13	5	12	5	3	2	22	6	3	8
		9	58	20	12	4	11	5	3	2	21	5	3	7
	여	1	150	45	30	15	43	22	13	10	66	29	15	25
		2	136	42	29	14	37	19	11	10	59	25	14	24
		3	125	39	27	13	33	16	9	9	54	22	12	22
		4	112	35	24	11	29	14	8	8	48	19	10	19
		5	100	31	22	10	26	12	6	7	43	17	9	17
		6	90	28	19	9	22	10	5	6	38	14	7	15
		7	78	26	18	8	18	8	3	4	30	10	6	12
		8	68	22	15	6	15	5	3	3	25	8	3	10
		9	67	21	14	5	14	5	3	2	24	7	3	9

나. 독서행동 영역의 평정기준

독서행동 영역은 일반적 독서행동, 이상행동, 책행동, 도달점행동으로 구성되어 있다. 그리고 이들 영역은 다시 각각의 하위영역으로 구성된다. 이중 이상행동, 책행동 영역의 합산 값이 긍정적인 독서행동을 측정할 수 있는 값이 아니기 때문에 영역별 합산점수에 대한 평정기준을 제시하지 않는다. 독서행동 영역의 구성요인과 하위요인에 따른 점수는 <표 73>과 같다.

〈표 73〉 독서행동 영역의 하위요인별 점수 구간

<table>
<tr><th rowspan="2">영역</th><th rowspan="2" colspan="2">구성요인</th><th rowspan="2">하위요인</th><th rowspan="2">문항번호</th><th colspan="2">점수 구간</th></tr>
<tr><th>하위요인</th><th>구성요인</th></tr>
<tr><td rowspan="12">독서
행동</td><td rowspan="4" colspan="2">일반적
독서행동</td><td>학교도서관</td><td>34-35</td><td>2-10점</td><td rowspan="4">18-90점</td></tr>
<tr><td>경험</td><td>36-41</td><td>6-30점</td></tr>
<tr><td>독서능력</td><td>42-44</td><td>3-15점</td></tr>
<tr><td>표현 및 참여</td><td>45-51</td><td>7-35점</td></tr>
<tr><td colspan="2">이상행동</td><td>이상행동</td><td>52-54</td><td>5-15점</td><td>·</td></tr>
<tr><td rowspan="5">책
행동</td><td rowspan="3">책선택시
고려사항</td><td>물리적 형태</td><td>72-75</td><td>4-20점</td><td rowspan="3">·</td></tr>
<tr><td>표현형식</td><td>76-78</td><td>3-15점</td></tr>
<tr><td>선정기준</td><td>79-84</td><td>6-30점</td></tr>
<tr><td rowspan="2">독서권수</td><td>자료별 독서권수</td><td>85-90</td><td>6-30점</td><td rowspan="2">11-55점</td></tr>
<tr><td>주제별 독서권수</td><td>91-95</td><td>5-25점</td></tr>
<tr><td rowspan="2" colspan="2">도달점행동</td><td>학교도서관대출권수</td><td>70</td><td>1-5점</td><td rowspan="2">2-10점</td></tr>
<tr><td>취미독서량</td><td>71</td><td>1-5점</td></tr>
</table>

일반적 독서행동 영역의 하위요인은 학교도서관, 경험, 독서능력, 표현 및 참여로 구분된다. 하위요인별 점수는 문항 당 1-5점으로 학교도서관 2문항 10점, 경험 6문항 30점, 독서능력 3문항 15점, 표현 및 참여 7문항 35점이다.

평정기준에 이용된 초등학교 4학년-6학년 학생의 독서행동 검사 점수의 기술통계량은 <표 74>와 같다.

〈표 74〉 독서행동 영역의 하위요인에 대한 기술통계량

<table>
<tr><th colspan="3">구분</th><th>평균</th><th>합계평균</th><th>표준편차</th><th>왜도</th><th>첨도</th><th>최저점수</th><th>최고점수</th></tr>
<tr><td colspan="2" rowspan="5">일반적 독서행동</td><td></td><td>3.12</td><td>56.23</td><td>14.56</td><td>-.067</td><td>-.230</td><td>18</td><td>90</td></tr>
<tr><td>학교도서관</td><td>2.72</td><td>5.44</td><td>2.41</td><td>.327</td><td>-.718</td><td>2</td><td>10</td></tr>
<tr><td>경험</td><td>3.71</td><td>22.25</td><td>5.55</td><td>-.528</td><td>-.165</td><td>6</td><td>30</td></tr>
<tr><td>독서능력</td><td>3.43</td><td>10.29</td><td>3.12</td><td>-.285</td><td>-.505</td><td>3</td><td>15</td></tr>
<tr><td>표현참여</td><td>2.59</td><td>18.15</td><td>6.58</td><td>.298</td><td>-.334</td><td>7</td><td>35</td></tr>
<tr><td rowspan="6">책 행동</td><td rowspan="3">책선택시 고려사항</td><td>물리적형태</td><td>2.57</td><td>10.29</td><td>4.35</td><td>.202</td><td>-.747</td><td>4</td><td>20</td></tr>
<tr><td>표현형식</td><td>2.86</td><td>8.57</td><td>3.65</td><td>.039</td><td>-.873</td><td>3</td><td>15</td></tr>
<tr><td>선정기준</td><td>3.15</td><td>18.89</td><td>5.45</td><td>-.371</td><td>-.052</td><td>6</td><td>30</td></tr>
<tr><td rowspan="3">독서권수</td><td></td><td>2.83</td><td>31.15</td><td>9.94</td><td>.184</td><td>-.601</td><td>11</td><td>55</td></tr>
<tr><td>자료별</td><td>2.76</td><td>16.53</td><td>5.41</td><td>.319</td><td>-.449</td><td>6</td><td>30</td></tr>
<tr><td>주제별</td><td>2.92</td><td>14.62</td><td>5.35</td><td>.122</td><td>-.857</td><td>5</td><td>25</td></tr>
<tr><td colspan="2" rowspan="3">도달점행동</td><td></td><td>3.04</td><td>6.07</td><td>2.154</td><td>.012</td><td>-.784</td><td>2</td><td>10</td></tr>
<tr><td>대출권수</td><td>2.99</td><td>2.99</td><td>1.363</td><td>.082</td><td>-1.210</td><td>1</td><td>5</td></tr>
<tr><td>취미독서량</td><td>3.08</td><td>3.08</td><td>1.301</td><td>-.032</td><td>-1.064</td><td>1</td><td>5</td></tr>
</table>

N:2158-2309

왜도와 첨도가 ±2를 기준으로 하였을 때, 독서행동의 모든 하위요인의 검사 점수는 정규분포를 그리고 있다. 따라서 정규분포를 가정하고 있는 평정기준을 제시할 수 있다. 이에 학년과 성별에 따른 기술통계량을 확인하였다. 학년에 따른 기술통계량은 <표 75>와 같다.

<표 75>를 보면 학년이 증가함에 따라 모든 독서태도 영역의 평균점수가 하락하고 있음을 알 수 있다. 이에 학년 간 평균점수의 차이가 통계적으로 유의미한지를 <표 76>과 같이 일변량 분산분석을 통해 확인하였다.

〈표 75〉 학년에 따른 일반적 독서행동 영역의 하위요인에 대한 기술통계량

구분			4학년					5학년					6학년				
			평균	합계평균	표준편차	최저점수	최고점수	평균	합계평균	표준편차	최저점수	최고점수	평균	합계평균	표준편차	최저점수	최고점수
일반적 독서행동			3.30	59.34	14.0	18	90	3.11	55.92	15.1	18	90	2.97	53.44	14.0	18	90
		학교 도서관	3.03	6.06	2.39	2	10	2.60	5.20	2.37	2	10	2.52	5.04	2.35	2	10
		경험	3.78	22.67	5.42	6	30	3.72	22.29	5.61	6	30	3.63	21.78	5.59	6	30
		독서능력	3.62	10.86	3.00	3	15	3.38	10.13	3.13	3	15	3.30	9.89	3.15	3	15
		표현 및 참여	2.81	19.67	6.41	7	35	2.60	18.18	6.89	7	35	2.37	16.58	6.08	7	35
책 행동	책선택 시고려 사항	물리적 형태	2.50	9.99	4.39	4	20	2.60	10.38	4.43	4	20	2.63	10.51	4.23	4	20
		표현형식	2.79	8.37	3.68	3	15	2.87	8.61	3.67	3	15	2.92	8.75	3.58	3	15
		선정기준	3.16	18.93	5.78	6	30	3.14	18.86	5.49	6	30	3.15	18.87	5.06	6	30
	독서 권수		3.04	33.39	9.72	11	55	2.85	31.40	10.00	11	55	2.61	28.68	9.53	11	55
		자료별	2.93	17.61	5.33	6	30	2.77	16.60	5.42	6	30	2.57	15.40	5.27	6	30
		주제별	3.15	15.75	5.31	5	25	2.96	14.79	5.41	5	25	2.67	13.33	5.06	5	25
도달점행동			3.33	6.65	2.09	2	10	3.02	6.04	2.09	2	10	2.76	5.52	2.13	2	10
		대출권수	3.35	3.35	1.36	1	5	2.93	2.93	1.33	1	5	2.69	2.69	1.32	1	5
		취미 독서량	3.30	3.30	1.31	1	5	3.10	3.10	1.29	1	5	2.84	2.84	1.27	1	5

〈표 76〉 학년에 따른 독서행동 영역의 변량 분석

종속변수		학년	합계평균	표준편차	F값	유의확률	사후검증결과
일반적 독서행동		4	59.34	13.96	31.254	.000	4>5,6, 5>6 (Dunnett T3검증)
		5	55.92	15.10			
		6	53.23	14.56			
	학교도서관	4	6.06	2.39	41.592	.000	4>5,6 (Scheffe검증)
		5	5.20	2.37			
		6	5.05	2.35			
	경험	4	22.67	5.42	4.995	.007	4>6 (Scheffe검증)
		5	22.29	5.61			
		6	21.78	5.55			

종속변수			학년	합계평균	표준편차	F값	유의확률	사후검증결과
일반적 독서행동		독서능력	4	10.86	3.00	20.596	.000	4〉5,6 (Scheffe검증)
			5	10.13	3.13			
			6	9.89	3.12			
		표현및참여	4	19.67	6.41	43.735	.000	4〉5,6, 5〉6 (Dunnett T3검증)
			5	18.18	6.90			
			6	16.58	6.08			
책 행동	책 선택시 고려 사항	물리적형태	4	10.00	4.39	2.998	.050	·
			5	10.38	4.43			
			6	10.51	4.23			
		표현형식	4	8.37	3.68	2.100	.123	·
			5	8.61	3.67			
			6	8.74	3.58			
		선정기준	4	18.93	5.78	0.038	.963	·
			5	18.86	5.49			
			6	18.89	5.45			
	독서 권수		4	33.39	9.72	42.903	.000	4〉5,6, 5〉6 (Scheffe검증)
			5	31.40	10.00			
			6	31.15	9.53			
		자료별	4	17.61	5.33	32.199	.000	4〉5,6, 5〉6 (Scheffe검증)
			5	16.60	5.42			
			6	15.40	5.27			
		주제별	4	15.75	5.31	40.268	.000	4〉5,6, 5〉6 (Dunnett T3검증)
			5	14.79	5.41			
			6	13.33	5.06			
도달점행동			4	6.65	2.09	56.633	.000	4〉5,6, 5〉6 (Scheffe검증)
			5	6.04	2.09			
			6	5.52	2.13			
		대출권수	4	3.35	1.36	49.264	.000	4〉5,6, 5〉6 (Scheffe검증)
			5	2.93	1.32			
			6	2.69	1.32			
		취미독서량	4	3.30	1.31	25.649	.000	4〉5,6, 5〉6 (Scheffe검증)
			5	3.10	1.29			
			6	2.84	1.27			

독서행동의 하위요인의 평균점수의 차이는 학년에 따라 통계적으로 유의미한 차이가 있는 것으로 나타났다($p<0.05$). 따라서 독서태도 점수에 대한 평정기준을 학년별로 제시할 필요가 있다.

성별에 따른 기술통계량은 <표 77>과 같다.

<표 77>을 보면 독서행동의 모든 영역에서 여학생의 평균점수가 남학생의 평균점수보다 높게 나타나고 있다. 이에 성별 간 평균점수의 차이가 통계적으로 유의미한지를 t검정을 통해 확인하였다. t검정 결과 학교도서관, 경험, 독서능력, 표현, 학교도서관 대출권수, 취미독서량, 도달점행동, 표현형식, 선정기준 영역에서 성별에 따른 평균점수의 차이가 통계적으로 유의미하였다($p<0.05$). 반

〈표 77〉 성별에 따른 독서행동 영역의 기술통계량

구분			남자					여자				
			평균	합계 평균	표준 편차	최저 점수	최고 점수	평균	합계 평균	표준 편차	최저 점수	최고 점수
일반적 독서행동			2.95	53.02	14.32	18	90	3.32	59.79	14.05	18	90
		학교도서관	2.58	5.15	2.39	2	10	2.88	5.76	2.39	2	10
		경험	3.54	21.22	5.69	6	30	3.90	23.41	5.17	6	30
		독서능력	3.30	9.91	3.12	3	15	3.58	10.74	3.07	3	15
		표현참여	2.37	16.61	6.23	7	35	2.83	19.82	6.53	7	35
책행동	책선택시 고려사항	물리적형태	2.60	10.38	4.42	4	20	2.54	10.17	4.25	4	20
		표현형식	2.99	8.96	3.71	3	15	2.71	8.13	3.51	3	15
		선정기준	3.04	18.25	5.59	6	30	3.27	19.63	5.21	6	30
	독서권수		2.84	31.21	10.18	11	55	2.82	30.97	9.63	11	55
		자료별	2.76	16.55	5.55	6	30	2.74	16.44	5.25	6	30
		주제별	2.92	14.61	5.40	5	25	2.92	14.60	5.28	5	25
도달점행동			2.92	5.84	2.19	2	10	3.16	6.33	2.09	2	10
		대출권수	2.84	2.84	1.39	1	5	3.16	3.16	1.31	1	5
		취미독서량	3.01	3.01	1.32	1	5	3.17	3.17	1.27	1	5

면 물리적행태, 자료별독서권수, 주제별독서권수, 독서권수 영역에서는 성별에 따른 평균점수의 차이가 통계적으로 유의미하지 않았다(p>0.05). 따라서 학교도서관, 경험, 독서능력, 표현, 학교도서관 대출권수, 취미독서량, 도달점행동, 표현형식, 선정기준 영역 점수에 대한 평정기준을 성별에 따라 제시할 필요가 있다.

〈표 78〉 독서행동 영역의 학년별 성별 기술통계량

구분			4학년						5학년						6학년					
			남자			여자			남자			여자			남자			여자		
			평균	합계평균	SD	평균	합계평균	SD	평균	합계평균	SD	평균	합계평균	SD	평균	합계평균	SD	평균	합계평균	SD
일반적 독서행동			3.12	56.1	14	3.49	62.8	14	2.86	51.4	15	3.37	60.7	14	2.87	51.7	14	3.09	55.7	14
		학교 도서관	2.85	5.7	2.4	3.24	6.5	2.3	2.39	4.8	2.4	2.84	5.7	2.3	2.51	5.0	2.4	2.54	5.1	2.4
		경험	3.63	21.8	5.5	3.93	23.6	5.2	3.48	20.9	5.8	3.97	23.8	5.0	3.51	21.0	5.7	3.80	22.8	5.3
		독서능력	3.45	10.4	3.3	3.81	11.4	2.8	3.19	9.6	3.1	3.57	10.7	3.1	3.28	9.8	3.2	3.34	10.0	3.2
		표현 및 참여	2.58	18.1	6.0	3.05	21.3	6.4	2.32	16.2	6.5	2.89	20.2	6.6	2.24	15.7	5.9	2.54	17.8	6.1
책행동	책 선택시 고려사항	물리적 형태	2.54	10.2	4.4	2.44	9.7	4.3	2.60	10.4	4.5	2.58	10.3	4.3	2.64	10.6	4.3	2.62	10.5	4.1
		표현형식	2.97	8.90	3.8	2.62	7.9	3.5	3.00	9.0	3.8	2.71	8.1	3.5	3.00	9.0	3.6	2.81	8.4	3.5
		선정기준	3.08	18.5	5.8	3.25	19.5	5.8	3.04	18.2	5.7	3.26	19.6	5.2	3.02	18.1	5.3	3.30	19.8	4.6
	독서권수		3.05	33.6	9.9	3.00	33.0	9.5	2.83	31.1	10	2.88	31.7	9.7	2.65	29.2	9.9	2.55	28.1	9.1
		자료별	2.95	17.7	5.5	2.90	17.4	5.2	2.75	16.5	5.6	2.79	16.7	5.3	2.60	15.6	5.4	2.52	15.1	5.1
		주제별	3.16	15.8	5.3	3.13	15.6	5.2	2.92	14.6	5.5	3.01	15.1	5.3	2.71	13.6	5.2	2.61	13.1	4.9
도달점 행동			3.16	6.33	2.2	3.49	6.97	2.0	2.85	5.69	2.2	3.22	6.45	2.0	2.77	5.54	2.2	2.75	5.51	2.1
		대출권수	3.14	3.14	1.4	3.55	3.55	1.3	2.72	2.72	1.3	3.18	3.18	1.3	2.67	2.67	1.4	2.72	2.72	1.2
		취미 독서량	3.19	3.19	1.3	3.42	3.42	1.3	2.97	2.97	1.3	3.27	3.27	1.2	2.87	2.87	1.3	2.79	2.79	1.2

〈표 79〉 독서행동 영역의 학년과 성별에 따른 차이 검증

구분			학년		성별		학년*성별		사후검증(Scheffe)
			제Ⅲ유형 제곱합	p	제Ⅲ유형 제곱합	p	제Ⅲ유형 제곱합	p	
일반적 독서행동			11843.00	.000	23114.00	.000	2555.93	.001	
일반적 독서행동		학교도서관	461.62	.000	186.63	.000	74.93	.001	
일반적 독서행동		경험	231.05	.020	2595.12	.039	172.65	.054	4〉6
일반적 독서행동		독서능력	386.10	.000	357.97	.000	109.67	.003	
일반적 독서행동		표현및참여	3260.82	.000	5372.91	.000	325.73	.004	
책 행동	책선택시 고려사항	물리적형태	123.37	.038	20.96	.291	15.65	.659	4〉6
책 행동	책선택시 고려사항	표현형식	40.95	.209	374.90	.000	21.32	.443	·
책 행동	책선택시 고려사항	선정기준	2.63	.045	1028.48	.000	38.05	.523	·
책 행동	독서권수		7862.97	.000	65.91	.404	254.39	.262	4〉5,6, 5〉6
책 행동	독서권수	자료별	1767.84	.000	17.54	.433	53.76	.389	4〉5,6, 5〉6
책 행동	독서권수	주제별	2125.78	.000	1.99	.788	85.56	.212	4〉5,6, 5〉6
도달점행동			477.46	.000	116.89	.000	67.57	.000	
도달점행동		대출권수	161.94	.000	42.08	.000	19.13	.004	
도달점행동		취미독서량	84.76	.000	12.41	.000	15.24	.010	

결론적으로 학년과 성별에 따라 독서행동의 평균 점수는 유의미한 차이가 있었다. 따라서 구체적으로 학년별로 남학생과 여학생의 독서행동 영역별 평균 점수의 차이가 통계적으로 유의미한지를 확인할 필요가 있다. 이를 확인하기 위해 다변량 분석을 실시하였다. 독서행동 영역의 학년별 성별 기술통계량은 <표 78>과 같고 다변량 분석 결과는 <표 79>와 같다.

<표 79>를 보면, 학교도서관, 독서능력, 표현 및 참여, 독서행동, 대출권수, 취미독서량, 도달점행동 영역에서 학년과 성별 간에는 상호작용 효과가 있는 것으로 나타났다($p<0.05$). 따라서 학교도서관, 독서능력, 표현 및 참여, 독서행동, 대출권수, 취미독서량, 도달점행동 영역에 있어 학년에 따른 남학생과 여학생의 평균점수 간에는 통계적으로 유의미한 차이가 있는 것으로 나타났다. 반

면에 경험, 물리적 형태, 표현형식, 선정기준, 자료별, 주제별, 독서권수 영역에서 학년과 성별 간에는 상호작용 효과가 나타나지 않았고($p>0.05$) 학년과 성별은 이들 영역에서 통계적으로 유의미한 영향을 미치고 있지 않았다($p>0.05$). 따라서 학교도서관, 독서능력, 표현 및 참여, 독서행동, 대출권수, 취미독서량, 도달점행동 점수에 대한 평정기준을 학년과 성별에 따라 제시할 필요가 있다. 그러나 대출권수와 취미독서량은 각각 1개의 문항만으로 구성되어 있어 9단계로 평정점수를 구분하기가 쉽지 않음으로 도달점행동 값만을 9단계의 평정점수로 제시하였다.

독서행동 영역의 9단계 평정 기준은 <표 80>과 같고 학년과 성별에 따른 독서행동 영역의 9단계 평정 기준은 각각 <표 81>, <표 82>와 같다. 그리고 학년과 성별에 따른 독서행동 영역의 평정기준은 <표 83>과 같다.

〈표 80〉 독서행동 영역별 검사 점수의 평정기준

평정점수	일반적 독서행동					책 행동					도달점행동
						책선택시 고려사항		독서권수			
		학교도서관	경험	독서능력	표현및참여	표현형식	선정기준		자료별	주제별	
1	82	10	30	15	31	15	28	49	27	25	10
2	75	9	29	15	26	13	25	44	24	22	9
3	67	7	27	13	23	12	23	39	21	19	8
4	59	6	24	11	20	9	20	33	18	16	7
5	53	4	21	9	16	8	18	28	15	13	5
6	46	4	18	8	13	6	15	23	12	10	4
7	38	2	15	6	9	3	12	19	10	8	3
8	29	2	11	4	7	3	7	15	8	6	2
9	28	2	10	3	7	3	6	14	7	5	2

〈표 81〉 학년에 따른 독서행동 영역별 검사 점수의 평정기준

학년	평정 점수	일반적 독서행동					책행동			도달점 행동
							독서권수			
			학교 도서관	경험	독서 능력	표현및 참여		자료별	주제별	
4	1	84	10	30	15	32	50	27	25	10
	2	78	10	30	15	28	46	25	23	9
	3	69	8	27	14	24	41	22	20	8
	4	63	6	25	12	21	36	18	18	7
	5	56	6	22	10	18	30	16	15	6
	6	50	4	19	9	15	25	13	12	5
	7	42	3	16	7	11	21	11	9	4
	8	33	2	12	5	8	17	9	6	3
	9	32	2	11	4	7	16	8	5	2
5	1	83	10	30	15	31	50	27	25	10
	2	76	9	29	15	28	45	24	22	9
	3	67	6	27	13	23	39	21	19	8
	4	59	6	24	11	20	34	18	16	7
	5	53	4	21	9	16	28	15	13	6
	6	44	3	18	8	13	23	12	10	4
	7	37	2	15	6	9	19	10	8	3
	8	29	2	11	4	7	15	8	6	2
	9	28	2	10	3	7	14	7	5	2
6	1	79	10	30	15	28	46	26	23	9
	2	71	8	29	14	24	41	22	20	8
	3	63	6	27	12	21	35	19	17	7
	4	56	6	24	11	18	31	17	14	6
	5	51	4	20	9	15	26	13	11	5
	6	44	3	18	8	12	21	11	9	4
	7	36	2	15	6	9	17	9	7	3
	8	28	2	10	3	7	13	7	5	2
	9	27	2	9	3	7	12	6	5	2

〈표 82〉 성별에 따른 독서행동 영역별 검사 점수의 평정기준

학년	평정 점수	일반적 독서행동					책 행동		도달점 행동
							책선택시고려사항		
			학교 도서관	경험	독서 능력	표현및 참여	표현 형식	선정 기준	
남	1	78	10	30	15	29	15	28	10
	2	71	9	29	14	24	15	25	9
	3	63	7	26	12	21	12	22	8
	4	56	6	23	11	18	9	20	6
	5	50	4	20	9	15	9	18	5
	6	42	3	17	8	11	6	15	4
	7	35	2	14	6	8	3	11	3
	8	28	2	10	3	7	3	6	2
	9	27	2	9	3	7	3	6	2
여	1	84	10	30	15	33	15	28	10
	2	79	10	30	15	28	12	26	9
	3	71	8	28	13	24	11	24	8
	4	63	6	25	12	21	9	21	7
	5	56	5	22	10	18	7	19	6
	6	50	4	19	9	15	5	16	5
	7	43	2	17	7	12	3	13	4
	8	34	2	14	5	8	3	8	3
	9	33	2	13	4	7	3	7	2

〈표 83〉 학년과 성별에 따른 독서행동 영역의 검사 점수의 평정기준

학년		평정 점수	일반적 독서행동					도달점 행동
				학교 도서관	경험	독서능력	표현 및 참여	
4	남	1	79	10	30	15	30	10
		2	74	9	29	15	25	9
		3	66	8	26	13	22	8
		4	60	6	24	11	20	7
		5	53	5	21	10	16	6
		6	47	4	18	8	13	5
		7	38	2	15	7	10	3
		8	30	2	10	3	7	2
		9	29	2	9	3	7	2
	여	1	86	10	30	15	33	10
		2	81	10	30	15	30	10
		3	73	8	28	14	26	8
		4	66	7	26	12	22	8
		5	59	6	23	11	20	6
		6	53	5	20	9	17	6
		7	48	4	18	8	14	4
		8	39	2	14	6	9	3
		9	38	2	13	5	8	2
5	남	1	80	10	30	15	30	10
		2	71	8	29	14	24	9
		3	61	6	26	12	21	7
		4	54	5	22	10	17	6
		5	48	4	20	9	14	5
		6	40	2	17	7	10	4
		7	33	2	14	6	8	3
		8	27	2	9	3	7	2
		9	26	2	8	3	7	2

학년		평정 점수	일반적 독서행동					도달점 행동
				학교 도서관	경험	독서능력	표현 및 참여	
5	여	1	84	10	30	15	32	10
		2	80	9	30	15	29	9
		3	71	7	28	13	25	8
		4	64	6	26	12	21	7
		5	57	5	23	10	18	6
		6	52	4	20	8	15	5
		7	44	2	18	7	12	4
		8	35	2	14	5	8	3
		9	34	2	13	4	7	2
6	남	1	77	10	30	15	27	9
		2	70	8	29	14	23	9
		3	61	6	26	12	20	7
		4	55	6	23	11	17	6
		5	49	4	20	9	14	5
		6	41	3	17	8	11	4
		7	34	2	14	6	8	3
		8	28	2	10	3	7	2
		9	27	2	9	3	7	2
	여	1	80	10	30	15	30	9
		2	74	8	30	14	25	8
		3	66	7	27	12	22	7
		4	59	6	25	11	19	6
		5	52	4	21	9	16	5
		6	46	3	19	8	14	4
		7	39	2	16	6	10	3
		8	29	2	13	4	7	2
		9	28	2	12	3	7	2

다. 배경환경 영역의 평정기준

배경환경 영역의 하위요인은 학부모, 학교, 담임교사, 가정보유 책 수로 구분되고 있다. 그러나 가정보유 책 수는 1문항으로 구성되어 있어 9단계 평정기준으로 제시하는 것이 바람직하지 않음으로 가정보유 책 수를 배경환경 영역별 점수 합산에서 제외하였다. 가정보유 책 수를 제외한 배경환경 영역의 하위요인에 따른 점수 구간은 <표 84>와 같다.

〈표 84〉 배경환경 영역의 하위요인별 점수 구간

영역	하위요인	문항번호	점수 구간	
			하위요인	배경환경
배경환경	학부모	55-58	4-20점	14-70점
	학교	59-65	7-35점	
	담임교사	66-68	3-15점	

평정 기준에 이용된 초등학교 4-6학년 학생의 배경환경 검사 점수의 기술통계량은 <표 85>와 같다.

〈표 85〉 배경환경 영역의 하위요인에 대한 기술통계량

구분		N	평균	합계평균	표준편차	왜도	첨도	최저점수	최고점수
배경환경		2207	3.35	46.86	10.16	-.218	.169	14	70
	학부모	2292	3.27	13.09	4.26	-.238	-.618	4	20
	학교	2250	3.54	24.76	5.85	-.315	-.072	7	35
	담임교사	2289	3.00	9.01	2.64	-.140	-.053	3	15

배경환경 영역의 모든 하위요인의 검사 점수는 정규분포를 그리고 있다(왜도<±2, 첨도<±2). 따라서 정규분포를 가정하고 있는 평정기준을 제시할 수 있다.

이에 학년과 성별에 따른 기술통계량을 확인하였다. 학년에 따른 기술통계량은 <표 86>과 같다.

〈표 86〉 학년에 따른 배경환경의 하위요인에 대한 기술통계량

구분		4학년					5학년					6학년				
		평균	합계 평균	표준 편차	최저 점수	최고 점수	평균	합계 평균	표준 편차	최저 점수	최고 점수	평균	합계 평균	표준 편차	최저 점수	최고 점수
배경환경		3.48	48.76	9.65	14	70	3.36	46.98	10.68	14	70	3.20	44.86	9.78	14	70
	학부모	3.38	13.53	4.12	4	20	3.28	13.14	4.44	4	20	3.15	12.59	4.18	4	20
	학교	3.72	26.01	5.57	7	35	3.53	24.72	6.00	7	35	3.36	23.54	5.73	7	35
	담임교사	3.07	9.22	2.59	3	15	3.04	9.12	2.67	3	15	2.90	8.70	2.63	3	15

<표 86>을 보면 학년이 증가함에 따라 학부모, 학교, 담임교사 요인의 평균 점수가 하락하고 있음을 알 수 있다. 이에 학년 간 평균점수의 차이가 통계적으로 유의미한지를 <표 87>과 같이 일변량 분산분석을 통해 확인하였다.

〈표 87〉 학년에 따른 배경환경 영역의 변량 분석

종속변수		학년	합계평균	표준편차	F값	유의확률	사후검증결과
배경환경		4	48.76	9.65	28.443	.000	4〉5,6, 5〉6 (Dunnett T3검증)
		5	46.98	10.68			
		6	44.87	9.78			
	학부모	4	13.53	4.12	9.610	.000	4〉6, 5〉6 (Dunnett T3검증)
		5	13.14	4.44			
		6	12.59	4.18			
	학교	4	26.01	5.47	35.208	.000	4〉5,6, 5〉6 (Scheffe검증)
		5	24.72	6.00			
		6	23.54	5.73			
	담임교사	4	9.22	2.59	8.404	.000	4〉6, 5〉6 (Scheffe검증)
		5	9.12	2.67			
		6	8.70	2.63			

배경환경 영역의 하위요인에 대한 평균점수는 학년에 따라 통계적으로 유의미한 차이가 있는 것으로 나타났다(p<0.05). 따라서 배경환경 영역의 하위요인별 점수에 대한 평정기준을 학년별로 제시할 필요가 있다.

성별에 따른 기술통계량은 <표 88>과 같다.

〈표 88〉 성별에 따른 배경환경 영역의 기술통계량

구분		남학생					여학생				
		평균	합계평균	표준편차	최저 점수	최고 점수	평균	평균	표준편차	최저 점수	최고 점수
배경 환경		3.25	45.55	10.38	14	70	3.45	48.36	9.78	14	70
	학부모	3.18	12.70	4.34	4	20	3.39	13.55	4.15	4	20
	학교	3.45	24.15	5.88	7	35	3.64	25.48	5.75	7	35
	담임교사	2.90	8.71	2.64	3	15	3.11	9.33	2.61	3	15

<표 88>을 보면 성별에 따라 배경환경의 영역별 평균점수에 차이가 있음을 알 수 있다. 이에 성별 간 평균점수의 차이가 통계적으로 유의미한지를 t검정을 통해 확인하였다. t검정 결과, 학부모, 학교, 담임교사, 배경환경 영역에서 성별에 따른 평균점수의 차이가 통계적으로 유의미하였다(p<0.001). 따라서 학부모, 학교, 담임교사, 배경환경 영역 점수에 대한 평정기준을 성별에 따라 제시할 필요가 있다.

결론적으로 배경환경 영역의 모든 하위 요인들의 평균 점수는 학년이나 성별에 따라 유의미한 차이를 나타냈다. 이에 따라 학년별 성별에 따른 배경환경의 하위요인별 평균 점수의 차이가 통계적으로 유의미한지를 확인할 필요가 있다. 이를 확인하기 위해 다변량 분석을 실시하였다. 배경환경 영역의 학년별 성별 기술통계량은 <표 89>과 같고 다변량 분석 결과는 <표 90>과 같다.

〈표 89〉 배경환경 영역의 학년별 성별 기술통계량

구분		4학년						5학년						6학년					
		남자			여자			남자			여자			남자			여자		
		평균	합계평균	SD	평균	합계평균	SD	평균	합계평균	SD	평균	합계평균	SD	평균	합계평균	SD	평균	합계평균	SD
배경환경		3.37	47.13	9.6	3.61	50.48	9.5	3.24	45.33	11	3.48	48.79	10	3.17	44.36	10	3.26	45.71	9.1
	학부모	3.28	13.10	4.1	3.50	14.01	4.2	3.14	12.56	4.6	3.44	13.78	4.2	3.12	12.48	4.3	3.21	12.83	4.0
	학교	3.61	25.27	5.6	3.84	26.85	5.4	3.43	24.00	6.0	3.64	25.51	5.9	3.33	23.29	5.8	3.42	23.96	5.6
	담임교사	2.94	8.81	2.5	3.19	9.57	2.6	2.93	8.79	2.7	3.17	9.50	2.6	2.85	8.54	2.7	2.97	8.91	2.6

<표 90>을 보면, 배경환경의 모든 하위요인들의 학년과 성별 간에는 상호작용 효과가 없는 것으로 나타났다($p>0.05$). 따라서 이들 하위영역에서 학년별 성별에 따른 평균점수 간에는 통계적으로 유의미한 차이가 없었다.

〈표 90〉 배경환경 영역의 학년과 성별에 따른 차이 검증

구분		학년		성별		학년*성별		사후검정 (Scheffe)
		제Ⅲ유형 제곱합	p	제Ⅲ유형 제곱합	p	제Ⅲ유형 제곱합	p	
배경환경		5143.88	.000	3941.30	.000	509.80	.077	4〉5,6, 5〉6
	학부모	302.77	.000	378.86	.000	70.74	.139	4〉6
	학교	2187.90	.000	857.87	.000	93.98	.240	4〉5,6, 5〉6
	담임교사	99.41	.001	207.56	.000	16.77	.295	4〉6, 5〉6

배경환경 영역에 대한 9단계 평정 기준은 <표 91>과 같고 학년에 따른 배경환경 영역과 성별에 따른 배경환경 영역의 검사 점수의 평정기준은 각각 <표 92>, <표 93>과 같다.

〈표 91〉 배경환경 영역별 검사 점수의 평정기준

평정점수	배경환경			
		학부모	학교	담임교사
1	65	20	35	14
2	59	19	32	12
3	55	16	29	11
4	49	14	26	10
5	44	12	23	9
6	40	10	21	7
7	35	8	18	6
8	28	4	14	4
9	27	4	13	3

〈표 92〉 학년에 따른 배경환경 영역별 검사 점수의 평정기준

학년	평정점수	배경환경			
			학부모	학교	담임교사
4	1	66	20	35	14
	2	61	19	33	12
	3	56	17	31	11
	4	51	15	28	10
	5	46	12	25	9
	6	42	11	22	7
	7	37	8	19	6
	8	31	5	16	4
	9	30	4	15	3
5	1	66	20	35	14
	2	61	19	33	12
	3	55	17	29	11
	4	50	14	26	10
	5	44	12	23	9
	6	41	10	21	7
	7	34	7	17	6
	8	27	4	14	3
	9	26	4	13	3

학년	평정점수	배경환경			
			학부모	학교	담임교사
6	1	62	20	34	13
	2	57	18	31	12
	3	52	16	28	11
	4	47	14	25	9
	5	42	12	22	8
	6	38	9	20	7
	7	34	7	17	5
	8	27	5	14	3
	9	26	4	13	3

〈표 93〉 성별에 따른 배경환경 영역별 검사 점수의 평정기준

성별	평정점수	배경환경			
			학부모	학교	담임교사
남	1	63	20	34	13
	2	58	19	32	12
	3	53	16	29	11
	4	48	14	26	9
	5	43	12	23	8
	6	39	10	20	7
	7	33	6	17	5
	8	26	4	14	3
	9	25	4	13	3
여	1	66	20	35	14
	2	61	19	33	12
	3	56	17	30	11
	4	51	15	27	10
	5	46	12	24	9
	6	42	10	21	7
	7	37	8	18	6
	8	31	6	15	4
	9	30	5	14	3

8 평정기준 측정 결과 분석과 활용 사례

가. 평정기준 측정 결과 분석

학년이 올라감에 따라 아동들의 독서태도 영역별 점수는 하락하였다. 특히 이러한 현상이 특정한 아동에 국한되지 않고 일반적으로 나타나는 현상이라는 점에서 학교교육과정에 이러한 아동들의 인식을 개선시킬 수 있는 방법을 편성하고 운영할 필요가 있다. 그리고 독서태도의 모든 영역별 점수가 하락하였기 때문에 독서태도의 특정한 구성요인을 향상시키기 위한 독서교육보다는 인지, 정서, 행동의지를 모두 향상시킬 수 있는 독서교육이 필요한 것으로 보인다. 또한 남학생의 독서태도 영역별 점수가 여학생의 독서태도 영역별 점수보다 낮게 나타났는데 이는 남학생과 여학생에게 제공하는 독자상담서비스의 내용과 방법이 달라야함을 의미한다.

독서태도와 마찬가지로 학년이 증가함에 따라 독서행동의 모든 영역별 점수도 하락하였다. 따라서 하위영역을 향상시킬 수 있는 독자상담서비스가 필요하다. 또한 남학생의 모든 독서행동 영역별 점수가 여학생의 점수보다 낮게 나타났다. 이를 통해 남학생이 여학생에 비해서 실질적인 책읽기를 어려워하고 있다고 판단할 수 있다.

독서태도가 독서행동에 상당한 영향력을 미치고 있다는 것을 알 수 있다(β=

0.865). 그런데 모든 학년과 성별에서 유사한 하위영역에 대해서 독서행동의 평균값이 독서태도의 평균값보다 낮게 나타났다. 이와 같은 현상을 통해 아동들은 자신의 기저에 축적되어 있는 독서태도를 독서행동으로 실현하는 것을 어려워한다고 추정할 수 있다. 이에 긍정적인 독서태도를 독서행동으로 이끌어 줄 수 있는 다양한 독서교육 프로그램을 운영할 필요가 있다.

독서태도 검사의 평정기준에 대한 결과는 앞서 연구자가 제시한 독서태도 모형의 작동 원리를 지지하는 결과로 나타났다. Rosenberg와 Hovland(1960, 1−14), Gagne와 Driscoll(1988, 58)은 태도를 독자 내부에 있는 관찰 불가능한 중재변인으로 간주하였는데, 측정값의 차이를 통해 독서태도와 독서행동이 명확히 구분되었기 때문에 독서태도의 행동적 요인을 행동의지와 독서행동으로 구분하고 있는 독서태도 모형이 타당함을 알 수 있다. 그리고 독서태도와 독서행동이 매우 밀접한 상관관계(r=0.865)를 가지고 있었는데 이는 독서태도에서 독서행동으로 그리고 다시 독서태도로 영향을 미치는 과정으로 이해할 수 있다. 그리고 이러한 과정에는 경험이 작용하기 때문에 경험의 설정이 필요하게 된다. 요인분석 결과, 자극은 정서적 요인의 하위영역에 포함되었다. 따라서 자극을 독자가 받아들여 독자 내에서 처리하는 시스템으로 설계한 독서태도 모형은 타당하다. 또한 독서효능감이나 독서능력(집중력, 지구력)이 다른 독서태도나 독서행동의 하위요인과 유사한 패턴 값을 나타내는 것으로 보아 독서능력이 독서태도에 영향을 미치고 영향을 받는 과정으로 설계된 독서태도 모형은 타당하다고 할 수 있다.

이와 같은 독서태도 검사의 평정기준에 대한 결과와 독서태도 모형에 대한 설계는 독자상담서비스를 설명하는 데도 유용하게 작용하는 것으로 나타났다. 우선 학년이 올라감에 따라 감소하고 있는 인지, 정서, 행동의지와 독서행동을 향상시키기 위해서 다양한 독서교육을 포함한 독자상담서비스가 필요함을 알 수 있다. 이때 독서행동으로부터 유발된 긍정적이고 즐거운 경험이 인지적이고 정서적인 만족감을 제공하여 아동의 독서태도가 변화되는 환류 과정으로 설계된 독서태도 모형은 경험을 제공하는 독자상담서비스의 필요성을 지지하며 방법적 측면에서 이론적 기반을 제공한다.

독서태도 검사도구의 영역별 측정값을 9단계로 구분하여 제공한 평정기준을 통해 아동의 연령 증가와 성별에 따른 아동의 독서태도 발달을 이해하여 독자상담서비스 운영에 필요한 유용한 정보를 제공해줄 수 있을 것으로 기대된다. 또한 독서태도 검사도구를 통해 특정 아동에 대한 독서태도와 독서행동 정보는 물론 학급, 학년, 학교 교육과정 운영에 필요한 유용한 정보를 얻을 수 있었다. 이는 사서교사가 특정 아동의 독서태도와 독서행동의 특성에 적합한 독자상담서비스를 계획하고 운영하는 데 도움이 될 뿐만 아니라 학급과 학년, 학교 전체의 독서교육을 설계하고 운영하는 데에 필요한 유용한 정보를 얻을 수 있음을 의미한다. 그리고 이 연구에서 제시한 학년과 성별에 따른 독서태도와 독서행동에 대한 평정기준을 통해 아동과 학부모, 사서교사는 아동의 독서태도의 수준과 위치를 확인하고 도달해야할 독서태도 기준에 대한 정보를 얻을 수 있을 것이다.

나. 평정기준 활용 사례

평정기준에 대한 활용 사례를 제시하고자 본 검사에 참여했던 경상북도 y초등학교 1곳을 분석 대상 학교로 선정하였다. 이에 따라 평정기준을 경북 y초등학교의 학년과 학급 그리고 특정 학급의 개별 학생들에게 적용시켜 학년과 학급 및 학생에 따른 독서태도 검사도구의 활용 방안을 살펴보고자 한다.

1) 학년별 독서태도 및 독서행동 평정점수 활용 사례

y초등학교의 학년에 따른 독서태도 평정점수를 제시하면 <그림 14>와 같다.

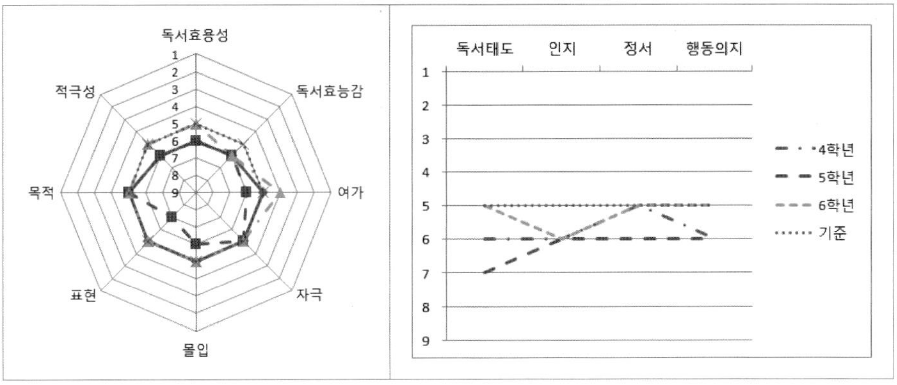

〈그림 14〉 y초등학교의 학년별 독서태도 평정점수

<그림 14>를 보면 4학년의 평정점수는 6점으로 4학년의 독서태도 검사 점수의 평정기준에 따르면 하위 40% 미만에 해당하고 있고, 5학년의 평정점수는 7점으로 5학년의 독서태도 검사 점수의 평정기준에 따르면 하위 23%미만에 해당하고 있음을 알 수 있다. 이러한 결과는 y초등학교 학생들의 독서태도가 전반적으로 부정적인 상태로 학교 독서교육과정을 재고하고 학교 학생들을 대상으로 학생들의 독서태도를 향상시킬 수 있는 독서 프로그램을 제공할 필요가 있음을 알려준다. 특히 5학년 학생들의 표현영역이 대체로 낮은 독서태도 수준을 보이고 있음으로 5학년 교육과정에 친구들과 읽은 책을 말이나 글, 그림, 역할극 등을 통해 공유할 수 있는 내용을 추가할 필요가 있으며, 사서교사는 5학년 학생들이 독서활동이나 독서모임에 참여할 수 있도록 독서신문 만들기, 독서방송, 책 이야기하기 등의 프로그램을 운영할 필요가 있다.

y초등학교의 독서행동에 대한 학년별 평정점수는 <그림 15>와 같다.

<그림 15>를 보면 독서태도와 마찬가지로 4학년과 5학년의 독서행동 평정점수가 보통보다 낮게 나타났다. 학년에 따른 독서행동 검사 점수의 평정기준에 따르면 특히 5학년의 독서능력 영역의 평정점수는 하위 23% 미만에 위치하

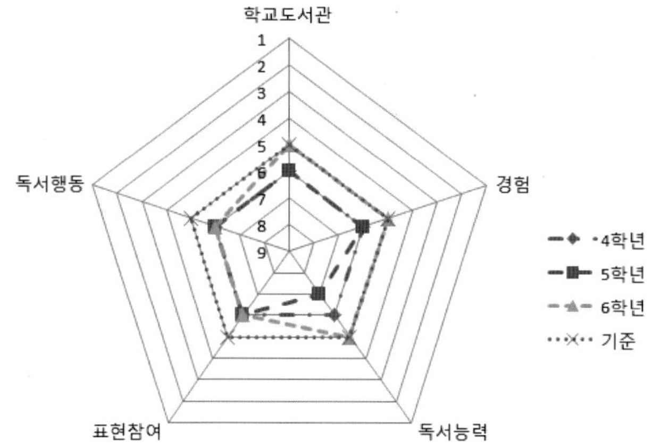

〈그림 15〉 y초등학교의 학년별 독서행동 평정점수

였다. 이러한 결과는 y초등학교 학생들의 독서행동 양상이 전반적으로 보통이하에 위치해 있다는 것으로 학교 학생들에게 독서행동을 향상시킬 수 있는 독서교육 프로그램을 제공할 필요가 있음을 보여준다. 특히 독서능력 영역의 평정점수가 좋지 않게 나타났기 때문에 아동들이 책을 집중해서 읽고 한번 읽은 책을 끝까지 읽을 수 있도록 하는 방안을 강구할 필요가 있다.

결론적으로 y초등학교의 4-6학년 학생들의 독서태도와 독서행동에 대한 평정점수가 대체적으로 부정적이기 때문에 학교의 독서교육과정과 배경환경을 추가적으로 살펴보고 그에 따른 개선점을 찾을 필요가 있다. 특히 5학년 학생들이 다른 학년에 비하여 부정적인 독서태도와 독서행동을 나타내고 있음으로 5학년 학생들(남학생 2명, 여학생 2명)에게 평정기준을 적용하여 그에 따른 활용 방안을 살펴보고자 한다.

2) 개인별 독서태도 및 독서행동 평정점수 활용 사례

백분위(%)는 해석하는 관점에 따라 달리 평정할 수 있으나 특정한 특성에 대하여 일반적으로 백분위(%)를 기준으로 하위 25%에 해당하는 점수를 받을 경우 특정한 특성의 정도를 '매우 미흡'으로 평정할 수 있다(이병기 2013, 197). 이에 이 연구에서는 특정한 영역에서 평정점수 7점(하위 23% 미만) 이하의 점수를 받은 경우는 우선적인 독자상담이 필요한 학생으로 간주한다. 그리고 영역별 평정점수의 차이가 2점을 초과한 경우도 관심 대상자로 선정한다.

가) 활용 사례1

k430은 초등학교 5학년 남학생이다. 이 학생의 독서태도 평정점수는 <그림 16>과 같다.

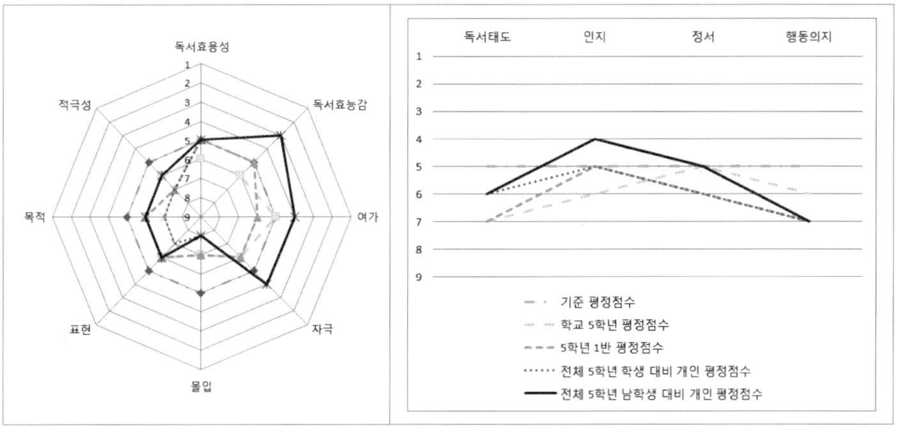

〈그림 16〉 y초등학교 k430학생의 독서태도 평정점수

<그림 16>을 보면 y초등학교의 5학년 전체 평정점수와 5학년 1반의 평정점수가 기준 평정점수보다 낮게 나타나고 있다. k430학생의 경우, 독서효능감에서는 대체로 높은 상태의 독서태도를 보이고 있고 여가와 자극 영역에서는 약간 높은 상태의 독서태도를 보이고 있지만 몰입영역에서는 극히 낮은 상태의 독서상태를 보이고 있다. 그리고 표현, 학습, 적극성 영역에서는 모두 약간 낮

은 상태의 독서태도를 보이고 있다. 종합하면 k430학생은 책을 잘 읽을 수 있다고 인식하고 있으나 책을 몰입하여 읽지 못하고 있으며 독서하고자 하는 의지도 부족한 상태라고 진단할 수 있다.

k430학생의 독서행동 평정점수는 <그림 17>과 같다.

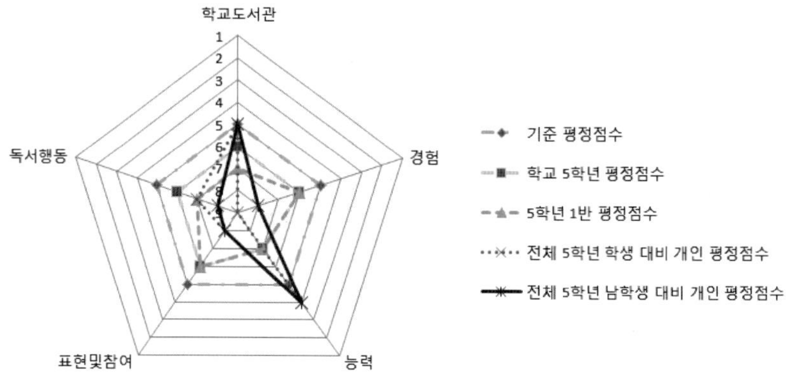

〈그림 17〉 y초등학교 k430학생의 독서행동 평정점수

<그림 17>를 보면, k430학생은 5학년 남학생들에 비해 독서를 통해 새로운 사실을 알거나 즐거움을 느낀 경험이 매우 부족하고 책에 대해 친구들과 이야기하거나 독서행사나 모임 등에 참여하지 않는 것으로 나타났다. 이는 사서교사나 담임교사가 k430학생이 다양한 독서경험을 할 수 있도록 독서 프로그램을 제공해야 함을 의미한다.

k430학생의 독서태도와 독서행동 평정점수를 토대로 k430학생은 독서를 긍정적으로 인식하고 있고 또래학생들과 비슷한 수준의 독서에 대한 정서를 가지고 있으나 독서하고자 하는 의지가 매우 부족하고 실제로 독서활동도 하지 않는 것으로 나타났다. 특히 독서의지와 독서행동은 y학교의 5학년 전체 평정점수와 5학년 1반 평정점수보다도 낮게 나타나 k430학생을 대상으로 다양한 독서경험을 제공할 수 있는 개별적인 독서 프로그램을 제공할 필요가 있다.

나) 활용 사례2

k442는 초등학교 5학년 여학생이다. 이 학생의 독서태도 평정점수는 <그림 18>과 같다.

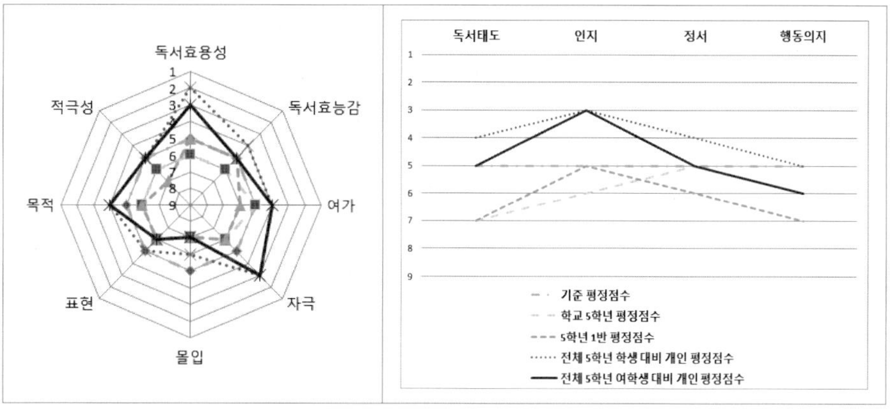

〈그림 18〉 y초등학교 k442학생의 독서태도 평정점수

k442학생은 y학교의 5학년 전체 학생이나 학급학생들에 비해서 상당히 긍정적인 독서태도를 가지고 있는 것으로 나타났다. 그리고 전체 5학년 여학생들과 비교해서도 약간 높은 독서태도 상태를 유지하고 있다. 그러나 표현과 몰입영역에서 전체 5학년 여학생들보다 낮은 평정점수를 받고 있다. 이에 사서교사는 k442학생에게 몰입의 즐거움을 느끼게 해주고 표현활동에 참여할 수 있도록 격려할 필요가 있다.

y초등학교 k442학생의 독서행동 평정점수는 <그림 19>와 같다.

k442학생은 상당한 독서경험을 가지고 있었다. 그러나 표현 및 참여활동이 또래 여학생들에 비해 부족하고 학교도서관은 거의 이용하지 않는 것으로 나타났다. 이에 따라 서서교사는 k442학생이 학교도서관에서 진행되는 독서행사나 독서모임 등에 참여할 수 있도록 격려할 필요가 있다.

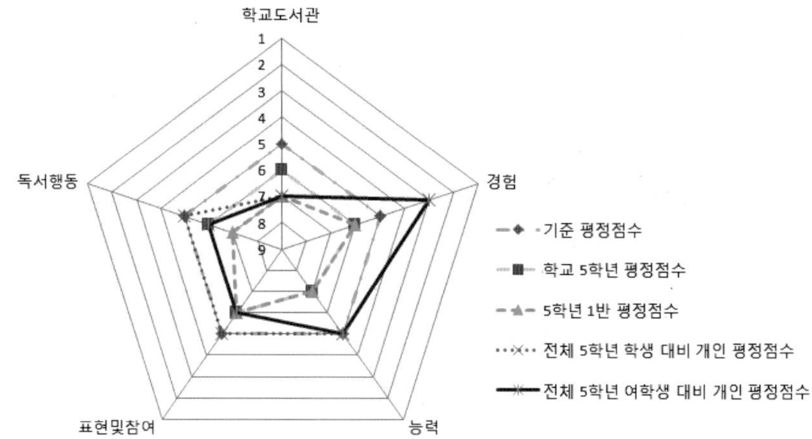

〈그림 19〉 y초등학교 k442학생의 독서행동 평정점수

k442학생의 독서태도와 독서행동 평정점수를 토대로 k442학생은 독서를 매우 긍정적으로 인식하고 있고 또래 여학생들과 비슷한 수준의 독서에 대한 정서를 가지고 있으나 독서하고자 하는 의지가 매우 부족하고 실제로 독서활동도 또래 여학생들에 비해 부족한 것으로 나타났다. 이는 k442학생이 학교도서관을 이용하지 않고 독서와 관련된 표현 및 참여활동이 부족한 것이 원인으로 추정된다. 앞서 면담에서 나타났듯이 사서교사는 학교도서관을 이용하지 않고 독서행사나 독서모임 등에 잘 참여하지 않는 학생을 잘 인식하고 있지 못하는 경향이 있다. 따라서 k442학생은 사서교사로부터 책을 추천받거나 독서활동에 참여를 격려 받았을 가능성이 낮아 독서활동과 독후표현의 기회가 부족했을 것이다. 그러나 k442학생은 독서에 대한 인식 수준이 높고 풍부한 경험을 가지고 있기 때문에 사서교사가 이 학생에게 학교도서관에서 책을 추천해 주거나 이 학생과 읽은 책을 함께 이야기하는 것만으로도 학생의 독서행동을 유발할 수 있을 것으로 추정할 수 있다.

다) 활용 사례3

k443은 초등학교 5학년 남학생이다. 이 학생의 독서태도 평정점수는 <그림 20>과 같다.

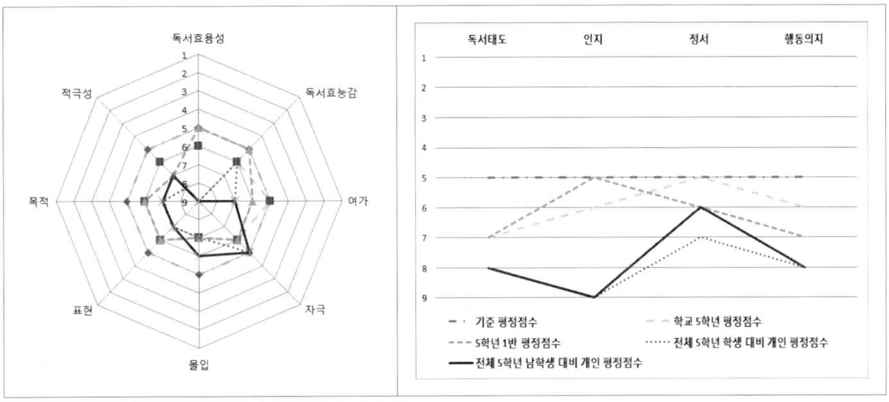

〈그림 20〉 y초등학교 k443학생의 독서태도 평정점수

<그림 20>을 보면, k443학생은 전반적인 독서태도가 매우 좋지 못한 것으로 나타났다. 특히 책에 대한 인식이 하위 4% 미만이고 독서의지도 하위 11% 미만으로, 독서태도에 대한 평정점수가 전체 5학년 남학생들과 비교해서 하위 4% 미만으로 나타났다. 그러나 상대적으로 선생님이 독서규칙을 정해주고 부모님이 책을 권해주며 학교도서관에서 책을 이용하도록 하는 규칙이 있었으면 하는 자극영역의 평정점수는 높게 나타났다. 따라서 사서교사와 담임교사는 k443학생에게 책을 읽도록 동기를 부여하고 독서의 장점을 설명할 필요가 있으며 학생들이 독서에 대한 자신감을 가질 수 있도록 격려할 필요가 있다. 그리고 학생의 독서효능감이 낮은 이유가 실제 읽기학습의 부진에 있는지를 추가적으로 점검할 필요가 있다.

y초등학교 k443학생의 독서행동 평정점수는 <그림 21>과 같다.

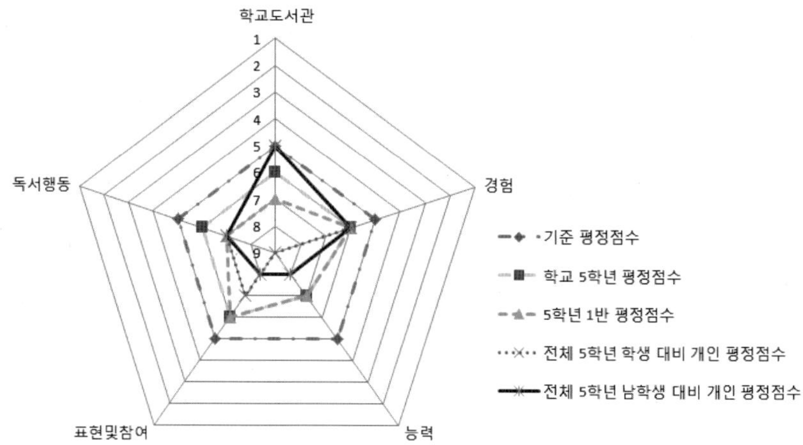

〈그림 21〉 y초등학교 k443학생의 독서행동 평정점수

k443학생은 책을 집중에서 읽고 끈기 있게 읽지 못하며 독서표현이나 독서활동에 참여하지 않는 것으로 나타났다. 반면 학교도서관은 다른 영역에 비해서 평정점수가 좋게 나타났다. 이에 독서행동의 책행동 영역에 대한 응답을 추가로 확인한 결과 k443학생은 학교도서관에서 책을 적게 빌렸으며 읽을 책을 선택할 때, 책의 두께와 책 속 글자의 수를 어느 정도 고려하고 있는 것으로 나타났다. 이를 통해 k443학생은 학교도서관에는 비교적 자주 방문하지만 책을 읽지 않고 있다고 판단할 수 있다.

k443학생의 독서태도와 일반적 독서행동 평정점수 그리고 책행동 영역에 대한 응답 결과를 토대로 k443학생은 독서태도가 매우 부정적인 상태이고 대체적으로 독서를 하지 않는 상황이라고 진단할 수 있다. 그리고 k443학생의 독서태도와 독서행동 평정점수가 부정적인 원인이 독서능력에 기인한다고 추정할 수 있다. 따라서 k443학생의 읽기학습 실태를 파악하고 k443학생의 독서능력에 맞는 책을 추천해줄 필요가 있다. 더불어 사서교사나 담임교사가 학생에게 독서의 필요성을 설명해주며 특정한 시간을 정하여 지속적으로 대화할 필요가 있다. 이때 사서교사는 책을 읽어주는 독서 프로그램을 제공할 수도 있을 것이다.

라) 활용 사례4

k448은 초등학교 5학년 여학생이다. 이 학생의 독서태도 평정점수는 <그림 22>와 같다.

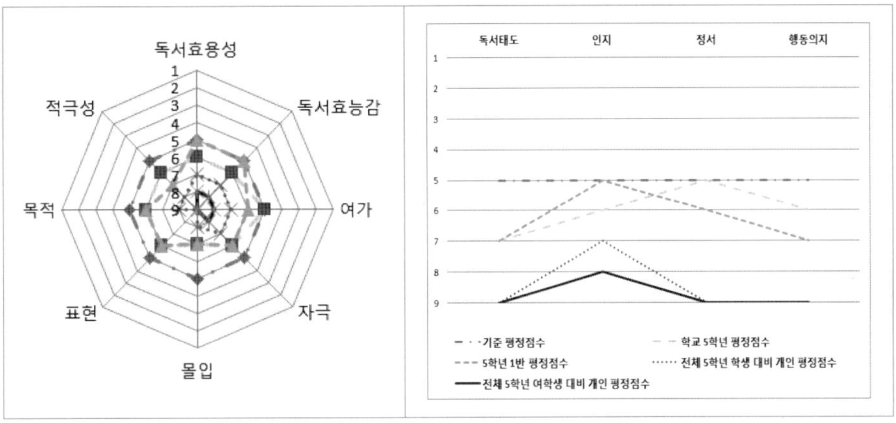

〈그림 22〉 y초등학교 k448학생의 독서태도 평정점수

k448학생의 독서태도는 극히 부정적인 상태인 것으로 나타났다. 특히 행동의지의 표현, 학습, 적극성 영역 모두에서 4% 미만인 평정 9점을 받았고 정서의 몰입, 표현영역에서도 최하위 평정을 받았다.

y초등학교 k448학생의 독서행동 평정점수는 <그림 23>과 같다.

k448학생의 독서행동 평정점수 역시 매우 낮은 수준으로 나타났고 학교도서관 영역에서 극히 낮은 평정을 받았다. 그러나 독서행동의 평정점수가 독서태도의 평정점수보다는 상대적으로 높게 나타났다. k448학생의 경우는 독서행동도 부족하지만 독서태도가 극히 부정적이라는 데에 문제가 있다. 따라서 독서에 대한 긍정적인 인식과 정서를 형성시키고 스스로 독서할 수 있도록 격려할 필요가 있다. 그리고 k448학생이 독서할 수 있는 환경을 만들어 줄 필요가 있다. 먼저 k448학생은 교사가 다양한 독서활동을 진행해주지 않고 있으며 사서

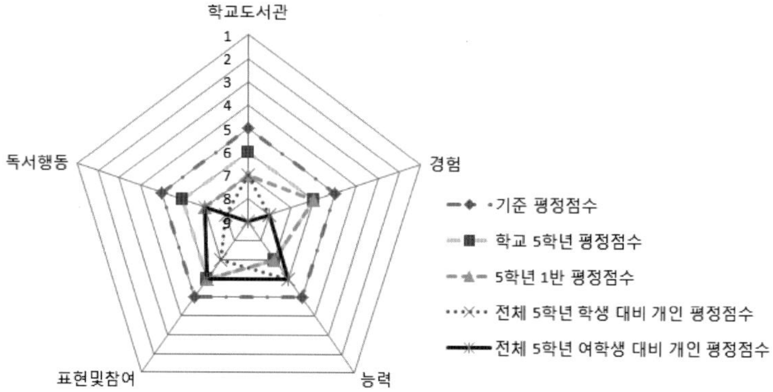

<그림 23> y초등학교 k448학생의 독서행동 평정점수

교사가 책을 읽도록 전혀 격려(말, 행동) 하지 않았다고 하였다. 또한 부모님은 학생이 무슨 책을 읽고 있는지 전혀 관심이 없으며 담임교사과 부모님은 책을 즐겨 읽지 않는다고 답하였다. 따라서 학생에게 영향을 미치는 인물들이 학생과 책을 매개로 서로 이야기할 필요가 있다. 이에 사서교사는 학생과 학교도서관에서 지속적인 면담을 갖고 학생이 독서할 수 있도록 설득하고 격려할 필요가 있으며 담임교사와 협력하여 학급문고를 정비하고 필요하면 학생이 속해있는 학급에서 독서활동을 직접 전개할 필요도 있다.

3) 평정기준 활용 결과

독서태도 검사도구의 다양한 측정 영역에 대한 평정점수를 활용하여 학교, 학년, 학급, 개인 학생의 영역별 독서태도의 수준을 파악할 수 있었고 영역별 평정점수가 기준 점수보다 낮거나 영역별 평정점수의 차이가 2점 이상인 경우 그에 따른 원인을 진단하고 문제를 해결하기 위한 방법을 모색할 수 있었다. 또한 추가적으로 일반적 독서행동과 책행동에 대한 정보를 활용하여 독서태도와 독서행동 간의 차이를 확인하였으며 배경환경에 대한 정보를 통해 학생의 배경환경에 관한 실태를 파악할 수 있었다. 이와 같이 독서태도와 독서행동 및 배경환경 영역에 대한 다양한 영역의 정보를 통해 학생의 독서태도와 독서행동의 수준과 양상을 파악하고 문제의 원인을 진단하였으며 그에 따른 독서교육 프로그램 제공 방안을 제시하였다. 결론적으로 독서태도 검사도구는 사서교사에게 학생들의 독서태도와 독서행동 및 배경환경에 대한 정보를 제공하여 사서교사가 학생들의 수준과 상황을 보다 정확히 알고 그에 따른 독서교육을 설계하고 운영하는 데에 도움을 줄 수 있을 것이다.

참고문헌

성태제. 2004. 문항제작 및 분석의 이론과 실제. 서울 : 학지사.

배정민. 2012. 그림으로 이해하는 닥터배의 술술 보건의학 통계. 서울 : 한나래아카데미.

윤준채, 이형래. 2007. "초등학생의 읽기 태도 발달에 대한 연구(Ⅰ)." 국어교육연구, 제40집, pp.161-190.

이병기. 2013. "길포드의 지능구조모형에 의한 정보활용능력 검사도구 개발 및 타당성 연구." 한국문헌정보학회지, 제47권, 제2호, pp.181-200.

정혜승, 서수현. 2011. "초등학생의 읽기 태도에 대한 연구." 국어교육, 제134집, pp.353-382.

Rosenberg, M. J. and Hovland, C. I. 1960. "Cognitive, Affective, and Behavioral Components of Attitude." In: *Attitude Organization and Change*. edited by M. Rosenberg, C. Hovland, W. McGuire, R. Abelson, & J. Brehm. New Haven, CT : Yale University Press.

Gagne, R. M. and Driscoll, M. P. 1988. *Essentials of Learning for Instruction*, 2nd Ed. Englewood, Cliffs, NJ : Prentice-Hall.

독서태도 검사도구

번호	질문 문항	매우 그렇지 않다	그렇지 않다	보통 이다	그렇다	매우 그렇다
1	나는 삶을 살아가는 데에 독서가 도움이 된다고 생각한다.					
2	나는 책을 많이 읽으면 공부를 잘하게 된다고 생각한다.					
3	나는 책을 읽는 것이 글쓰기와 말하기에도 도움이 된다고 생각한다.					
4	나는 책을 많이 읽으면 마음이 넓어진다고 생각한다.					
5	우리가 즐거운 시간을 보내는 데에 있어 독서는 도움이 된다.					
6	책은 우리에게 꼭 필요한 유용한 도구이다.					
7	나는 책을 잘 읽을 수 있다.					
8	나는 다른 친구들이 떠드는 것과는 상관없이 책을 집중해서 읽을 수 있다.					
9	나는 다른 친구들만큼 책의 내용을 잘 이해할 수 있다.					
10	나는 학교에서 운동을 하는 것보다 책을 읽는 것이 좋다.					
11	나는 집에서의 자유시간에 그림을 그리는 것보다 책을 읽는 것이 좋다.					
12	나는 학교에서의 자유시간에 재미있는 책을 읽는 것이 좋다.					

번호	질문 문항	매우 그렇지 않다	그렇지 않다	보통이다	그렇다	매우 그렇다
13	나는 시간을 즐겁게 보내기 위해서 재미있는 책을 읽는 것이 좋다.					
14	나는 집에서 TV를 보는 것보다 책을 읽는 것이 좋다.					
15	나는 선생님이 책을 읽어야 한다는 독서 규칙을 정해주면 좋겠다.					
16	나는 부모님이 책을 읽으라고 말해주면 좋겠다.					
17	나는 학교도서관에서 책을 읽거나 빌려야 하는 규칙이 있었으면 좋겠다.					
18	슬픈 책을 읽고 있다면 내 기분도 조금 우울해 질 것이다.					
19	책을 읽고 있으면 주인공이나 등장인물이 마치 나인 것처럼 느껴진다.					
20	내가 읽은 재미있는 책을 친구들과 함께 이야기하고 싶다.					
21	나는 내가 읽은 책을 다른 친구들에게 소개하고 싶다.					
22	나는 재미있게 읽은 책을 글이나 그림으로 남기고 싶다.					
23	내가 읽은 책 속의 주인공(사람, 동물 등)이 등장하는 역할극에 참여하고 싶다.					
24	독서활동(독서신문, 책 소개, 책읽어주기, 독서방송 등)에 참여하고 싶다.					
25	독서모임(책이야기하기, 도서부, 독서토론 등)에 참여하고 싶다.					
26	나는 시험점수를 올리기 위해서 책을 읽고 싶다.					
27	나는 공부를 잘하기 위해서 책을 읽고 싶다.					
28	나는 국어(읽기, 말하기, 듣기, 쓰기)를 잘하기 위하여 책을 읽고 싶다.					
29	선생님이나 친구들이 읽은 책을 나도 읽어 보고 싶다.					
90	나는 친구들이 재미있다고 추천해 주는 책은 꼭 읽을 것이다.					

번호	질문 문항	매우 그렇지 않다	그렇지 않다	보통이다	그렇다	매우 그렇다
31	나는 재미있는 책을 자주 읽고 싶다.					
32	담임선생님이 특정 책을 학급 학생들과 함께 다 같이 읽자고 말한다면 나는 그 책을 끝까지 읽을 것이다.					
33	나는 선물 받은 책을 끝까지 읽을 것이다.					
34	나는 학교도서관에 자주 간다.					
35	나는 학교도서관에서 자주 책을 빌린다.					
36	나는 책을 통해 새로운 사실을 안 적이 있다.					
37	나는 책을 통해 숙제나 문제를 해결하는 데 도움을 받은 적이 있다.					
38	나는 책을 통해 친구나 부모님의 마음을 이해한 적이 있다.					
39	나는 책을 통해 깊은 감명을 받은 적이 있다.					
40	나는 동화책을 끝까지 읽고 나서 마음이 뿌듯한 적이 있다.					
41	나는 책을 읽다가 책속 주인공 때문에 화가 나거나 즐겁기도 한 적이 있다.					
42	나는 친구들이 떠드는 것에 신경을 쓰지 않고 책을 읽는다.					
43	나는 책을 읽는 중에 딴 짓을 하지 않고 집중해서 읽는다.					
44	나는 읽기 시작한 책은 대부분 끝까지 읽는다.					
45	나는 책속 이야기나 주인공에 대해 느낀 점을 글로 쓰거나 그림으로 그린다.					
46	나는 내가 읽은 재미있는 책을 다른 사람들(친구, 선생님, 부모님)에게 소개한다.					
47	내가 읽고 있는 책속 주인공이 그려진 그림이나 배경사진 등을 친구에게 보여준다.					
48	나는 독서모임(책이야기, 독서토론, 독서부 등)에 참여하겠다고 신청을 한다.					
49	나는 독서행사(미니북 만들기, 작가와의 만남, 도서관 행사 등)에 참여하겠다고 신청을 한다.					

번호	질문 문항	매우 그렇지 않다	그렇지 않다	보통 이다	그렇다	매우 그렇다
50	나는 도서관활동(대출 및 반납, 도서관 이용 안내, 책 찾기 등)에 참여하겠다고 신청을 한다.					
51	나는 독서방송(아침방송시간 등에 책과 관련된 내용 소개)에 참여하겠다고 신청을 한다.					
52	나는 책읽기와 관련 없는 수업시간에도 몰래 책을 읽는다.					
53	나는 교실에서 함께 놀 친구가 없어 학교도서관에 가서 책을 읽는다.					
54	공부를 많이 잘하면 책은 안 읽어도 된다.					
55	부모님께서는 재미있는 책을 추천해 주신다.					
56	부모님과 함께 (학교, 공공)도서관에 간 적이 있다.					
57	부모님은 내가 무슨 책을 읽고 있는지에 관심을 가져 주신다.					
58	부모님께서는 집에서 책을 즐겨 읽으신다.					
59	우리 학교는 학생들이 책을 즐겨 읽을 수 있도록 노력하는 것 같다.					
60	(담임, 사서)선생님은 다양한 독서활동(수업, 행사)를 진행해 주신다.					
61	우리 학교도서관에는 읽을 만한 책이 많이 있다.					
62	우리 학교에는 이용하기 편리한 학교도서관이 있다.					
63	사서선생님은 우리를 친절하게 대해준다.					
64	사서선생님께서는 내가 책을 읽도록 격려(말, 행동)해 주신다.					
65	학급에 읽을 만한 책이 많다.					
66	담임선생님께서는 내가 책을 읽는다고 칭찬해 주신다.					
67	담임선생님께서는 교실에서 책을 즐겨 읽으신다.					
68	담임선생님께서는 책을 읽으라고 말씀하신다.					

※ 아래의 〈보기〉를 참고하여 해당되는 대답에 ✔표시를 해주세요.

〈 보 기 〉

예) 하루에 평균 몇 시간이나 잠을 잡니까?

( )	( )	( )	(✔)	( )
6시간 미만	6-7시간	7-8시간	9-10시간	11시간 이상

69. 집에 책이 몇 권 있습니까? (단, 신문, 교과서, 문제집은 제외합니다.)

☺ 참고로 1m 너비의 책꽂이 하나에는 약 60권 정도의 책을 꽂을 수 있습니다. ☺

( )	( )	( )	( )	( )
0-50권	51-200권	201-400권	401-800권	800권 초과

70. 2015년 3월 1일부터 6월 30일까지 학교도서관에서 대략 몇 권의 책을 빌렸나요?

( )	( )	( )	( )	( )
0권	1-4권	5-10권	11-29권	30권 초과

71. 여러분이 2015년 3월 1일부터 6월 30일까지 책을 읽은 하루 평균 시간 중에서 취미(즐기거나 감상하기 위하여)로 책을 읽은 시간은 대략 몇 분 정도 인가요?

☺ 숙제를 하거나 공부를 위해서 책을 읽은 시간 등은 제외합니다. ☺

( )	( )	( )	( )	( )
하루에 5분 이하	하루에 6-15분	하루에 16-30분	하루에 31-60분	하루에 1시간 초과

※ 읽을 책을 선택할 때, 다음의 내용을 어느 정도나 고려합니까?

(각 문항에서 하나를 골라 ✔표시 하시오.)		거의 고려하지 않는다	별로 고려하지 않는다	보통이다	약간 중요하게 고려한다	매우 중요하게 고려한다
72	책의 크기					
73	책의 두께					
74	책 속 글자의 크기					
75	책 속 글자 수					
76	책 속의 만화					
77	책 속의 그림					
78	책 속의 사진					
79	제목					
80	줄거리					
81	표지 그림					
82	책을 쓴 지은이(글쓴이, 그림그린이)					
83	책을 추천한 사람(친구, 선생님, 부모님 등)					
84	주제(위인, 전래동화, 추리, 역사, 동물 등)					

※ 다음의 자료를 최근 1년 동안 대략 얼마나 자주 읽었습니까?

(각 문항에서 하나를 골라 ✔표시 하시오.)		1년에 0-2권	1년에 3-10권	1년에 11-30권	1년에 31-50권	1년에 51권 이상
85	그림책					
86	만화책					
87	동화책					
88	위인전					
89	잡지					
90	교과서					
91	문학, 사회, 역사					
92	자연(지구, 환경 등), 과학(동·식물 등)					
93	판타지, 신화, 모험, 추리, 전래동화					
94	음악, 미술, 요리, 여행, 스포츠(체육)					
95	언어(사투리, 영어, 중국어 등)					

찾아보기

ㅁ

ㅂ

아동독서지도에 필요한
독서태도 검사의 이해와 실제

인쇄 | 2016년 2월 20일
발행 | 2016년 2월 25일

저자 | 박주현·이명규
발행인 | 지병문
발행처 | 전남대학교출판부

등록 | 1981. 5. 21. 제53호
주소 | 61186 광주광역시 북구 용봉로 77
전화 | (062) 530-0571~2 **마케팅** 530-0573
팩스 | (062) 530-0579
홈페이지 | http://www.cnup.co.kr
이메일 | cnup0571@hanmail.net

값 13,000원

ISBN 978-89-6849-288-4 (93020)

이 도서의 국립중앙도서관 출판예정도서목록(CIP)은 서지정보유통지원시스템 홈페이지(http://seoji.nl.go.kr)와 국가자료공동목록시스템(http://www.nl.go.kr/kolisnet)에서 이용하실 수 있습니다.
CIP제어번호 : CIP2016004778)